U0965190

中国农业大学创客集

郭立群　周旭峰　主编

中国农业大学出版社
·北京·

内容简介

中国农业大学长期以来培养了一大批不畏艰难、不断尝试超越自我的“创客”。选择关注这些从农大走出去的创业者，对于我们意义重大。本书希望把一个个鲜活的故事展现给在校学生，让他们通过别人的故事，照亮自己的人生，也为我们培养高质量创新创业人才的工作提供宝贵的借鉴。

图书在版编目(CIP)数据

中国农业大学创客集 / 郭立群，周旭峰主编. —北京：中国农业大学出版社，2017.12

ISBN 978-7-5655-1715-0

Ⅰ. ①中… Ⅱ. ①郭…②周… Ⅲ. ①中国农业大学-校友-生平事迹 Ⅳ. ①K820.7

中国版本图书馆 CIP 数据核字(2016)第 243565 号

书　　名　中国农业大学创客集

作　　者　郭立群　周旭峰　主编

策划编辑　赵　中　　　责任编辑　张　玉

封面设计　郑　川　　　责任校对　王晓凤

出版发行　中国农业大学出版社

社　　址　北京市海淀区圆明园西路 2 号　　　邮政编码　100193

电　　话　发行部 010-62818525，8625　　　读者服务部 010-62732336

　　　　　编辑部 010-62732617，2618　　　出　版　部 010-62733440

网　　址　http://www.caupress.cn　　　E-mail　cbsszs @ cau.edu.cn

经　　销　新华书店

印　　刷　涿州市星河印刷有限公司

版　　次　2017 年 12 月第 1 版　　2017 年 12 月第 1 次印刷

规　　格　787×980　　16 开本　　20.25 印张　　300 千字

定　　价　58.00 元

图书如有质量问题本社发行部负责调换

编 委 会

主　编　郭立群　周旭峰

副主编　臧　宇　骆　骢

序 INTRODUCTION

近年来，“大众创业、万众创新”口号的提出以及《国务院关于大力推进大众创业万众创新若干政策措施的意见》文件的实施，为创新创业工作指明了方向，也提供了保障。大学如何响应和落实国家号召，满足社会人才需求，完善人才培养机制，为国家输送更高质量的创新创业人才，也成为摆在广大高等教育工作者面前的又一重大课题。

中国农业大学长期以来培养了一大批有理想、有信念的专业人才，他们运用自己的所学所思服务社会，实现自我价值。这其中也不乏一批不畏艰难、不断尝试超越自我的“创客”。

选择关注这些从农大走出去的创业者，对于我们意义重大。这不仅仅是因为创新创业已然成为当今的社会潮流，更重要的是——我们期待看到他们的故事，试图从中发掘出这些创业者身上与众不同的闪光点以及那些可以被作为榜样一样传承的东西。而事实也刚好如此，我们惊喜地发现合集中的每一位“创客”的故事都是那么与众不同却又似曾相识。与众不同之处在于他们可能就读于不同的专业、在不同的领域开辟属于自己的天地、在创业过程中遭遇了或大或小的困难……而似曾相识的则是农大人致力于服务三农的职业理想、对目标的坚定信念、面对困难的不屈精神以及脚踏实地的干劲儿。而这些，也恰恰是我们希望展现给还没有走出校门的在校学生的。让他们通过别人的故事，照亮自己的人生，这对他们是一种经验，一种引领，更是一种精神的传承。与此同时，一个个鲜活的故事也为我们培养高质量创新创业人才的工作提供了宝贵的借鉴，让我们开始思考：一个创新创业人才的养成，除了其主观因素的发挥之外，学校作为人才培养的平台，在其职业道路选择中扮演了何种角色，承担了何种使命，发挥了何种作用……进而为学校发掘和培养具有创新创业能力的高水平建设性人才提供经验性参考。

应该说，《中国农业大学创客集》的出版，既是学校毕业生创新创业工作成果的一次集中呈现，又从一个侧面展现了农大学子“志在四方、深入基层、造福群众”的精神风貌。这58篇“创客”故事，不同的人读来也许会有不同的感悟，但是衷心地希望每一篇故事都会成为一颗“启迪”的种子，在读者心中悄然萌芽，开枝散叶……

目　录　CONTENTS

农业篇

一位追求完美的管理者

1986级—水力机械—陶文国

“做人办事，吃亏是福。”这是河北易东泵业有限公司创始人陶文国经常挂在嘴边的一句话。陶文国是一个做事用心，脚踏实地的人。他还常说，做人，胸怀要宽广，不要斤斤计较。老算计别人的人是不会成功的，也不会做成大事业的。

的确，陶文国的创业之路，缓慢又稳妥，经过几次跳跃，转了几次行，最终又回到了自己的老本行——水利机电，并且一步步创出了现在的公司品牌。

下狠心扔掉自己的“金饭碗”

1986年毕业后，陶文国被分配到河北省机械科学研究院。因为他的毕业设计做的是水泵相关的内容，所以从1987年开始，他就一直在研究院下面的一个水泵监测站工作。

1990年之后，国家出台政策，鼓励科技人员下海搞实体。对于这个政策，陶文国所在的单位开大会，鼓励科技人员不一定非得搞科研、搞技术开发，可以去走市场开发的道路。为此，单位成立了一个河北省机电技术开发总公司，由研究院的一位院长负责，陶文国进入该公司，成为一名中层干部、一名主力干将。在公司里，他做了几年市场开发方面的工作。这项工作更偏重于营销方面，之前一直是搞科研的陶文国，根据自己的经验和勤奋努力，业绩直线上升。据他介绍，当时公司里面 80%的业绩全部都被他拿下了。

过了几年，因为这个企业的运营机制开始走下坡路，政策也不灵活，陶文国就主动请缨，下海自己经商。

“其实，当时我从研究院的监测站出来，是需要很大勇气的。”陶文国说，“当时，我所在的监测站，算得上是一个执法部门，效益非常好，而我的工作做得也很出色，工资待遇也很好。当时我真的下了很大的决心才从那里出来的。现在想想，我后来在公司搞经营、搞创业时的勇气，可真不如那时刚踏出监测站的勇气。”

从那么好的环境走出来，陶文国身边的很多人都不理解。究竟是为什么？怎么回事？怎么说辞职就辞职了？“说真的，当时这个工作单位，别人打破头都挤不进去，而我却从里面出来了。”陶文国笑着说。

其实，说白了，陶文国就是想更大程度地展现一下自身价值。他认为纯粹搞设计、搞研究，他已经能做得很好了。当时单位的机制停滞不前，他觉得没有什么奔头了，这是他下狠心扔掉“金饭碗”的原因之一。他一直在想，自己能不能出去闯一闯？如果闯的话会闯出一片怎样的天地？

“在我之前的工作中，我逐渐摸索出了一条自己想走的道路和自己独特的经营模式。”陶文国回忆说，“当时政策上是允许个人成立公司的。于是我就从中走了出来，在 2008 年创立了自己的公司——河北易东泵业有限公司，这是一个集生产、制造、销售于一体的公司。”

该公司主要做一些技术创新方面的工作。以陶文国为技术主导，带领一个技术团队，做一些技术研发的工作。公司创造出一个理念：对企业用户，他们会量身订制、现场设计。企业用户的工艺特点和生产流程上的设备需要什么样的技术，他们就根据用户的需要去设计这样的设备技术。用户中，有需要改造的设备，有问题、有毛病的设备，他们也可以通过技术改造满足用户的需求。

现在市场不景气，竞争又非常激烈，一味地追求价格战，或者走低端市场，对企业都没有太好的发展。因此，陶文国的公司所做的事情就会更为主动，而且技术含量也会更高一些。为迎合市场，他们就搞一些别人没有的东西、市场竞争小的东西，这样才能在市场站稳脚。

2011年，陶文国在原公司的基础上又创立了易东环保公司，主要做一些电力行业排气、排水方面与超低排放相关的泵类设备。公司主要通过总承包的形式，将设计研发、材料、施工和售后等全部承包下来。

像“蜗牛”一步一步往上爬

回顾自己的创业，陶文国认为，脚踏实地、一步步向前才是维持他公司运行到现在仍有发展空间的有利条件之一。做水泵设备的这个行业，是一个发展比较缓慢的行业，该行业一直被人们称为“蜗牛”行业，所以他们要像蜗牛一样，顺着藤蔓慢慢往上爬，即使被一阵风刮倒了，爬起来，继续再往上爬。他的公司虽然没有特别大的成就，但就一步一个脚印，一步步往前走，利润还算可以。每年没有大的发展，小发展却源源不断。

公司走经营的路子，不是一步就能迈到位的，而是一个逐渐积累的过程。对于营销、设计方面的知识，陶文国在原单位积累了一定的经验。此外，对于这个行业，如果没有一定的资本，很难维系起一个公司的运营，市场中，一台水泵设备就可能上百万元。陶文国正是通过搞一些推销、代理、销售的渠道积累了一定的资本，才一步步累积起来自己的公司。

“在中国，推销产品是认品牌的，哪个行业都有相对应的品牌。创业时期，我们的产品全都是我们自己研发设计生产出来的，做推广的时候，用户单位都会说：‘你的产品好吗？你的品牌我都没有听过。’我们只能一点一点去推广，把自己的产品推销出去，在市场上立足。”说到自己创立公司品牌时，陶文国说。他通过自己研发的新技术，让产品更加先进，从而较好地推广市场，得到认可。

陶文国认为，推销人员不仅要学好专业知识，还要学会如何与客户沟通、交流。推销人员一定得懂这个产品的设计理念和操作方法。推销时，他给用户介绍产品就能介绍得很清楚。而且产品的特点卖点、产品本身的价值、能起到什么作用，都得给客户介绍清楚才行。推销人员一定要比采购你公司产品的人要懂，对产品的了解程度要高很多，才能把产品卖出去。而且用户更关注的是产品应用方面的功能，公司的产品一定要能解决别人的产品所不能解决的问题，用户才会选择你公司的产品。

总结自己创业的经验时，陶文国认为他在水泵监测站那几年，通过在河北省各个相关企业进行检查，不断与企业交流，再加上他做事比较用心，具有敏锐的观察力，才奠基好他的创业道路。

瞄准方向，坚持到底

追求完美的人管理一个公司，手下的人都会比较受苦，尤其是懂技术的管理者，他的眼中容不得一点沙子。

陶文国是一个做事仔细、追求完美的人。而他当初考进农大的时候，竟然还有点“挑剔”。

“其实，当时我进入农大还是有点不甘心。当时学校建设一般，正在改造，我是从农村出来的，感觉又进了一个农村。想退学，家里不同意，就继续上。”陶文国说。当他开始学专业课的时候，发现还是挺有意思的。他才安心，不再想着退学了。从那时起，他就认真学起专业课，进步很快。学好专业课知识对他之后的就业帮助很大。现在回想起来,他当初坚持留在农大完成学业还是对的。

陶文国认为,喜欢和做事是两回事。虽然不喜欢某项工作,但是既然来到公司或者单位了,就要把事情做好,就算不喜欢也要用心去做、踏实去做。

对于国家鼓励大学生创业,陶文国觉得是件好事。现在的大学生人数越来越多,就业机会越来越少,就业难度也越来越大,所以,大学生自己出来创业可以锻炼自己的能力。“农大现在很多专业的涉及面比较广,这就是为了能适应就业和创业。”

陶文国说,“对于现在的学生而言,他们爱好什么就往哪个方面努力。但是,我需要强调的是,做一件事一定要深入下去,不能蜻蜓点水,要坚持到底,成功也好、失败也好。就算失败了,你也要不气馁,从头再来。做事要有预判性,多做、多想、多用心观察,才能做好一件事。此外,做人胸怀要宽广,不要斤斤计较。”

我的农业梦

1982级—畜牧业动物营养—仝宝生

每一次都是机遇

毕业于中国农业大学畜牧业动物营养专业的仝宝生，对农业有着浓厚的兴趣，并将自己一辈子的职业生涯都奉献于农业。三次创业的经历，铸就了现在的他。奇妙的点子，不仅为自己的企业创造了奇迹，也为在校大学生开拓了新的视野。

仝宝生讲道，第一次创业是做牧场规划设计。当时恰逢国家畜牧奶牛养殖业的大发展，国家有一个奶牛中心计划，需要大量建设好的牧场，自己又在这一方面有一定的专业特长。碰巧从国外回来的一个同学又找到自己，并且交流了当时有关这方面的情况，发现这是一个很好的创业机会。而且，这个项目是跟国家发展相符合的，当时便辞去在国家农业集团的工作，从此走上创业之路。全国牧场规划这件事情很快就推开了。因为引进了一些国外的先进理念并结合国内的情况，这次项目在国内做得相当不错。但是几个合伙人对未来的发展方向可能有些不同的意见，随后项目没有再进行下去。

第二次，做奶牛养殖。结合上次的奶牛背景，并且内蒙古伊利、蒙牛这些企业已经发展起来了。然而，他们的经营大部分是靠一家一户的养殖方式，企业化程度比较低，看到这种情况，仝宝生想结合自己做养殖规划设计的经验，自己行动起来。就这样，仝宝生的第二次创业开始了。后来，经过考察把奶牛集中起来做牧场，经过规模化的奶牛建设养殖，提升这个行业的产量并且降低生产成本。这次项目做得也不错，当时在国内也掀起了一个高潮，相关政府部门也相当支持企业化的经营牧场。当时企业化牧场不是很多，仅有几家国有企业的牧场。他将老百姓的奶牛托管过来，建设相对规模化的牧场，提升奶牛的养殖水平。

当时的内蒙古自治区领导还到他的牧场考察、参观，并支持他们进行推广。但牧场需要大量的资金，当时因为做得比较早，没有投资途径。老百姓有句话，“家有万贯，带毛的不算”。当时是融资，很多做房地产的也投了资，农业是个弱势行业，投资大见效慢，与房地产相比要差。很多老板在这个过程当中提出撤资，导致项目不能够正常地开展。随后，第二次创业再次终止。

第三次创业，也是现在进行的项目“大粮仓”——有规模化的农业项目。这个大背景是针对国家十几年来连续粮食安全问题，一家一户小规模经营，造成很多农业生产矛盾的出现。仝宝生还谈道，这些年国家也在推广土地流转，这是中国农业现代化的一个基础。看到国家政策的导向，在全国也考察了很多地方，他决定建设有一定规模农场。将农业内部土地整理起来之后，进行规模种植，用好的种子，好的肥料，进行机械一体化，技术信息化，建设生产安全的体系，从而生产好的产品。为了做这个项目，仝宝生对银行、保险、基金等机构做了很多的调研工作。现在公司已经引入了保险机制，全程为农业生产提供保险，同时也开发了基金产品，这个工作进展得还不错，并希望此次创业能够成功。

创业就该这样

当被问及为什么创业，仝宝生这样回答：因为一直在企业这个领域里面，在国家大的宏观背景下，自己看到的机会可能多一些，在学校学习、锻炼接触的比较多，从而一些相关的解决方案就会轻松地想出来。对于一些问题的解决办法，也能够拿出来，这也成为自己走向创业的一个动力，并且创业也是一个人价值的体现。

创业伙伴的选择，仝宝生认为自己的创业伙伴是在工作过程当中产生的。在创业当中有一些创业设想需要和伙伴一起交流。过去做事情需要技术、资金、管理等方面的合作伙伴，这些都需要去寻找与交流，这些也都是在这个圈子里找到的。现在这个项目，了解的人可能会多一些，大家都知道农业这个领域很有发展的前途。通过一步一步地了解，内行也好，外行也好，一点一点的包括金融、保险等方面也都加入了这个行列当中。自己的创业团队也就自然而然的产生了。原先的创业最困难的可能就是合作伙伴，农业方面涉及得比较广，农业本身有一定技术上的门槛，合作伙伴不理解这个问题，可能会导致项目的失败。这次项目，地方政府在认识上不太一致，中央政府提倡国家土地规模现代化，但涉及省县镇可能就不会太重视。中央可能发的文件很多，但在地方可能没有去执行，一般的县政府把农业放在比较低的位置，大多数人会抛弃农业，这样发展起来会很困难。

仝宝生面对这些困难却很乐观，他认为创业也就应该是这样。

大手拉小手

针对大学生创业，仝宝生回忆。当时在北京也带过大学生创业，除了三次创业的经历也做过很多其他的项目，像新农歌农场。当时在一个科技农业园区合作，这个农业科技园区里面什么都有：温室大棚种植养殖、农业的生产单元，元素很多，每个规模都不大，非常适合大学生创业。

仝宝生说，当时想创造一个平台公司，带大学生创业。一个园区一个园区分开，温室里面有体验农场，离城市比较近一点的大学生可以做电商，城市里的家庭可以去体验亲子教育。这样可以把农业与城市的生活结合起来，叫作都市农业。大学生独立创业还是有一定的困难，仝宝生感觉带着大学生创业是一个很好的办法。当时他也带了一些大学生，也有很多成功的。感觉现在很多大学生可能不愿吃苦，都想在城市里办公。

作为农大的大学生创业要看的是，谁能走下去。自己本身就是这样走下去的，在北京这个大城市呆的时间也比较长了，家庭也没有太多的牵扯了，这个时候可以选择去创业。大学生也是需要分层次去引导，农业领域里面，本身现在就是一个创业的时代，但创业的途径不是很多，创业是商业上的做企业，投资赚钱，一般大学生要不没钱投资，要不然有点钱赔了，这些都会阻碍大学生创业的。再一个就是大学生就业指导中心对大学生进行相应的指导。

仝宝生个人认为是不是可以考虑设计几个项目去鼓励大学生创业和自己一起干。农大创业成功能人很多，如果都能给大学生提供机会的话，对想创业的人可能有很大的帮助。但大学生创业的心态也一定要好，自己发现的机会可能会多一些，因为现在是互联网时代，跟着感觉走可能也会不错。最好可以从技术角度、销售角度、综合的角度出发。

仝宝生还为想创业的大学生提出了创业点子。比如，现在仝宝生自己在湖北几个县考察，在那里有一个国家电子商务基地，很多农产品很不错，当地一个技校的学生，都在那里做的培养，他们用电商卖小龙虾、稻谷等农产品，有的还赚不少钱。因为城市现在有很多人，尤其是年龄大一点的可能对农村还会有一些感情，在城市生活时间比较长了，在农村可能希望拥有一片地。现在自己做的项目拥有几万亩地，又是自己管控，足够提供一部分给大学生，让他们自己组织投资管控，做一个大手拉小手的项目，用互联网找到合适的人，也可以做保险，整个链条上的信息，具体的农业项目业务提供给学生去做，也可以城市里的人与农村里的人对接。可以做成一个大学生团队，以农业仓对接一个社区，对其提供需要的农业产品，农业中有很多的合作项目。

最后，身经百战的仝宝生告诫同学们，不要只盯着学校、盯着书本、盯着大城市，如果想在农业这方面发展，就要能吃苦，多接触。

不断追求精彩的创业人生

1984级—农学—李兆林

"心怀美好，向善向上。"这句话一直引导着禾亚（北京）生态工程技术有限公司创始人、内蒙古奶联科技有限公司联合创始人李兆林。他的梦想就是创办一个真正受人尊敬的卓越企业。谈到他从上学到就业，再到创业的经历，他都认为自己是一个非常幸运的人。

李兆林一直说自己处于一种持续创业的状态。有的人创业，可能一旦成功就会趋于安稳，努力寻找维持事业平稳发展的平衡杆。而在李兆林的创业经历中，他总是在事业达到顶峰时，又萌生出新的想法而去付诸行动。从很有光环的一个状态，又重新回到起点，重新开始。这也是他不断追求着自己梦想，创造一种自己理想的精彩人生状态，一种不安分的、想活出与众不同的人生追求。

追求梦想，他选择持续创业

1992年，李兆林从中国农业大学毕业后，被分到了昌平农业局，留在了北京工作，也在北京扎根了。进入单位以后，他发现自己的工作很惬意、很轻松，并没有那么累，还有机会跟着领导下乡，开拓眼界，工作比较轻松。但是随着时间的推移，他发现这种状态并不是自己想要的。

没过多久，他就向单位请假，回到了农大的一个实验室里，开始和大家一起做项目，并承担起对外销售的工作。在实验室工作期间，虽然忙而快乐，但是日子一长，李兆林发现这也不是他想要的事业。

1993 年，李兆林来到了中关村的蓝旗营，开始了自己的第一次创业。那时候，他狠下决心，和朋友一起创业。他们的团队自主开发了一款计算机软件，他负责软件培训和软件销售的工作。在蓝旗营，正当他们的创业项目干得风生水起的时候，一个新的机会找到了李兆林——一个做电子词典和电子记事本名叫快易通的香港上市公司对他张开了双臂。

这家公司，可以说对李兆林今后的职业生涯和创业中如何拓展市场起到了关键的作用，也让他的个人能力得到很大的发展。进入公司没多久，他就开始负责开拓山东的市场，并在淄博做了人生中第一单生意。不到一年的时间，他的销售业绩就达到了全国第一。

1995 年 8 月，他又被调到北京分公司当负责人。回到北京之后，他参与了北京分公司的危机公关。当时他牵头去做，把这个公关危机事件处理得非常漂亮。也正是因为这次危机公关处理得非常好，他一下就晋升到一个更高的职位。

站在高处，却想要更大的舞台

李兆林当初也是充满了使命感和责任感。他认为清华紫光、北大方正等品牌，都是学校的品牌企业，带有学校的光环，同时给学校也带来了很多福利，而中国农大还没有这样的光环企业。所以他就一直在想：这方面该如何突破，该怎样去创造一个这样的企业，给学校带来光环？

“那个时候，虽然我已经站在了一定的高度，但是作为年轻人，我还是想有自己更大的舞台。”李兆林说，“所以，我在 1996 年年底，从公司辞职出来，与同事一起创业。”

这次创业其实也算是重复了上一个公司的商业模式。但是，他们很快就发现他们可用的资源其实很少，所以创业不到一年，就以失败而告终。创业失败之后，李兆林有了一段时间的思考，究竟什么样的工作或者创业模式才是自己真正想要的？他开始想如何去突破自己。

打算继续创业的李兆林接触到大学时期所在实验室的一个农业项目，这个项目涉及一种防止小麦倒伏的植物生长调节剂。李兆林希望将自己的IT行业经验与自己擅长的专业对接起来。为此，在1998年，他参与了项目的公司注册，组建了团队。很快，他带领团队将年销售额从100多万元做到了近2000万元。1999年，该公司因成果显著而上了央视的新闻联播。

正当事业达到顶峰的时候，李兆林又一次开始转型，去寻找自己的另一个梦想。

2004年的春天，李兆林应同学李正洪之邀，依靠2 000万元的创业资本，一个崭新的创业平台——内蒙古奶联科技有限公司出炉了。之前都是小打小闹的创业，而这一次李兆林完全自主地做起了自己的创业发展路线。这也是他目前为止做得时间最长的一次创业，也是做得最漂亮的一次创业。

可以说，创业之初，李兆林与李正洪是带着团队一步一个脚印地探索出自己公司道路的。2008年“三聚氰胺事件”发生后，从政府到百姓，人们对优质奶源的认识一夜之间改变了很多，规模化养殖也因此提上了政府的日程，奶联社迎来了自己发展的春天。

“农业的产业化还有很长的路要走。”李兆林说，“我们只是比别人提前了一小步，我们只期望能播下一个希望，唤起更多的同行业的信心，唤起大众对奶业从业人员的尊重。哪怕我们最后失败了，也希望给未来的同行们提供一些思考，带来一些有价值的探索”。

经过不断跳跃，李兆林还是想做一些与生活有关的生态产业、绿色农业、生态农业。说大点，是造福人类，但这才是他一直在追求的梦想。

2015年8月，李兆林从奶联社出来，创办了现在的公司——禾亚（北京）生态工程技术有限公司。这个公司的宗旨，正如他名片上的一句话：“致力于做全球领先的生态产业新能源解决方案提供商”，这或许才是他的初心吧！

怀抱理想，从小而美做起

创业是给每一个人证明自己的好机会。如果说1992年，小平同志南巡讲话，激发了一轮全民下海经商的热潮，那么这一轮的大众创业、万众创新，则是更具有时代意义的热潮，是一轮大势，有梦想、有理想、有使命、有激情的年轻人，就应该积极拥抱，而不是犹疑、彷徨与等待。

李兆林与年轻人交流时，发现很多刚毕业的大学生不知道什么才是自己可以抓住锻炼成长的机会。他认为，大学生毕业之后，找到了工作就要坚持做下去，而且他们一定要搞清楚，毕业后就业找的是一家公司和这个公司的事业，要根据这个公司的事业去发展自己。毕业生一定要以主人公的身份去参与公司的事务，帮公司更好地发展。这虽然辛苦点、累点，但是你会从中学会很多，也会从中找到很多机会。

李兆林表示，企业是一个组织一个机构，是靠机制来推动发展的。在一个行业里，毕业生能够进入一家正规的大公司，适应公司的运作方式和管理模式，就是他们一个非常好的学习过程。

“大学毕业后，毕业生一定要付出比别人更多的辛苦和努力，才能创造一些机会。别人在玩的时候，你要多学习、多去思考如何把工作做好等等。”李兆林说，“此外，你一定要有一个好的平台，还要非常执着地去努力去付出，才能走出一片自己的天空。”

“在学校里，你所学的知识，不一定就是将来到社会所能用于你职业的技能。进入社会以后，更多的是需要你的一种思维方式，尽可能调动你想要的资源。而你不一定非得是某一方面的专家，有了你自己的一种思维方式后，你就可以去做你想做的事情，这样的成功率还是蛮大的。”李兆林说。而真正开始创业时，他其实并没有完全基于自身的专业，而是出于对一个行业的理解去做的。

对于创业，李兆林还认为：创业的关键在于，这是不是你发自内心想去做的一件事。但凡选择了一条路，你既要不受制于外面的影响，也要不受外面的诱惑，这样才能做成功一件事。不管是哪个专业，做事一定要小而精，一定要找到一个精确的小切口，然后进入这一领域，创业成为一个小而美的公司。

此外，他还强调，创业一定要学会共享，与学校共享、与同学共享，为了理想和事业而创业，而不是其他庞杂的目的。有了这样的思想，创业者才会领悟创业的真正意义。

最后，李兆林说出了自己对于学校和师弟师妹们最想说的话：“育天下之英才是老师们的事儿，那么，解民生之多艰就需要我们农大的学子们，特别是立志于创业、创新的校友企业家们，需要不懈努力的了！”

用技术实现梦想

1985级—农业机械化—刘波

“在创业的道路上，创业者一定要有激情、有梦想。”吉峰连锁股份有限公司执行董事、吉林省吉峰金桥农机有限公司董事长刘波说。

刘波，1967年生人，1989年毕业于北京农业工程大学（即中国农业大学），主修农业机械化专业。

刘波是一个对待工作严谨、细致、稳扎稳打的人。他从不关注周边人对他

的看法，尽自己所能做好自己的事情。“关注得多了，也会给自己增加了烦恼，何必呢？”刘波笑着说。

刘波喜欢爬山、旅游，可是因为工作繁忙，一直实现不了。但是他的另一个特殊爱好却一直坚持了下来，那就是搞科研。

踏踏实实的创业之路

1989年，刘波毕业后，被分到一个国有企业——吉林省农机公司。刚被分进去，他感觉还不错。就这样，他在这个公司踏踏实实干了几年。随着国有企业改制，他发现这个企业的机制变得越来越不活了。面对改制，企业也做出了一定的要求：作为中层干部，需要主动在企业内部申请改革。而老一批的干部不愿意改革，像刘波这样的年轻干部就成了带头改革的重点对象。“国有企业改制过程中工资开得很少，甚至不给员工开工资。我们要生活养家，所以当时我们可以去开商店挣钱养家。”刘波说。但他觉得自己作为好学校的本科毕业生，开个商店有点可惜。再者，作为从单位出来的中层干部去开商店，他也抹不开面子。所以他就多花了点心思，开始创业。

当时在农机公司，刘波不仅是政府任命的领导干部，还具备一定的专业技能，具有自主创新意识，赢得了很多同事的认可和信任。在他的带动下，与合伙人一起创建了吉峰农机连锁股份有限公司。“与其没有钱挣，不如带动我的员工去努力创造价值。让大家有钱挣、有钱花、生活更美好。”刘波说，“一开始做这个股份制企业，我是带领大家一起致富的，当时我占了股份的50%，现在我只占20%多。2004年，我又从这个公司独立出来，创办了吉峰金桥农机有限公司。”

吉林省吉峰金桥农机有限公司是上市公司——吉峰农机连锁股份有限公司的控股公司，公司始建于2001年。该公司及其下属的维修工厂作为重点农机企业的维修服务站，承担着面向全省的技术培训、维修服务及社会化维修工作；公司配件部作为多家企业的配件供应储备中心，承担着提供正宗原厂配件的供应服务工作。

刘波认为，在他创业期间最困难的就是创业初期的资金问题和创业后期如何与政府机关处理好关系。这让一直伏案苦心钻研技术的刘波，不仅要学会社交处事之道，还要学会如何更好地管理公司。“我们当时创业就一个志向，就是用名优农机产品为厂家与用户筑起致富的金桥，与客户一起耕耘、一起收获！”刘波说，“而这座金桥，也是我们公司名称中‘金桥’二字的由来。”

多年来，该公司本着“为客户提供先进、适用的农业装备与优质的售后服务”的经营宗旨，认真践行企业战略使命，推动行业进步、发展现代农业。

现在，该公司每当给员工分红，带着大家出去玩的时候，就是刘波最开心的时候。因为他找到了自己的人生价值，同时也带动了一批人的就业。截至目前，该公司已经组织大家把东北三省和河北省的所有景点都转完了。“已经没有可以再去的地方了，下一步有可能会选择更远的地方，带领我的员工去开心地玩。”刘波说。

有了梦想，就要坚持

“其实梦想贵在坚持，我高中的时候就想坚持搞好农业现代化，让农民省时、省心、省力。我觉得这个目标是有价值的，引领我不断前进。我是在农村长大的，在家里参与过很多农活，作为农民太累了。”刘波说，“为此，我高二就去参加高考，一下就考中了咱农大。其实，当时有很多选择的，但是我既然选择了这个目标，我就要坚持下来。当时和我一样选择这个专业的，真正坚持发展本专业道路的人，现在就剩五六个人了。而工作与本专业最贴切的也就剩我和咱农大的一位老师了。”

据刘波回忆，在大学期间，令他印象最深刻的就是与农业工程相关的专业课程。而当时刘波所学专业的系主任常说：“用工程的办法巧妙解决农业的问题，尤其是现代农业的问题，才是我们学习这个专业的根本。”这句话让刘波印象非常深刻，也奠定了他坚持这个梦想的根基。于是，他有了一个梦想，就是回归田园，建一个集约现代农业科技的示范农场，把前沿科技运用到农业中。

当时的农业机械化水平比较低，农业机械化的先进性和实际应用等方面，正需要刘波所学习的农业机械化专业知识，来推动当时较为落后的农业发展水平，将机械化水平引用到农业中，并且应用和管理好，这是当时刘波进入这个专业进行学习的主要目标。

学校的学习生活，不仅让刘波学到了很多专业知识，也培养了刘波做人待事的性格，这对他后来创业道路非常有帮助。

“当年，在我做毕业设计的时候，需要将日本一个企业生产的一种农业机器，进行国产化的研究。当时，光靠一个领域的指导教师是解决不了这些难题的。于是，指导我做毕业设计的老师就主动帮我联系机械原理方面的老师，而为了我能增强机械原理方面的实际操作能力，这位教机械原理的老师，又帮我联系了咱们农大已经毕业的在农机研究所工作的老校友，使我很顺利地完成了毕业设计。”刘波说，“这件事让我感触很深。这两位老师对我的毕业设计，非常负责任，也让我从他们身上学习到了很多高贵的品质，待人待事要认真，还要很有责任感地去做一件事情。”

兴趣+优势，才是幸福的创业路

“现如今，国家鼓励大学生创业，这是好事，现在也是一个创业发展的好时代。但是，毕业生如果能选好方向，努力且不浮躁地坚持下来，把创业项目从优秀做到卓越，那么就一定是一个成功的创业者。”刘波说。

对于如何选好创业方向，刘波说，一定要根据个人的兴趣爱好和个人自身的优势，二者结合起来，才是创业中最幸福的事。“比如，一件事情很可能会赚钱，但不是你喜欢的，也不是你的兴趣爱好，那么你做起来就会觉得没意思，就会觉得没有幸福感。而现在的年轻人更多凭借自己的兴趣爱好去做事，这样，你只要有点优势，就会成功。”

“理性和传统地说，资源优势一定会占主导地位，但是换个角度说，如果你的兴趣占据主导的话，也许会激发你的潜能，就有可能会创造出新的资源优势。而这两者是相辅相成，缺一不可的。”刘波说。

农大的每一个专业，只要能够深入了解本专业在现阶段和中国未来社会中的发展，就会找到创业点。不同的专业在不同的历史阶段，可能会有不同的创业发力点。因为中国社会的发展中还是存在或多或少的问题，需要解决的问题也会多少存在，所以各专业在不同行业的创业还是有必要的。

在中国社会飞速发展和变革的时期，对于想创业的农大学生，一定要在这个变化的社会中，根据自己的专业，找到自己能够发力的、自己有价值的闪光点和兴趣点；一定要踏踏实实去寻找、去做，千万别在乎年轻时候的失败和困难，不要惧怕失败，要寻找自己的梦想、创造自己的梦想、坚守自己的梦想。

现在，刘波最想做的一件事，就是办一个公益的农场，做一些示范项目，带动更多的人去做更好的绿色农产品，解决食品安全的问题。最主要的，这个公益农场项目要先把农民带动起来，让农民增收致富，让老百姓都能吃上健康安全绿色的食品。

只为了心中绽放的那朵玉米花

1985 级—植物遗传育种—李世晓

一件白衬衫，面色黝黑，常年置身于一片片玉米地中，看上去俨然一个普通农民的样子……这是旁人对甘肃五谷种业有限公司董事长李世晓的外观形象的描述。

"中国需要一个强大的种子行业，甘肃五谷种业要立志成为农民的育种、生产和服务专家。"每每提到种子，李世晓都会坚定而自信地说。李世晓和他的科研团队十年如一日，南繁北育，精耕细作，几乎一年到头都忙碌于播种、授粉、选种、收获、再播种等循环往复的玉米种子科研工作中。

近年，在李世晓和他的科研团队的带领下，"五谷 568""五谷 704""五谷黑珍珠""五谷 1790"等 16 个品种通过了省级审定，大大提升了中国民族种业科技创新能力和市场竞争力，并随着以上品种在东北、西北、西南地区的大面积推广种植，农民的经济效益得到迅速增进，促使民族玉米种子行业发展进入发展快车道。

然而，在玉米育种的路上探索了 20 年的李世晓有着一番艰苦卓绝的创业历史。

为坚持梦想而考入农大

高中时代的李世晓，就对未来做出了种种憧憬。当时，他一直在思考怎样让农民变得轻松，让农业不再那么繁杂。“高中的时候，我看到一个报道，说苏联有一种小麦，种一次可以收三次。我很兴奋，因为这样可以让农民变得比较轻松。”李世晓说，“育种与生物有关，因此我当时就想报考生物学。像北大这样的一流学校，生物专业考分非常非常高，而我最喜欢的是农业与生物，就报考了中国农业大学植物遗传育种专业。”

大学期间，李世晓积极参加各种社会活动，加入了多个社团，有摄影、演讲等，其中影响最大的是中国农业大学演讲团，他担任演讲团副团长。此外，李世晓还组织学院的学生，帮一些博士做实验，帮他们整理资料、整理数据。这些实践活动对他后来的发展奠定了很大的基础。为了给家里减轻负担，在大学期间，李世晓积极参加勤工俭学活动。在学校的实验工厂装增产菌，他努力干活，每天可以挣到三块钱，当时的两三块钱，感觉已经是很多钱了。实践活动对他后来做事形成了良好的影响。

接受恩师中国工程院院士、著名育种学家戴景瑞院士的指点

在大学期间，还有一件值得提的事，那就是他的导师戴景瑞（一个班 31 个同学，每 10 位组成一个小组，有一位导师）。导师戴景瑞是做玉米育种研究的，可以说，戴老师是他后来走向玉米研究的一个关键因素。

毕业后刻苦实践得到大家认可

1989 年，李世晓从中国农业大学植物遗传育种专业毕业，分配到了甘肃省农业科学院。在农科院工作期间，他在好多人眼里，是一个不安分的人，经常去查资料。他背着相机，跑遍了他们蹲点的景泰县南滩村 5 100 亩地，几乎比农民还了解他们的地。无论是农民的小麦、玉米、黄豆，还是瓜果蔬菜，何时需要施肥、需要打药，他都积极关注。当时，景泰的小麦在抽穗后成熟前得全蚀病，非常严重。针对当时景泰农村的农业现状，李世晓提出了很多改变现状的办法，自己推广，自己宣传。

那一年的秋天，景泰县组织秋粮观摩，其他地区的黄豆都发生了严重的红蜘蛛，只有南滩村的长势良好，受到县乡各级秋粮观摩人员的高度重视。他们当时发明了“豆-豆-葵”，就是黄豆套碗豆套葵花，高效高产种植模式在现场得到大力的宣传，南滩村的农业科技在景泰县起到了明显的带头作用。

南滩村蹲点的那段时间，是李世晓人生中扎实深入农村、接触农村、了解农村的一个过程。25 年前的景泰，农民收入还主要依靠粮食作物，因此，只要能增加作物产量，增加老百姓的收入，就是最好的科技下乡。“从那时起，我更加注重每一项农业技术的推广和农业措施的实施，到底能不能给农民带来真实有效的收入增加。”

有一次出差回农大，李世晓了解到戴老师选育的农大系列玉米新品种，就赶紧将其引到甘肃，农大 3315 表现良好，很快在甘肃审定。从此，他走向了玉米育种这一广阔的领域。回学校之后还得知，大学时给他们带生物统计的苏胜宝老师，在做玉米种子经营，李世晓便与他联系，开展了种子代繁业务，苏老师算是他玉米育种事业的另一个重要的奠基人。

创业是为了实现自己当初的梦想

那时，从事玉米种子生产的单位大多数是国营县级种子公司，科研单位和其他单位的制种还比较少。李世晓认为，他是农科院的一名职工，如果产量低了，老百姓会找他，他无法给老百姓赔产，所以在这种时候，他都特别谨慎，非常注重产量的增加。从播种，到田间管理，他一直在田间，很少离开，从头到尾跟踪整个生产季，功夫不负有心人，秋天收获时，产量很好，农民收入较高，提高了他制种的积极性。

随后的几年，他给中国农大开展玉米种子代繁业务。播种前，与农民认真签订合同；生长季，则细致指导；收获季，及时兑付制种款，几年下来，他们的信誉得到了老百姓称赞。

2003 年，李世晓创立了甘肃五谷种业股份有限公司。该公司开创了科学设计、专业分工、标准操作、流水作业、全国测试的高效化育种新模式，拥有自主研发、通过国家或省区审定的玉米品种 19 个，获得 30 个审定证书，分布在全国四大玉米主产区的 11 个省。

该公司自成立以来始终以研发为公司核心竞争力，创出了具有自主知识产权的民族品牌，建立了布局全国四大玉米主产区的科研体系和试验格局。玉米育种，寄托了李世晓的梦想，也与他的专业相结合。每年 7 月，天气非常炎热，很多人在玉米地里感觉很辛苦，而他却能坚持下来。搞了几年以后，他每年把给中国农大等企业代繁种子挣来的钱，又全部投入到了育种上。

有一年，李世晓的公司迅速扩大了规模。规模的扩大，使他自身有了心理压力，每天早上，天一亮就开始下地，到天黑才回驻地。近一个月的时间，他天天与玉米接触，天天看，慢慢地对玉米的植株有了一点点的认识。经过十个春秋，2009 年五谷的第一个玉米品种在陕西省审定。在景泰的十多年中，前后来景泰制种的种子公司有十多家，真正在景泰生存下来的外地公司，五谷是唯一一家。正是因为他们在景泰的这种信誉，在制种过程中，五谷的基地，只要开辟，很少有因为兑付不好，产量低而丢失的。而其他很多公司，每年都到五谷的基地去，当时的流行语叫“翘基地”，也就是给农民，尤其是领头的队长虚假夸大将来的兑付条件，骗老百姓给他制种，可是到了秋天，产量不好，就不兑现，导致这个基地产生各种矛盾。五谷种业，在景泰古浪生产的十多年中，没有发生过因为老百姓的效益而引起基地发生矛盾而丢弃的。

“我心中最美的花就是玉米花。”李世晓说。他带领着五谷人遵循“精心谋事，细致做事，严格管事，高效务实”的理念，实现了“稳中求进—发展—跨越”三级跳，让五谷种业在陇原大地谱写出令人瞩目的科技创新篇章，开出一片片分外妖娆的玉米花！

充分了解再去创业

对于学生创业还是就业的问题，李世晓说，毕业生首先要“活下来”，不要一毕业就“死掉”。如果大学没有做好创业的充分准备，毕业的时候想创业就去创业的话，那么，“死亡率”就会很高。除非你家里确实有很多钱，能够支撑你的创业。

他认为，大学生毕业后还是要去一些企业单位去见识一下，看看企业是怎么做的。他们要先了解一下企业如何做、该怎么做，基本了解一些创业的实质，再去创业会好一点。如果大学生刚一毕业就去创业，靠本性去做事，连创业之道都不会走，那么成功率会很低。他建议可以多读一些名人创业之类的书籍，如《乔布斯传》等，就知道他们其实并不是人们想的那样，一毕业就创业的。

如果大学生选择了创业，就必须沉住气，用全部心智，聚精会神地投入到事业，并且聚焦到事业，才能对得起一起奋斗的人。

“在大学期间，你们要无比珍惜时光，高效广泛学习与专业相关的各方面知识，积极参加有益的社团活动，细细明辨社会正义。中国农大将给你的一生带来无穷的能量。”李世晓对在校生说出了他心里的话。

坚持的力量

1985级—作物营养与施肥—周文龙

校友周文龙1989年考入北京农业大学研究生院，1992年毕业后进入了广州研究院开始了自己的科研生涯，经历了六年的科研历练。1998年研究院体质改革，提倡科研成果与市场结合，鼓励技术市场化。他被选中派去做新业务的第一批开拓者，将市场与技术相结合，开拓一个新的领域。随后周文龙先生便积极投身到了单位第一批体制改革中，在这个过程中一切都是全新的，没有太多经验可以参考，团队中所有人都是在摸着石头过河。这里需要有更多新的理念和创意，需要整个团队都能开拓自己的视野，有创新精神还要有不怕失败的勇气。周文龙带着团队去主动了解市场、做各种调研和大胆尝试。也许一个很好的创意，在市场可能短期内看不到价值；而市场上有价值的东西，也不一定能够真正满足客户需求能够持续发展下去，所以关键在于怎样把市场的需求和

他们的研发成果、研发技术结合起来……经过了七年的不断摸索和实践，他们的团队终于形成了自己特有的一套模式。此时的工作也有了一定的进展和阶段性成果。但就在2005年又因制度改革，组织要求他重新回到体制内。当时的他，经过一番思想斗争后，做出了一个所有人都感觉诡异的选择——放弃风光无限好的仕途，开始了自己的艰辛创业之路。

2005年周文龙创办了广州市先益农农业科技有限公司。公司多年来一直秉承着“质量树立品牌，技术引导农民，真诚服务天下，提升中国农业”的经营理念，致力于打造高品质水溶肥料的第一品牌，为农业生产提供高技术含量、优质、安全的水溶肥料产品，为终端消费者提供安全优质的农产品！经过多年的研究和试验，他们开发了符合我国土壤养分状况及作物营养特性的优质水溶肥料系列产品，培育了一批最专业的农化服务队伍，与信誉卓越、诚信经营、专业推广能力强的各省区经销单位合作，在全国范围内建立了大量的试验示范田，组织开展广泛的农民会议，帮助全国各地农民解决种植过程中出现的各种问题，特别是中微量元素的缺乏问题，深受广大农民和农资工作者的欢迎。

周文龙24年的工作历程中，敢于坚持做自己认为正确的事情。

第一个坚持：

在广州农科院做技术市场化工作期间，他积极向国外先进的技术学习，坚持进口德国的一些肥料。当他做出这个决策时，单位的领导和同事坚决反对他的意见。甚至有人会认为他的决策是一种赌博，赌注是组织对他的信任、财力和整个团队的安危。对于并没有太多工作经验，也没有任何市场经验的他来讲，当时的压力可以说是相当的大，但是他仍然顶着压力坚持自己最初的判断和决策。最终也正是因为他的坚持，让团队实现了一笔不小的盈利，让团队中的成员也挣得了人生的第一桶金。

第二个坚持：

2005年，农科院体制再次调整，需要他重新回到体制内，此时的他很看好特种肥料这个市场发展的前景。经过深思熟虑之后,他放弃了相对舒适和安逸的体制内环境,选择了自己创业,这一决定导致他面临 200 多万货款的压力……整个转型过程中资金的压力、市场的压力、团队的压力全部蜂拥而至。因为他的完全相信始终没有任何动摇,最终带领团队,经过一年多的努力,提前还清了货款,使企业的发展步入正轨。周文龙并没有在十几年前就看到了中国今天的发展,但是他努力地去看清楚自己的未来,自己喜欢做什么,适合做什么。决定做一件事情,而且是相对比较艰辛的一件事情,历练的过程注定会很艰难,清楚自己内心想要什么,这也许是他能够坚持的真正意义。从小我们就学习河蚌因为忍受了沙粒的磨砺,坚持不懈,才孕育绝美的珍珠;顽铁因为忍受了烈火的赤炼,坚持不懈,最后才炼就成锋利的宝剑。一切豪言与壮语都可能是虚的,唯有坚持自己的信念才是周文龙内心动力的源泉。

第三个坚持:

在企业的发展过程中,他始终坚持最初的目标,做中国最强的特种肥料公司,不追求做最大的肥料公司;创业不仅仅是为了赚钱,更是为了服务于农民,立足于中国农业的发展。也正是因为这份坚持，周文龙帮助了很多农民，收获了很多真诚的感激，员工也感受了服务农业的价值，同事自己内心深处也获得很多精神层面的满足感。虽然自己的公司并不是500强等超大型企业，但是他还是比较注重企业对社会的责任感，这种社会责任感并不一定要捐财捐物等单一的物质指标，更多的是企业提供的产品或服务对待社会的一种态度。一家企业能够长期存在，除了盈利之外，还应该把更多精力用于服务自己的客户，广州市先益农农业科技有限公司就是要把高质量的产品和服务以最低的价格提供给农民。因为周文龙有这种思维模式，企业就会慢慢形成这种文化，所以从管理层到普通员工都能形成这样的责任感。我们会发现，任何一家真正成功的企业都不是以盈利为自己的最高使命，它们大多以服务社会、为社会提供更多的工作岗位、改变人民的生活质量等更大众化的使命为自己企业的核心文化。

做任何事情都需要有持之以恒的毅力和精神，但是做事并不是盲目地坚持。周文龙的坚持是源于他的自信感，源于自己对事物判断力和前瞻性的认知。这里的自信又源于他的好学，作为一个农大的学子，他不仅喜欢自己的专业知识，而且喜欢哲学、国学、经济学等不同领域的知识。他喜欢去钻研一些国外成功的案例，甚至还会抽时间去读《毛泽东选集》。他阅读过的书籍门类从古到今、从国内到国外、从专业到非专业、从理科到文科……用他的话来讲，不学习就不会很好的成长，没有知识的积累，就不会有充足的自信，没有自信，关键时刻就不敢坚持自己的观点和判断，不论是就业还是创业，不断学习、不断充电、培养自己的学习能力和学习习惯，是一个人走向成功的核心要素。周文龙认为作为农大的学子，创业是有自己优势的，农业一直是朝阳产业，没有过时的时候，而农大很多专业的水平排在国内的前列。但并不建议大学生一毕

业就创业，创业是一个过程，需要知识的积累、人脉的积累、处理问题能力的提升。创业首先要培养好学的精神，学习一个是书面上学，一个是在工作中学，自己头脑中装的东西多了，自然会建立自信心。

有创业的打算就要在工作中、生活中积极地去寻找合作伙伴，一定要找志同道合的人，这样才能坚持下去；如果找到的是一个仅仅想赚钱的人，而不是想共同做一件事业的人，结果一般都会以失败告终。因为创业中不能只看到钱，企业是要为社会做贡献的，不给社会做贡献，就没有价值，没有价值也就不能长久。

好学、自信、顺势而为，顺应自己的心境，顺应时代的发展，对自己的国家和民族充满信心，选择好方向后努力坚持下去。周文龙提醒师弟师妹们，凡是新的事物在起头热心的人很多，而不久就会冷淡下去，而我们都明白，任何事物不经过一番苦工是做不成的，不失去信心，坚持不懈，终会有成果。自信、能吃苦、坚持，这是他经历的一些感悟，希望对我们想创业的年轻人会有启迪和帮助。

善良比智慧更重要

1986级—动物医学—刘朗

谈起刘朗，业界说他是中国宠物医疗事业的元老，他只说不敢当；爱宠人士把他当宠物生命的救星，他尽心尽力；社会将他看作积极参与公共事务的专家，他从未说过一句为自己牟利的话；对于流浪的小动物而言，刘朗尊重它们的生命。

可刘朗自己是如何看待自己呢？——我只是做好我兽医的本职工作罢了。

专业技术过硬的刘朗博士

刘朗毕业于北京农业大学兽医学院（现中国农业大学动物医学院）。兽医这个行业非常神奇，在刘朗毕业的1986年，被人们看作是专门给牛、马、猪、羊接生治病的脏活儿，到了21世纪，又被认为是暴利加没什么技术含量的简单活儿。可对刘朗来说，这两者都是对兽医行业非常大的误解。

替牛、马、猪、羊看病是一回事儿，虽然辛苦，但保证它们的健康，就是保证人的生产生活；替伴侣宠物看病是另外一回事儿，它们为人排忧解难，是人的精神慰藉，它们的生命理应得到珍重。动物也会牙疼，也会有心脏病，也会患癌。为了延续人与动物间的特殊情感，只要人有需要，刘朗就必须考虑用先进的技术医好伴侣宠物的病，这不仅是出于对动物的关爱，更是对人的关爱。

刘朗坦言，自己创业初期没什么钱，是靠结婚的彩礼钱走上了动物医疗的创业之路。家人的理解和支持，让他在这条路上走得无怨无悔。

为了用更加先进的技术医疗医治不尽相同的各类宠物，刘朗在专业上下功夫，在实践里总结经验，更常常去国外交流，学习先进的动物医疗手段和动物医院治理模式。由他翻译的《小动物牙科技术图谱》是十本世界兽医经典著作之一；为了培养更多兽医人才，他 2005 年主导举办了第一届北京宠物医师大会（BJSAVA），为国内引进了国际化先进的宠物医疗技术，开创国内举办兽医临床技术交流大会的先河；2015 年 11 月 18 日亚洲小动物兽医师协会联盟（FASAVA）正式任命刘朗博士为 FASAVA 主席，统筹亚洲小动物兽医师协会联盟的整体工作。刘朗博士为宠物诊疗行业的学科建设倾注了大量的心血，一大批优秀的青年兽医才俊通过 BJSAVA 和 FASAVA 迅速成长起来，成为国内各区域宠物医疗学科建设的骨干力量。

作为小动物牙科方面的专家，刘朗不仅只局限在自己的领域内。他关注各种类型动物的医疗，如马、蜥蜴、海龟；他有着广博的动物医疗知识，微博上有层出不穷的养宠人士“圈”他，只为了得到专业的解答。

谈起他的大学，刘朗说道：“作为兽医，外科手术对我创业的帮助自然最大，技术是硬指标，但所有的科目对我后来的人生都产生了影响。”

关爱动物生命的刘朗医生

谈起刘朗，很多爱宠人士都是钦佩而感激的。网络上如果有人攻击刘朗医生从事的是暴利的行业，就会涌现出受过帮助的人的维护他。

网友得空多妮郎媚就义愤填膺：“我接触刘朗院长是在悟空犬瘟住院的时候，同期有个狗狗细小入院，主人只陪护了一晚上就消失了，本人亲耳听见刘朗院长指示医生护士尽力抢救，活了通知家长，如果家长不来，再给狗狗找新家。同期还有一只狗狗没有双前腿，也是主人送来就消失了！那狗狗我记得叫乐乐，整天在医院内用后腿跳着走！据说后来找到了领养人家！”

网友团长养了一只金色的拉布拉多，谈起刘朗医生也很是钦佩："我认识的刘朗大夫是个温和善良的大夫，包括伴侣动物医院的所有大夫护士也一样。偶尔路遇一个穿着小车的黑色可卡，询问后也是多年前刘朗大夫救治的瘫痪狗狗。"他还贴出了刘朗的微博地址，打开一看，全是义务为动物诊断，为主人答疑解惑的博文。

在他的微博里，有的狗狗患了心脏病，他推荐业界内的专攻动物心脏问题的其他医生；有狗狗患了皮肤病，他随时解答；有只狗狗在江西意外坠楼骨折，他帮忙联系权威的警犬基地医治；甚至有人问狗狗该喂什么样的狗粮，他也给详细解答，还叮嘱说健康的犬类无需吃其他营养产品。

刘朗还热心于各种针对流浪猫狗的公益活动。他免费为2 000余只北京市内的猫狗进行绝育；支持北京领养日的举办；关注藏区动物，为它们注射疫苗。同时，他积极地建立中国动物医院转诊制度，争取将动物医院从北京推广到各地，满足更多人的需求。

他关注各类有关于动物安全的新闻。导盲犬"乔乔"走失，他跟着心焦；他谴责虐猫虐狗的行为，呼吁关注儿童教育；他努力为流浪猫、狗寻出路，除了找爱心人士收养，他还倡导将部分犬类送入专门机构进行培养，使它们成为搜救犬、救灾犬，解决社会隐患的同时还可以为社会做出贡献。

说正直话、做善良事的刘朗

刘朗最强调的就是为人的善良。在他的微信上，"人为什么要善良"的相关议题和文章经常出现在推送条上。他拒绝用行业知识获取不义之财，更拒绝用自己的立场绑架社会。

只是最近两年，他就拒绝掉几家大的风投。虽然"上市"是刘朗当前的梦想，但接受风投后，给宠物"做美容"，增加额外的治疗费用是他更不愿意看到的事。在他看来，目前我国宠物诊疗行业和国际同行差距很大，规范程度不够、人才匮乏。"我觉得和有强烈收益需求的资本合作可以短期内加速扩张，但并不能促使行业逐步走向规范。相反我们主张通过提高兽医收入，政策减免企业的

税负来推动行业长期发展。”

对他来说，每一笔钱都赚得光明磊落。刘朗不否认一些小的医院、诊所存在收费不阳光的现象，但他反对有人说这是一个暴利行业。“十几块钱的药卖到100多块钱，那是不可能的事。”他说，还没有发现哪个兽医住过别墅，“可能有人开个四五十万的车，但咱还真没听说过有哪位同行开过上100万的车。这钱对我们来说挣得非常艰难、不容易。（就算有人开四五十万元的车）也是干了十几年，甚至二十年的积累才做到。”在一次采访中，刘朗也提到自己对宠物医疗行业的看法：“我很高兴地听到有90%以上的人把宠物当作自己的伴侣动物，因为伴侣动物是人类很亲密的朋友，它像你的兄弟姐妹，像你的孩子，在治疗的时候，当你的小孩生病的时候，你会考虑价格因素吗？一般不会，当然，首先这种价格是合理的。因为目前来说，宠物医疗行业有一定标准，当然，我们提倡所有的医院追求的是一种‘阳光下的利润’，我们应该很好地和动物主人沟通，我们追求这种阳光下的利润，是为了求得我们这个行业的发展。”

刘朗对动物的爱也是理性而中立的。他并不因为自己爱动物，就要求别人为宠物狗提供天价狗粮，给狗狗带爱马仕。刘朗觉得自己不是一个狂热的动物保护人士，至于别人吃不吃狗肉他还都能接受。“但是有一点，作为一种食品来说，我们无论是养禽行业、养牛行业、养猪行业在养殖的时候需完全建立一个养殖档案，一定要载明来源和进出场日期，还有检疫、免疫、消毒情况。但是我们现在犬的养殖恰恰就是没有这一点。”

刘朗指出，和比较大众化的食用家畜，比如鸡、牛、羊相比，食用犬只是小众，肉狗在饲养上难成规模，犬只来源难以保障：哪一家公司、养殖场标榜自己有大量的养殖，有上千条的狗一定是不现实的。从盈利的角度看是不太可能实现的。食犬是一个小众，实际上没有形成一个大的生产链。这些狗大多是收购来或者盗取的狗，在真正吃的过程中，药物残留、抗生素残留，还有一些毒麻药品的残留可能在高温中不能够分解，可能对人产生危害。

刘朗从未想过不创业，在他看来，创业可能不仅仅是一次历险，更是一种对行业的责任。除兽医的职业不谈，刘朗很希望，当别人谈论起他时，能叫他是“一个善良正直的人”。

公司简介：公司最初由在中国享有盛誉的三家动物医院（伴侣、爱康、芭比堂）组建，之后又有并购的几家动物医院进入，目前旗下动物医院有 17 家。美联众合以临床技术为依托，兽医培训方面投入了很大精力，是中国兽医协会继续教育定点二级培训机构。美联众合之所以位于行业前沿，主要依托于专科人才的培养，在小动物皮肤科、内科、心脏科、中兽医科、牙科、肿瘤科、内窥镜诊断等都在国内处于领先地位，培养了一批专科人才，为行业的发展做出了贡献。

有担当、有梦想的创业者

1990级—动物营养与饲料科学—陆世焯

陆世焯是北京博农利生物科技有限公司创始人。北京博农利生物科技有限公司注册于北京市海淀区中关村翠湖科技园，属于高新技术企业，致力于动物营养学领域技术和产品的研发、生产和服务。陆世焯1994年毕业于中国农业大学动物营养与饲料科学专业。进入职场22年，陆世焯经历了打工、跟随创业、主动创业三个过程，但是不论哪段经历，有两个词一直伫立在这位农大学子的内心深处，那就是——担当和梦想。

陆世焯的父亲是当时村里唯一的一名知识分子，儿时的他经常跟随技术员的父亲在田间玩耍，听父亲给他讲催芽、播种、苗床、插秧、施肥、灌水、防病等很多田间的知识，耳濡目染，幼时的他就对农业产生了极大的兴趣，所以小时候就很坚定自己要走农业发展这条道路，杂交水稻之父袁隆平也便成了他当时的偶像。考大学报志愿自己的首选为西南农业大学，原因非常简单，只因为自己的偶像袁隆平先生毕业于那里。有梦想的人总会在关键时刻有贵人出来指点。因为成绩优秀，一位有经验的老师建议其考虑北京农业大学。综合考量北农大确实能够让自己接受到更一流的专业知识，所以 1990 年秋初陆世焯和父亲一起来到了大北京。报到结束后，父亲临走时有些焦虑和愧疚的对陆世焯说："儿子，以父亲的能力只能保障你不挨饿，但是再高的要求咱们家恐怕达不到……"作为家中老大的陆世焯非常理解父亲，虽然没多说什么，但是从到学校来报到的第一天起，他就告诉自己不去跟任何同学比，努力学习，希望能早日帮父亲减轻负担。兴奋而又美好的大学生活开始了，但是他在大学期间除了认真学习，还通过各种渠道去打零工，想方设法赚取自己的生活费，尽量减轻家庭的负担。1994 年毕业后顺利进入了一家研究院工作，自己第一个月工资拿到了八百元钱，当拿到这八张"毛爷爷"时陆世焯兴奋不已，立马去邮局给家里寄出了六百元，并骄傲地告诉父亲，以后弟弟妹妹读书的费用全部由我来承担！成长经历让这样一位农村走出来的孩子从小就有担当、有想法，行动多于语言，担当对他来说是义不容辞的责任。父亲身上的朴实无华也影响到他，历经多年的变迁都没有变。直到现在有人问他："陆总您最大的爱好是什么？"他依然会不紧不慢的告诉你："种地！"

因为懂得在家庭中的担当和责任，所以走向工作岗位后，他喜欢冲锋陷阵，有困难的工作主动申请，别人不愿意干的工作他会努力地去完成。用陆总的话来讲自己的整个职业生涯之路走得还是蛮顺的，但是我们能够感受到的是他所讲到的顺利背后，是一个人独特的视角和优秀品质的积淀。在事业单位工作的七年，他从来没有停止自己对本行业专业知识的学习，而且特别重视自己优良人脉圈子的积累和经营。

第一次创业是与自己的同事一起合伙，从一个打工者转变为一个独立自主、自负盈亏的创业者之一。这次一起创业的经历让陆世焯更加全面地系统地探知到经营企业的各个领域的水有多深，五年公司的运营和发展都还不错，但是源于自己最初的梦想，他希望通过自己的努力能给农民带来更多的实实在在的好处，能运用自己母校的专业带给畜牧业更多的技术福利，所以他还是下定决心自己创业。到今年他创办北京博农利生物科技有限公司整整十年。在这十年里公司从无到有，从小到大的发展历程中也经历了很多的困难和考验。但是在他的眼中资金困难、项目问题、市场竞争激烈统统都不是问题，唯一要高度重视的是要选对人，创业伙伴的选择是至关重要的因素，与合伙人一直保持志同道合、求同存异也是比较困难的一件事情。因为在与同事一起创业过程中他做过人力资源相关工作，所以对选拔人才有自己一套逻辑和判断标准。很多创业公司最终都是因为合伙人之间的矛盾，最终走向倒闭或者被并购之路，而陆世焯的核心团队十年来几乎没有大的人员变动，这也是他感觉比较骄傲的地方。陆总办公室一进门放了一张自己核心团队的照片，有人疑惑为什么要放到

正对门的地方，与其他老总的办公室风格还真不太一样。他微笑解释道："这是我特意安排的，作为团队的总负责人，我希望每天他们都能监督我，我也要对他们信任我、愿意跟随我负责任。"

选合伙人是他创业成功的核心要素。他告诉我们想创业好，想做领导者，想寻找优秀的团队，最重要的不是考察他人，而是了解自己、认识自己。知道自己的优劣势，适不适合做领导者，做领导者也要考虑自己适合一把手，还是二把、三把，甚至其他角色。我们有梦想是好事，但不能单纯理解创业就要做总裁，配合他人、协助他人也是创业，也是成功，也是梦想的实现。想想周总理，能力、学历和最初在团队中的威望都远远超越毛主席，他能认识到自己的优缺点，主动放低身份去做辅助执行工作。除了对他的敬意，我们谁能说周恩来我们这样一位伟大的国家创始人不成功。当然这只是一个典型的示例，陆世焯更多地是想告诉我们的师弟师妹，对创业的理解要放宽，对成功的理解要从适合自己的多个角度，不要人云亦云，要有自己的判断和识别能力。他也会经常告诉身边有激情想创业的年轻人，人生的第一桶金不一定单纯是财富，大学学到的基础知识、工作中的实践经验、积累的人脉圈子比金钱的财富还要重要。所以不管大家是就业还是创业，不能简单定义物质财富才是自己的第一桶金。有了知识、经验和好的圈子才是更宝贵的第一笔财富。他一路走来庆幸自己注重的不是物质财富，也非常感谢大学老师、校友、同事给到的帮助。

对于母校农大，陆世焯感激挚深！在他的整个职业发展之路中帮助到他的最多的就是学校的老师和同学。他说："公司的高管团队与专家团队大多来自农大，研发团队主要由中国农业大学动物科技院的专家教授组成。2006 年创业时接管了原北京震亚预混合饲料厂的全部业务，前期公司可以说是以校企合作为主。所以说农大对我的事业发展的帮助说什么夸张的语言都不为过。"对于农大的学子他也提供了一些创业舞台，但是他还是想提醒师弟师妹们，学习应该是大学的主流，不影响学业的创收非常赞同，但创业是一个系统工程，不能简单用挣多少钱或公司注册时间长等标准来衡量。农大有很多专业都是应用性极强的专业，这是作为农大人的优势，但是其他相关经验的积累、人脉基础的基奠一定是必不可少的。

“博学笃行，为农谋利”是陆世焯最初创业的初衷，近三年来公司的营业额平均每年以超过50%的速度增长，2016年预计实现销售收入1.2亿元。从创业到现在他几乎没有休过假，因为在他的世界里做自己喜欢的事业是一件快乐的事情。

远大的前程由梦想来牵引，梦想又需要我们真真正正的脚踏实地，需要我们有担当、有责任。

在就业"红海"中掀起一波经济浪潮

2001级—食品科学—杨骏材

杨骏材，Bridgen 桥生物联合创始人。Bridgen 桥生物，成立于 2010 年夏，是一个由尖端生物试剂产品公司为品牌转型而打造的国内高端生物试剂品牌。品牌旗下多项填补国内市场空白的产品已销往全国二十多个省市自治区和日美欧盟在内的十余个国家和地区。是多个业内顶尖一线科研试剂品牌的供应商，由掌握生命科学前沿技术，深谙行业市场需求的国际一流专家、资深经理人组成，所有核心团队成员均有五年以上行业从业经验，有着强有力的技术团队和市场开拓团队。

"淡水区域"下也深藏宝藏

Bridgen 桥生物，杨骏材给人的感觉和品牌的名字一样有种超脱科研行业沉静的活跃，关于创业，他说："处于创业期的公司就得找到一个点，像一把锥子一样扎进去，方能立足生根。"生物科研行业一直保持其惯有的"高、精、尖"就业筛选标准，在各阶层级的求职者中挑选出极少部分的科研人才进入本行业，故而无论在教育的专业选择还是行业选取方向，生物行业始终是多数人敬而远之，不敢列入考量范围的"红牌"专业，可谓社会经济体中的一片"红海"。

2004 年食品科学专业毕业的杨骏材，也曾为自己的科学事业而迷茫，在四年的专业学习和对生物行业初步地了解后，他发现，生物科研行业的研究试剂及其衍生品都是全球各个国家地区的刚需所在。小到个人研发工作室、高校的科研实验室，大到国家项目的研究和国际组织为全人类的共同利益进行的科技探索。然而，由于行业精钻研、轻市场、产品分布结构特殊等特点，即便是国际知名的一线大牌的市场占有率仍远不足 1%，这相较于其他的全球性刚需行业，如某国际知名碳酸饮料超过 20%的占有率，生物科研无疑是个有待填补的巨大市场。

纵观国内行业情况，中国作为世界生物原料最丰富的国家之一，具备生物行业发展的独特资源优势。而随着国内经济的快速发展，国家方针的明确指向，对生物科研行业的投入力度日益增加，人民对生物资源、医疗保健产品的需求渐大，生物行业在华的市场优势不言而喻。纵观国际，中国也面临着生物行业发展的有力时机，当前，世界生物产业发展处于成长期，尚未形成由少数跨国公司控制产业发展的垄断格局。中国可发挥生物资源优势、市场优势，广泛参与生命科学研究、生物技术创新和生物产业发展的国际交流与合作，加速中国生物产业发展。结合全局来看，杨骏材决定开发一条科研与商业结合的道路，整合业内所有优秀的科研资源，用成熟的商业手段使其更好地服务于科研事业。

初期的规划完毕后，他很快组建起了自己的研发团队，在能力可供范围内尽可能接触更多的权威泰斗，听取实施方向的意见。经过了几年的张罗与运作，公司产出的产品凭借过硬的产品质量在业内已经小有名气，用杨骏材的话来说就是："有了产品，我们便开始过上了'养尊处优'的生活，只需要等着顾客上门把生意带给我们，就可以了。"也由此看到，这片红色的淡水区域下藏着一片无可估量的经济价值，如同在沉寂的湖面上投掷出的石子，更有机会掀起整片水域的浪潮。

谈到公司发展的定位，杨骏材说："有很多技术出众的研究人才，也有很多厉害的销售公司，我们最初想做的只是将两者的特点结合起来，做一家既懂技术也懂市场的科研服务型公司。"市场上凭科研技术傲慢待客的公司不占少数，所谓的"科研服务型"要做的就是以严肃的态度对待科研，以真诚的姿态面对客户。科研事业只有真正的与商场良性链接起来，该事业的从业人员才能真正从自身的才华中获得实际的价值。

只有"品牌"才能真正参与市场竞争

创业初见成效之期，公司产品已获得诸多一线品牌的认可并与之达成供应关系。但在生意往来的"安逸"中杨骏材发现，国内代理商将国外的品牌试剂引入了中国市场，而品牌完成了在中国市场的驻扎后，将为其立下汗马功劳的优秀代理商们一脚踢开，随即转为直销供应模式的现象屡见不鲜。而后，杨骏材在工作中走访实验室时，好友拿出六个同一品牌不同包装的胎牛血清请他鉴别真伪，几经鉴定后发现六份样品的纯度不一，但都不是出自原厂。通过这次经历，俯瞰全行业的状况，他心中萌发出一个想法是："我们，需要有自己的品牌！"

杨骏材意识到，生物行业的竞争实际上是品牌与品牌的较量，在这个科研型的行业，各终端实验室不会花费更多的时间去检测试剂是否符合标准纯度，更多认准的是品牌。公司埋头做产品，再努力也只是为各大品牌之间的竞争助力，而只有打造出自己的品牌才能真正意义上的参与到市场的竞争中去，同时多了更多与终端实验室和各个领域内权威教授交流的机会，对于自己的科研创业理想而言，无疑又开拓了一片巨大的空地。

较单纯的科研而言，品牌更注重和市场的接触，作为诸多一线品牌的供应商，桥生物在品牌建设的道路上拥有了独特的优势，从渠道上说，在国内的生物行业有不少大代理公司也有专门做海外试剂代购的各种渠道，但只有 Bridgen 是既懂生物行业又愿意去做订制式原装进口的公司。从产品上说，公司与各类化学合成的专家达成了合作，所以大多产品在制取途径上用合成代替了生物制取，使得大多业内的生物公司难以复制。在品牌塑造的道路上，公司始终没有忘记最初的使命：做一家生物科技服务业的公司。时刻保持着科研的高端、严谨，也秉持服务业的交易待客之道，这使得其产品供应链日趋完善，竞争实力日益强大。

在前沿的企业文化领导下，创业的核心是团队。杨骏材笑言到自己有一支“特别有战斗力的团队”负责全球的销售、市场和研发。在他眼里企业是不走寻常路的企业，团队也自然不能是“常规军”，而是“特种部队”，在精专业的行业开拓市场不需要太多的人员，但需要每个人都能独当一面，如同现代作战模式般 2～3 个人完成一个项目的方方面面，足够了。同时杨骏材坦言，公司发展至今天如此庞大的销售网络，靠得就是一群同时具备科研素质和市场素质的队友们，并且要求团队每加入一个人都能让项目得到显著的扩张和提升。这掷地有声的团队业务规划，是公司独特的“个性”。

大学生创业，需要有一个猛子扎进海里的勇气

对于大学生创业，杨骏材的态度是支持的。商海社会下暗流涌动，藏着很多礁石和未知的风浪，在其中坚持掌舵就是自己的初衷。他说，在大企业工作和自主创业，各有利弊，你可以在大企业中努力做一颗优秀的螺丝钉，但创业的人一定是有着急切的渴望想操控车床的人。

谈到专业选择的热点问题，杨骏材认为，没有任何一个专业是绝对热门或

冷门的，一切取决于个人素质对专业走向的把控。正如深谙市场规律的人进入了生物行业，也可以把沉静的科研业在商场中带动起来，结合国家的有力政策开拓出自己的市场，甚至有了专业的保驾护航，更在相对冷门的行业中拥有其他专业无法超越的局部垄断优势。他认为，在大形势面前随波逐流已经不足以成为大学生选择自己安身立命的行业的参考，真正的创业，需要的是对自身严谨的审视和对社会充分的认识。创业，是进入商业社会的最重要一步，杨骏材认为，这如同在汪洋大海中学游泳，风浪和触礁都是再正常不过的事。敢于一个猛子扎进海里，是非常重要的创业素质之一。

谈起大学和高中的差别，杨骏材的态度是：大学并不是高中学业的延伸，却是个人素质考核的发展。高中对知识纯粹的追求到了大学，宽度明显不够了。而大学是完成学生向成熟职场人过渡的黄金过程，一开始就正视到自己的长处和短板非常重要，而还需要明白的是：能力的短板并不会随着时间而消失。所以一开始就着手攻破自己的不足显得非常重要。创业是个人能力、市场、和时机多方面因素综合，为有才华的勇士缔造出的最美好的结局。相信时势造英雄，农大学子的创业之路会愈发绚丽多彩。

刘三姐的田园牧歌

1998级—计算机及应用—刘雪萍

“我每天五点起床，跟工人一起安排工作，浇水、防虫、灌苗，然后下地转一圈做一些力所能及的事；九点就开始进入办公室，进行客服等一系列工作；中午午休到一点左右，下午继续进行客服工作，可能还要接待客人，应对来访。因为白天起得早，所以晚上八点左右就睡了。”

这就是三分地农场刘雪萍一天的工作，从早到晚忙个不停的她，还要应对各种突发情况。6月12日，三分地所用的闪送系统崩盘了，几个人情急之下，开着大车进城，亲自挨家挨户地送蔬菜，这一天，他们回到农场已经两三点了。

这只是三分地遭遇的一场“小变故”了，2010年，接连挨过人祸天灾，刘三姐对于创业中面临的大大小小的事宜已经显得非常淡然了。

从白领到农民

毕业于北京农业大学信息学院的刘雪萍，毕业后和丈夫创业，过得是正正经经的白领生活。开夫妻店的两人日子在北京过得红红火火，可问题也逐渐显现出来——两个人观点不合，不仅影响公司经营，更影响家庭生活。

这时候，刘雪萍还面临着事业和家庭的抉择。她的第一个孩子即将降生，疼她的丈夫把她送到美国生产。既然孩子需要母亲，事业也被迫中断，刘雪萍勇敢地选择了离开公司。

赋闲在家的刘雪萍不是耐得住性子的人。碰巧在2010年，一个老乡手里正好有一笔资金正在到处找项目，他们一拍即合，决定走有机农产品配送到家这条道路。当两个人激情澎湃地向一个有十年交情的清华MBA同学介绍项目规划的时候，他给出的评价是："你们弄着玩玩就算了，还搞得一本正经的，唉！两个不靠谱的人在做一件不靠谱的事！"

刘雪萍不信邪，她剪掉一头长发，搬出了北京城区来到了顺义区，对着100亩的土地，她头一次觉得一筹莫展。虽然毕业于农业大学，可她除了小时候对家里田间那一亩三分地的美好印象，对农业一无所知，对种植更是一窍不通。

公司刚运作了几个月，就被朋友们不幸言中，公司险些无法运营下去，起初那些美好的想象在现实之中变得不堪一击。农业的高投入、高风险以及进入新行业面对的各种新情况打得他们措手不及，就一个农民的管理问题经常让人哭笑不得。渐渐地，投资者失去了信心，大股东撤资了，刘雪萍那颗前阵子还在理想中激荡的心一下子掉到了无底深渊。接下来的几天，她基本都赖在床上，感觉没有力气和兴趣再投入到生活和工作中去了。

农场缩减种植面积、缩减工人人数，能自己干的事情都自己干，包括除草、送菜等一切自己可以做的事情。刘雪萍黑了不少，胖了，也壮了。有一次她的丈夫约了一位客人来农场看看，刘雪萍热情地招待了这位客人，可客人却只以为刘雪萍是普通的农村大嫂，得知真相后，竟然特地打电话给刘雪萍的丈夫："老弟你听我说，快让弟妹别干了，过去赔多少都认了，啥事不能干啊要干农业(尤其是有机农业)，自古以来农民最可怜，你看把她折磨得都快成农村大婶了，这个农业的事情绝对不能干！"

刘雪萍并未在意，甚至经常拿"农妇"来打趣自己。就在6月20日，她亲自送货到法国大使馆，有幸和法国夫人合影一张——"你感觉到中法女人的最大差异了吗？我都没法活了！"两个穿着花裙子的女人倚靠在包装精致的菜箱旁边，谁又差谁一分精致呢？

从一窍不通到事事亲为

一条尘土飞扬的小路上，两边的玉米秆在风中摇曳，到农场里时才发现，门口的西红柿只剩下了两两三三的几颗；秋葵在枝上长得老长老长，嫩绿成了偏墨绿，紫色里透出些黑来；玉米秆上空空如也；有些地已经拔掉了原有的蔬菜，开始翻地。7个蔬菜大棚里还剩翠绿欲滴的各种叶菜类蔬菜，几个从当地雇来的农夫正在摘空心菜，每年5月到9月间，黄瓜、豆角、南瓜、西瓜、茄子、彩椒、香芹、油菜、空心菜等蔬菜陆陆续续丰收，摘下来之后会直接进农场的包装间，将外层菜叶剥去，菜根和泥土去掉，没有用冷水冲洗，也没有进冷库，这样是为了保证菜品的新鲜程度，称重装袋之后送给网站上订菜的会员。采摘的时间是每天下午3点以后，送给前一天下午和第二天上午订菜的人，全部都是现摘，非常新鲜。三分地网上已经有了300多个会员，每天，蔬菜都源源不断地从农场走出去，到达城市各个角落人家的饭桌上。

一茬接一茬的蔬菜种完，必须要把秧苗全部拔去，给土地除草、翻地，再重新规划下一茬农作物要种什么。大棚之间的空地处，被当做了养鸡场，几百只土鸡在这里吃着粮食和菜虫长大，日夜不停地啄食着大棚里的各类虫子。除了能够得到地道的柴鸡蛋，还有粪便可以当做土地的营养品，此外，牛、羊、猪等的粪便也是成了原香蔬菜的最好肥料。

西瓜是刘雪萍农产品里卖得最好的产品。通红的瓜瓤，又沙又甜，摄影师直接切开来随便一照，不用“P”图，就显得特别好看。可他们特种西瓜的研发，却经历过一次失败和几次尝试。2012年，刘雪萍迫不及待地开始了第一次种植，可几天连阴让就要落蒂的瓜生了病，满棚的瓜全军覆没，她坐在瓜地里，看着光秃秃的瓜秧，欲哭无泪。2014年，刘雪萍不信邪，又再一次打起了西瓜的主意，先是缓苗，又是吊秧，她还专门聘请了种瓜能手，天冷了就再给瓜苗搭一层暖房，白天又打开，给西瓜们通风采光，授粉期间，全体员工下地人工授粉，生怕授粉不到位，瓜会炸开。只要西瓜挂在页面上，就能销售一空。最近几日，她又从瓜地的角落里扒拉出百十个西瓜，果然又在一天内被哄抢一空。

付出与收获

谈起创业期间最大的收获，刘雪萍淡然地说："大概是从想盈利，变成想快乐了吧。"

能否盈利一直是企业头疼不已的问题，好在有家人的支持。创业的第一桶金来自丈夫，自始至终，刘雪萍的丈夫都在后面默默支持着妻子的事业。有一次，刘雪萍在农场推出情人节福袋活动，一开始的销售并不理想，她的丈夫却忽然开口说想给公司员工发福利，订了 20 个。没过一两天，生意好转，福袋数量紧缺，做丈夫的又说要退货，打开后备箱，20 个福袋整整齐齐码在里面。她的丈夫知道刘雪萍辛苦，平时只要出去打麻将"娱乐"一下，回来的时候就总会包个大红包给刘雪萍。这些刘雪萍全都记在心里，她知道，丈夫出去打麻将输多赢少，也知道丈夫总是不遗余力地为自己免费做宣传，做推销。

更大的惊喜还是在一双儿女身上。两个小孩儿在农场里上蹿下跳，得空就撒欢。一次，刘雪萍起床，发现女儿早就起来了，还自己从瓜地里扒拉出一个西瓜，在地上砸碎了抱着啃。又一次，正当刘雪萍为有机肥料的事儿发愁，听到儿子从农场大门跑过来大喊："妈妈，我发现宝贝了，你快来看看！"跑到门口一看，原来是清早走过的羊群留下的一串串羊粪！看着儿子那张抑制不住激动的小脸蛋儿和清澈认真的眼神，那一刻刘雪萍的眼泪忍不住掉了下来。在 5 岁儿子的心中，让他着迷的宝贝不再仅仅是橱窗里精美的玩具，懂事的他已经知道找牲畜粪便帮妈妈解决困难了。"尽管儿子有时也调皮到让我直想揍他，他的算术作业也时常让我抓狂，但在创业过程中儿子好像也融进了这个环境，慢慢地长大和懂事了。"刘雪萍感到无限的骄傲和欣慰。

提起最近的目标，失败过一次的刘雪萍可以很平静地说出"上市"二字。对她来说，这已经不止是一份事业了，更是一份生命的职责。

她在日志里写道："能把自己的事业和爱好结合起来是一件多么美好的事情！其实每一个人从内心深处都渴望与自然亲密接触，只不过快节奏的都市生活让你忽略了自己内心的感受。你是否也愿意投入大自然的怀抱，和黄土地来个亲密接触？如果你是一位母亲，带着孩子回到自然中来吧，孩子在这里亲近自然尽情嬉戏，得到的收获将远大于课堂，更能让孩子感受到真正的快乐！如果你是一位成功人士，正在全力打拼事业，也在为不少大事小事纠结和烦恼，那么建议你回到自然中来，在这里也许能不经意间找到你想要的答案！如果你是农大的一名学子，好好学习理论知识，结合农民的实践经验，你将是未来二十年的稀缺人才！”

作为一个和土地打交道的人，借此机会我也要真诚地呼吁：“请善待土地，善待自然，善待了它们，它们也会善待你，回报你，给你带来好运……我现在可以公开地说：我正在做一件非常靠谱的事儿！”

在学习中成长，在学习中创新

1984 级—动物营养与饲料加工—万志生

谈起辽宁安佑生物科技有限公司总经理万志生的创业经历，可谓是一个反复创新与不断学习的过程。他身上那种踏实勤奋和善于学习思考的精神和品质，则是他一路成功创业的基石，伴随着他在人生的道路上一步步前进。

顺应时代，踏实朝前走

1988 年，万志生于农大畜牧系动物营养与饲料加工专业毕业之后，就被分配到天津市畜牧局。在机关里仅停留了一个多月，他就到了畜牧局下属的万达食品总公司，负责技术研发、做配方等。由于喜欢这个专业，在学校里学习很扎实的他在这个公司里的主要工作就是专心搞研发。而他的研发成果不仅利用价值高，还多次获奖。为此，这也奠定了他的事业基础。正是他的踏实、刻苦和努力做事，使得他从一名普通的科技新人，一步步登上了管理层的平台。

1997 年，万达食品总公司被美国康地公司收购，基本的管理层不变，简单做了人事调整之后，万志生成为美国康地万达（天津）有限公司饲料厂总经理。这一步的跨越，让他的事业似乎登上了山顶。

因为在这个公司已经做到了高管的位置，而外资企业是不会允许中国人到更高的管理层的，最高管理层一直都由他们美国总部的美籍人员或者外籍人员来管理。当时，他已经是职位最高的“大陆人”了。所以，他觉得自己没有更高的发展空间了，不会再继续往上冲刺了。

“与其给人打工，不如出来自己创业。”当时也正当而立之年的万志生想，不如再学些技术，出来自己创业。于是，他就开始根据当时的情况进行了一定量的学习，更好地充实自己。当时，万志生也没有过多的想法，就一个心思出来创业，现在回想起来，如果当时但凡有点退缩或者过多考虑后果，也许就干不出今天这些成绩了。

经过自己努力的学习和深造之后，万志生与畜牧局的一个同事，也是他本科的同学，一起出来创业，创建了天津市世昌科技发展有限公司。他们俩不仅在大学期间交情深厚，而且在单位里也是非常好的朋友，这一次合作出来办公司，都基于他俩对彼此的认可和信任。

“这个公司现在还在，到明年7月，就整整20年了。在天津市，甚至整个华北地区的饲料领域，我们的合作都算是一个很好的合作范例了。饲料领域里，没有人不知道我们的默契合作和彼此信任的。”谈到与他创业的合伙人，万志生高兴地说，“现在想想，这一转眼都要20年了，合作伙伴还一直在携手继续维持着这个事业，一直往前走，真的挺不容易的。”

天津市世昌科技发展有限公司在天津市是一家最大的饲料加工的民营企业。该公司是以研发和生产配合饲料、浓缩饲料、符合预混合饲料为主的专业生产企业，公司拥有遗留的软硬件设施，1997年注册于天津新技术产业园区，注册资金500万元。世昌公司为天津市饲料工业协会副会长单位和市畜牧兽医学会唯一的饲料厂理事单位。

公司创建好以后，万志生在公司的管理和科研创新上下足了心思，一心想把公司创办成一流的民营企业。可是随着时间和技术的发展，万志生觉得自己又该去学习深造一下了。于是，他经过努力，又一次考回了中国农业大学动物科技学院，师从计成教授，进行了农业推广（动物营养学方向）的专业学习，并取得了硕士研究生文凭，以更好地维持公司的平稳发展。

后来，台湾安佑集团与天津市世昌科技公司合作，创建了天津安佑生物科技有限公司，万志生把这个公司运营得很好。于是，他又出来建立了辽宁安佑生物科技有限公司，并出任公司的总经理。

辽宁安佑生物科技有限公司是安佑集团在大陆投资的第 36 家子公司，总投资额近 3 000 万元，公司坐落于沈阳辽河经济区安佑路。

有着“中国驰名商标”称号的安佑集团，经过二十年的不懈努力，已发展成为高档教槽料领域的领先企业，产品销售覆盖全国 26 个省市和东南亚地区。此前，东北地区没有高档教槽料生产基地，且饲料运费高，送货途径困难重重，甚至出现很多假冒伪劣产品，损害了安佑伙伴的利益。安佑集团随即决定调整全国布局，兴建了辽宁安佑，黑龙江和吉林也紧随其后，在东北三省扩大了自己的市场。目前，万志生已经是安佑集团的股东之一，并负责整个东三省地区的安佑公司。

再艰难，都要一心为创业服务

“人，不要总给自己留有退路，如果留有退路就什么事都干不成了。”万志生坚定地说。

谈到自己创业，其实万志生有一个优势的地方，就是他曾经在机关单位待过一段时间，也就是他最初去的畜牧局。有了较好的人脉之后，再加上对于这类型的企业所办理手续的业务很熟悉，所以创业中一些手续办理，自然得心应手。

“现在，民营企业的创业条件很好，国家鼓励大众创业万众创新，政府也会给很多政策去扶持。而90年代的时候，创业是很少的，尤其是民营企业，别说支持了，就连最基本的社会保险和医疗保险都很难入。”万志生说。

万志生回想起自己当初的创业之路，其实有一阶段挺坎坷的。1997年6月，他们从单位出来创业的时候，大概有四年的时间里，万志生和创业的同事们没有基本的社会保险。那时候，政府批准民营企业自费可以上养老保险，而医疗保险是不给上的。那段日子真的很艰苦，医疗保险上不了，那就是说公司员工基本的需求都满足不了，人一旦有个病，那都得自己掏腰包，他现在想起来都会觉得很可怕的。甚至，有人开玩笑说：“那时候，我们连最基本的病都不敢生。”

当时万志生和合作伙伴也没多想，就一个心思为创业服务。一直到2001年，他们通过将档案建立在天津技术开发区创建的另一家公司，政府才给他们完善了医疗保险。“说实话，现在想起来，真的很感谢当时的天津技术开发区，他们很包容，用很大的气魄和胸怀来接纳我们这些民营企业，给我们一个相对舒服、良好的环境。”万志生说，这也是很多民营企业家愿意留在天津发展的一个重要因素。

带着问题学习，有助于创业

其实大学所学的东西，进入社会真正能用到的并不多，而进入社会以后，遇到问题，带着问题再去学习，这和我们当时在学校知识的原始积累是不一样的。

但是，农大的专业知识过硬，做技术是没有问题的，再加上农大也注重学生的个人发展，学生在学校里就会学会一些为人处世之道和管理的方法。所以，农大的学生在做技术方面的工作和创新型工作的时候，都是没有问题的，这方面还是很有优势的。而且农大的很多优秀人才都扎根在农林行业领域，所以各个领域都能找到农大的师兄师姐。

对于农大的学生们来说，一定要多注重专业知识的积累和学习，以及人生的历练。如果没有做好这些，刚一毕业就去创业是很难达到理想效果的。在创业中，只要把自己该做的事情做好就可以了，比如自己创业就要有创新点及预测企业发展的潜力。而且创业时，不用刻意去追求政府人脉的关系，一定要把自己的事情做好才是最关键的。在学校就要把知识学扎实，进入社会就要踏踏实实做人、老老实实做事。当你把这些基本的做好之后，你的社会荣誉也就自然而然地来了，有了社会荣誉的光环，政府自然就会吸收你，作为民营企业的优秀分子，就会被人大或者政协吸收，成为他们中的一员。

如果创业没有经验、没有一定的驱动力，创业之路的发展就会很慢。为此，万志生建议学生毕业之后应该先就业，在单位里面踏踏实实做几年，积累一些在学校不能悟到的一些东西。当自己的羽毛丰满了，也觉得自己可以了，再去创业也不迟。刚毕业的学生，就像一张白纸，很难在创业路上有太绚丽的图画。

“水果玉米哥”的成功创业故事

2004 级—种子科学—杨天龙

杨天龙,男,出生于 1983 年,兰州市榆中县人,2008 年毕业于中国农业大学种子科学专业。2009 年 10 月,注册成立了甘肃中美国玉水果玉米科技开发有限公司,致力于种植水果玉米,被称为“水果玉米哥”。

何为水果玉米?

煮熟的玉米应该很多人都吃过,而可以生吃的水果玉米就未必了。水果玉米的由来是美国人在1844年通过早熟黄粒硬质玉米与白色甜玉米之间的杂交而衍生出来的，是属于杂交种类的一种，并非转基因，就像杂交水稻一样安全。水果玉米和其他玉米的不一样之处便是可以生吃，将水果玉米的外衣一层一层剥开，轻轻咬一口，汁液喷溅出去，满嘴的玉米清香，甘甜如饴，其皮薄如蝉翼，无渣，脆甜可口。

内地并不多见的水果玉米，其实在中国台湾已经是非常受欢迎的蔬果。与普通玉米相比，水果玉米抗病强，具有皮薄、汁多、含糖量高等优点，像水果一样，也因此被称为“水果玉米”。另外水果玉米是一种可以自己发热的果实，所以保鲜存在一定的问题。中美国玉投入近千万元，建成国内第一条智能分选降温线，就是为了延长保鲜期。让产品通过冷链在送达客户手中时，依然如同刚采摘一样新鲜，且口感的下降程度很少。

由“兴趣”走上“创业”

杨天龙是一位地地道道的80后，1983年他出生于兰州市榆中县高崖镇李家磨的一个农民家庭。家里的贫困已经成了不争的事实，初三那年，他辍学后走上了创业之路——养兔子，没想到创业失败，他无奈之下只得返校学习却又遭遇高考失利。随后，他一边创业，一边自学，最终考上了梦寐以求的中国农业大学。

2004年，杨天龙从甘肃走向北京，开始真正的大学生活。由于自小在农村长大，他对土地有特别深厚的感情，所以他就主动找到班主任，请求帮他推荐一些玉米种子，希望能提高产量。当时，老师给他近30个品种的种子，在家乡进行引种。不久“水果玉米”引起了他浓厚的兴趣。这玉米会像哪种水果呢？苹果，桃子，还是梨？可是，玉米一天天长大了，和普通玉米没有什么区别。唯一的一个区别就是，那个玉米实在是太能长分支了，太能吸引蚜虫了。成熟后，他尝了下，非常甜，但是甜而不腻。更奇怪的是，这个玉米能生吃。

2007年，他在自己家里种了八分地的水果玉米。水果玉米收获时，得到了不少亲朋好友的青睐，接下来他对水果玉米的经济效益展开市场调查，拿了几个生的又煮熟了几个，拿到集市上卖，没想到十几个玉米棒子竟然能卖20多元钱。而且经过进一步查阅资料，他了解到：这种香甜能与西瓜相媲美的水果玉米富含维生素、矿物质及游离氨基酸等，易被人体消化吸收，是一种绝佳的新兴休闲保健营养食品。其水分含量达到78%，含糖量高达20%，是一般水果的1倍左右，比西瓜还要高出30%，绝对绿色营养。看到水果玉米的经济效益和广阔前景后，他按捺不住心中的激动，决定实施一个能实现自己梦想的大计划：种植低投入、高收益的水果玉米，让它来带动家乡农业、经济的发展。

2008年，杨天龙开始在榆中县三个地方小规模试种，种了3亩地左右，收获后所有的水果玉米都销售了出去。其中，当地驻军的一个单位，还预订了第二年的货。而且在销售过程中，出现了严重的供不应求的危机。所以大学毕业后，他毅然决然地放弃了北京优越的工作机会，选择返回家乡种植水果玉米。

杨天龙用自己的诚恳和执着得到了大家的帮助，早在还没有毕业前，他就在北京注册成立了种业公司，公司的启动资金大半来自于国家玉米改良中心的捐赠。杨天龙回忆道："我当时去改良中心，把做甜玉米这个想法与改良中心副主任谈了谈，他很赞成这个想法，就答应捐资一笔费用。"有了一个小实体，杨天龙把家乡的农户们组织起来，成立水果玉米种植合作社，走公司加农户的生产模式，尝试了一段时间后效果不错。

随着规模的扩大，杨天龙回到兰州组建了甘肃中美国玉水果玉米科技开发有限公司。进一步整合各方资源，加强与地方政府的合作，截至目前，在三年多的时间里，水果玉米已发展种植面积1 051亩，种植面积覆盖兰州榆中新营、高崖、甘草、清水、三角城、定远等15个乡镇。现有"中美国玉"注册商标，申请包装设计专利、实用新型专利各一个，绿色认证面积2 000亩。从2009年开始，合作社先后参加北京商品大集、兰洽会、跨国零售集团采购会、中国食品博览会等多次全国性展会。其中，2010年完成销售收入450万元，返回农户超过200万元。2011年完成销售收入2 500万元，返回农户超过1 700万元。杨天龙实现了用农业科学技术和产品让家乡富裕起来的梦想。

凭借"媒体"助推"创业"

众所周知，《非诚勿扰》是全国知名的大型生活服务类综艺节目。为了推广亲手种植的“水果玉米”，他提着玉米去《非诚勿扰》节目寻找爱情，带着自己种植的水果玉米到现场与主持人和嘉宾分享，主持人孟非对这个玉米也是非常喜爱，孟非一边主持节目一边把手中的玉米啃了个精光。虽然到节目最后，杨天龙没能成功牵手，没能寻找到自己的爱情，但是能为自己的事业进行了大力宣传和推广，他也非常心满意足。

《非诚勿扰》舞台上的孟非与杨天龙

2012 年，火爆的“甘肃省第三届水果玉米采摘节”在榆中三角城举行，最大玉米拍卖、生吃玉米大赛、将水果玉米卖到日韩市场的“玉米哥”杨天龙顿时在网上走红，大街小巷也掀起一股庞大的“玉米风”。

互联网思维卖玉米

和所有的农业创业者一样，杨天龙遭遇了农产品做品牌难的问题。如何将水果玉米品牌打进中高端市场？他尝试过直配酒店、超市等方法，但始终打不开局面。直到 2014 年 6 月，他将发展的突破点转移到网络平台，才有了转机。

现场“大饱口福”生吃玉米的姑娘和小伙子们

“网络推广成本低，消费者没有地域限制，更重要的是品牌可以直达终端消费者手中。”杨天龙说。

早在2013年，杨天龙就开始在C端（零售端）市场“试水”。由于相应的计算机技术和营销手段的欠缺，中美国玉淘宝网店在半年时间内仅仅接到了几十笔订单，让公司蒙受了不小的损失。

在电商时代，什么样的农产品能走俏网络？杨天龙想到了“褚橙”，有竞争力的产品是骨架，品牌才是它的灵魂。农产品真正销售的是它潜在的附加值，比如“一种精神、一种健康生活的理念”。抱着这个想法，他主动联系擅长“故事营销”的本来生活网创始人喻华峰。一番考察了解之后，本来生活网“相中”了这款特色农产品。得益于之前几年专心做农业的积累，杨天龙先后建立了甘肃、海南、云南、内蒙古、湖北等水果玉米种植基地，可以实现一年四季鲜货供应。

2014年7月的一天，杨天龙惊喜地发现仅在本来生活网华东区一家，他的“八两阳光”一天就接到8千多穗的订单。与接踵而至的订单一起来的是水果

杨天龙与他的父母

玉米价格的攀升。过去，一根水果玉米最高卖到 2.4 元，而在 2014 年，根据单次订货量的大小不同，价格可以达到 3.8 元到 6.0 元。电商这个“没有地域限制”的大超市，让杨天龙的水果玉米与消费者实现了面对面的沟通。更重要的是，整个产业利润率得以提升，品牌在终端的识别性大大提高，“八两阳光”的品牌进入终端视野。

感恩父母，心系家乡

穷与饿，是杨天龙最深的童年记忆。杨天龙说，七岁那年，他第一次吃到大米，还是旱灾政府发的救济粮。上学后，十几块钱学费，妈妈都要转半个村子借来一把毛票。整个中学，他只穿过三套新衣。初三时，家庭贫困，杨天龙不忍心父母吃苦受累供自己读书，辍学一年，跟几个朋友一起养兔子。因为经验不足，最终以失败结束。

杨天龙说，他是农民的儿子，他感恩父母，也感谢大西北的黄土地，是父母养育了他，黄土地养育了他，他不能忘本。他希望在这片土地上做些实实在在的事情，让更多的乡亲生活更好。

随着公司良好的发展,公司玉米订单也逐渐多起来。网络大订单带来的高收益,激活了整条产业链。水果玉米种植基地农民的积极性大大提高,越来越多外出打工的年轻人回到家乡参与种植,为中美国玉提供着源源不断的货源。

杨天龙欣喜地发现,在他的家乡——甘肃省榆中县高崖镇大营村,最早种植推广水果玉米的地方,小汽车的数量远远超过了周边的村庄。"水果玉米的品牌真正在市场站住了脚跟,与我们合作的农民稳赚不赔。多年创业,我们终于培养出和农民荣辱与共的情感。"杨天龙兴奋地说。

由于对家乡的卓越贡献,2012 年 2 月,杨天龙荣获"甘肃农村青年致富带头人标兵"称号,这对杨天龙用农业知识带动家乡致富的理想给予了极大的肯定。

杨天龙接受表彰并发言

"车到山前必有路,船到桥头自然直",乐观的杨天龙对未来充满了希望。当大部分人还在迷途不知归路的时候,杨天龙另辟蹊径,从农业入手,从玉米入手,成功地完成了自己的创业梦。他说,其实我不算成功,"成功"是下一个起点,而不是终点。如今的他,又成立了另一个公司:云种云养(北京)网络科技有限公司，担任董事长职务。勇于奋斗的他，仍然忙碌着，向着自己更高的梦想前行……

杨天龙在云种云养网络科技有限公司办公室

云种云养网络科技有限公司办公场所

机遇永远垂青于有准备的人

2004级—生物学院—毕克

说到创业者，我的脑海中首先闪现出的是马云、刘强东这样叱咤风云的人物，那深邃的眼神中隐藏着无数商业机密；或者是西装革履、形色匆匆地奔走于金融街、CBD地区的商务人士。我先入为主地以为毕克也是这个样子的，我在约定的时间来到了公司，只见一位顶着一头棕黄色卷发的帅气小伙子出现在我面前，我问："请问，你们毕总在吗？"结果他说："我就是毕克。"我的所有认知架构瞬间垮塌，我们的访谈就是从这个尴尬的误会开始的。

机缘巧合，走上创业之路

毕克，北京中创先锋科技有限责任公司合伙人，创始人之一，2008年毕业于中国农业大学生物学院。毕业之初，他踌躇满志，打算去澳洲学习金融专业，可是有一次在农大BBS上溜达，一个招合伙人的帖子吸引了毕克的眼球，不过这个帖子并未让毕克"一见钟情"，他看完后就把它关了。几天之后当他再次逛BBS的时候，居然又看到了这个帖子，有些同学留言咨询，楼主都认真做了回复。从他们的对话里，毕克了解到了一些情况，发帖人也是生物学院毕业的师兄，正在筹划一个公司，寻觅合伙人。晚上他躺在床上，翻来覆去琢磨那个帖子里的内容,想联系那个师兄的念头越来越强烈。

第二天一早他就决定给师兄打电话,而且当天就见面了。哥俩相谈甚欢,相见恨晚,于是便有了后面的故事。

中创先锋科技有限责任公司(CCpioneer)在 2008 年 10 月注册成功,2009 年正式营业。第一个办公室就在上地一个不到 10 米^2 的小屋里,整个公司上上下下共有俩人,哥俩既是老板又是员工,还兼职保洁。正如其他刚起步的公司一样,他们面对的最大困难就是资金不足,压力如山。如何能融到资,是当前的首要问题,为此,他们尝试了很多种途径,比如稀释股权、吸纳新的合伙人。初期确实有几位新的合伙人加入了他们团队,也是年龄相当的同学、朋友。可是没过多久,其中一位比较大的股东又要撤资离开,这对尚未成熟的公司来说无疑是当头一棒,一度陷入风雨飘摇中。毕克和其他几位股东四处辗转,想尽了一切办法,终于补上了这个巨大的窟窿,保住了公司。

经历了几次重大考验,公司的股东也几经增增减减,最终留下来的还是毕克和当初的那位师兄,不过现在他们更成熟了,对公司的现状和发展方向以及在管理方面都有了更加清晰的认识。

风雨过后，便是彩虹

北京中创先锋科技有限责任公司（CCpioneer）经受住了来自自身和外界的各种考验，走上了运营正轨。如今早已搬离了那个 10 $米^2$ 的小屋，不过几次搬迁，公司都在上地附近，毕克说这里留下了他们奋斗的足迹，有感情了，所以不愿离开。现在除了办公室以外，公司还有一千多平方米的仓库用来存放货物。

近几年来，国家大力发展生命大健康产业。在国家利好政策的鼓励下，他们紧紧抓住了发展的黄金时机，稳中推进，将公司一步步地发展壮大，如今员工人数已超过 20 人。因为较好的企业文化和管理制度，公司人员流动性很小，每一个人都能在自己的岗位上充分发挥作用。优秀的带头人，稳定的团队，促使公司快速发展。

目前，公司致力于为生物医疗、分子诊断、生命科学、生物技术等相关领域的客户提供专业、精准的一站式服务，包括提供各类仪器设备、耗材、试剂的整体解决方案及相关配套服务。目前公司一级代理 sarstedt、nest、赛多利斯、qiagen、澳柯玛等国际国内知名品牌商，并已和生命科学、生物技术、制药、分子诊断、化工等领域的诸多单位和知名企业有紧密合作。

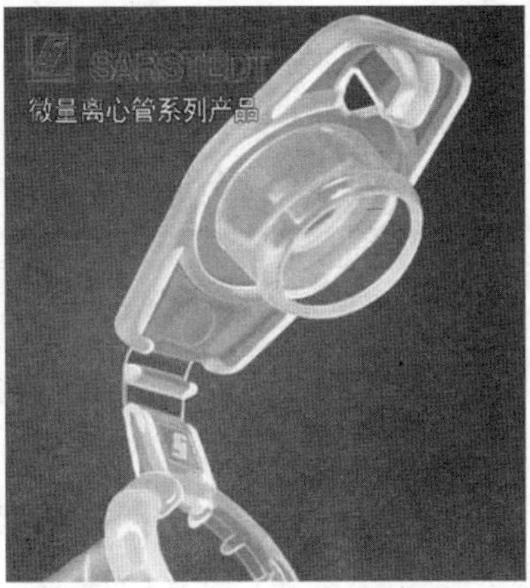

（部分产品）

"中创先锋"寓意为立志成为中国生命科学大健康产业中创新性的先锋队，并为这个目标孜孜不倦，不懈努力。同时公司整个团队专业、年轻、高效、团结、活泼，所以可以为客户提供舒适的采购享受和亲切体验，并协助客户更快更好的完成项目并达成目标。

经过多年的快速稳定的发展，北京中创先锋科技有限责任公司如今已经积累了相当的客户资源和行业经验，成为了客户放心、满意的供应商。

准备充分，蓄势待发

学生时代的毕克爱说爱笑，爱跟人开玩笑，生活也比较散漫，不是踢足球就是看球赛，完全不符合学霸的标准，因此有人评价他散漫、不靠谱。但是，白羊座的毕克其实是一个固执、执着，对工作要求非常严格的人，只是特定的个性需要特定的条件才能激发出来。大三开始，毕克进入实验室实习，那是一个一百多人共同工作的大实验室，俨然一个小社会。在与同学、师兄师姐和老师的沟通过程中，毕克逐渐提升了与人沟通、协商解决问题的能力，他开玩笑说，实验室实习经历打造了他的情商。在实验室打磨了两年，那个散漫、不靠谱的毕克完全变成了一个有思想、会办事儿的靠谱青年。

当毕克第一天走进实验室实习的时候，他就被整个实验室的科研氛围感动了，每个人都勤奋刻苦、一丝不苟。毕克浑身刻苦钻研的细胞都被调动起来了，他很快融入了这个科研团队，看论文、做实验、小组讨论，从不懈怠。生物实验往往就是一个生命周期的循环过程，遵循自然规律，但是也有许多不可预测的结果，结果揭晓的那一刻时而有惊喜，时而有打击。因此，在做实验前首先要严格控制各种试验因素，尽可能减少误差，但是更要放平心态，接受所有的结果，如果失败了就重新再来。毕克看来，实验犹如人生，既然有许多不可控制的因素，那就坦然接受所有结果，但前提是你已经尽力了。

这两年的实验室实习经历对毕克来说，是人生中至关重要的两年。因为有了扎实的专业知识和实验技能，还有两年积累的实验数据，毕克的毕业论文做得非常漂亮，被评为优秀论文，毕克也被评为优秀毕业生。而且，当年一起奋斗过的实验室同学和老师，现在成为了毕克最重要的合作伙伴和客户。

心怀感恩，方能走得更远

虽然现在公司规模已经相当可观，但是毕克依然十分低调，工作起来还是那么认真、拼命。他说他最害怕的就是突然失败，不是承受不起打击，而是不想让支持他、帮助他的亲人和朋友们失望。说到最想感谢的人，毕克说他想感谢的人太多了。首先是父母，当初他放弃出国、选择创业，虽然父母觉得非常可惜，但是他们还是选择无私地支持他，当公司遇到资金周转困难的时候，父母毫不犹豫地拿出多年积蓄帮他救急。其次是爱人，在毕克最困难的时候走进了他的生活，不离不弃。毕克还特别提到一位同学，创业初期，毕克借宿在一个同学那里半年之久，那位同学从未向他提过分担房租和水电费的事儿。还有许许多多帮助过他的人，毕克至今都念念不忘，十分感激他们。毕克说，如果没有亲友们的无私支持，就没有他今天的成功。如今毕克有一定的实力了，如果哪位朋友需要帮助，他一定会毫不犹豫地帮助他们。他说人与人之间最重要的是交情，只要真心付出，成功自然会来。

最后，毕克想对打算创业的学弟学妹们说："创业需谨慎，创业不光需要努力，也需要合适的机遇；但是如果你决定创业，一定要有创业精神，要兢兢业业。努力了，奋斗了，不一定成功，要做好迎接成功的准备，也要做好承受失败的准备。"

“玩”出精彩人生

2006 级—园艺专业—何小平

他是一个很爱玩也很会玩的玩家，玩皮划艇、漂流、越野跑、爬山等，都不在话下。在他身上，更多的是那种无拘无束的自由、勤劳朴实的态度和坚定认真的执着。在玩的过程中，他学到了很多书本上没有的知识和为人处世之道，也在玩中结识了一些受益终身的朋友。而说起他的创业之路时，他却觉得这其实并没什么，只是让自己的心向着自己的梦想靠近而已。他就是何小平，松潘蓝迦梅朵农业科技有限公司的创始人。

为了家人，辞职回故乡

2010 年毕业前，何小平在北京的一个做有机农业的公司实习，由于实习得不错，还没毕业就被留到了这家公司。他接管了该公司一个自营的农场，工作了一年多。

当时，何小平感觉这个公司的有机农业做得很混乱，甚至传统农业也是非常混乱，让他无法接受。所以他就跳入一家外企公司，这家外企公司是专门做农业育种方面的，他进入后主要负责育种研发。在外企工作时，他经常去产地出差，做选育的时候，经常模拟产地的气候去做育种方面的研究。对于何小平来说，第一份工作让他对高端农产品的市场有所了解，第二份工作是对农业的前沿技术，真正大宗的生产是什么样子。当时的外企工作何小平很喜欢，但是突然接到电话，父亲生病，他觉得这样离父母太远也不是办法，更何况在北京生活，买不起房子。很多问题驱使何小平毅然下定决心，辞职回到了老家四川。他回到了老家四川，还没想好做什么，在家里漂了一段时间，当时不知道自己该干点什么。有一次他开着车走了很久，找到了一块地方，觉得还不错，适合建一个理想的农场基地。

想到点子，朋友齐帮忙

说起创业的想法，何小平聊了他的一段不同寻常的经历。其实他的一些奇特的创业想法一直萌芽在大学期间，可惜想法一直不太成熟。他曾经来过现在他们建造的农场基地，只是度假来玩，有一天晚上跑步，他沿着度假村的高原地区跑过一次，从九寨沟、黄龙风景区一路跑到了一个陌生的地方，而这个地方的空气和温度的感觉非常好，他觉得在这里建造一个农场应该不错。

一次，何小平在泡温泉的时候，一个奇特的想法突然萌生：夏天没有草莓，而蛋糕店里的那些草莓只是装饰好看，却很难吃。而何小平之前在外企公司里了解到一些国外的草莓品种所需要的海拔和气候条件一定时，无论是冬季夏季都可以种出好吃的草莓。以前做过的研发技术和内容作为参考，再加上一些国外的文献资料，让何小平意识到，之前跑步的那个地方的海拔和气候条件正好适合这种进口草莓的种植条件。何不把他们的品种引进到这里，变成国内夏天也可以种植的草莓呢？

泡完温泉，他立刻制作出一份计划书，当初在大学期间一些奇怪而好玩的想法，终于可以成为现实了。没那么多钱的何小平想到了众筹。于是，他带着这个想法，然后给他的那帮好朋友各发了一封邮件。

他的这些朋友们来自中国农大、清华和北大，大家都爱玩，因为玩相识，因为玩变成了好朋友，甚至成为生死之交。就是这样的一帮朋友，在创办这个公司的时候不仅带来了经济上的支持，也给何小平带来了精神上和物质上的支持和帮助。何小平的朋友们觉得这是一种很好玩的创业玩法，大家都在城市里面工作，但是如果在四川省的北部山区有这样一个属于自己的农场，他们都觉得很有意思，就想一起试试。他们知道后很快就把钱给何小平打了过来，开始众筹这个项目，众筹了大概有 20 多万元。“我的这些朋友都非常信任我，既不看策划，也不看投资回报率，也不过问股权，现在股权大多数都在我身上。”何小平笑着说，“最好玩的是，他们还把这个邮件转发出去，告诉了其他人，但是我不能收这些人的钱，毕竟不是很熟，做生意是盈是亏，还不确定，让和我不熟悉的人赔钱，我会更加愧疚的。”

2014 年的冬天准备了半年的时间，2015 年的春天项目正式启动。

“充分的准备之后，我一定要做好这件事。毕竟是拿着朋友的钱，不能玩没了，这样不好。”何小平说。

创业很艰苦，却很快乐

在何小平看来，他的创业更像是一种自己的生活状态，既然走上这条路，就要一直坚持下去。

做过精确地预估，再加上实地考察。一个很特殊的、很小众的农业试验基地就确定了，在这个环境里，就是夏天生产草莓，味道也很好的。而这种草莓的种植，最适宜的海拔就是2 800～3 100 米，而温度和光照都是随着海拔和纬度而定的。此外，这里有便利的交通，何小平的这个农业基地靠近机场。适合这种草莓种植的地方很少，他在全国只发现了两个，选了这个交通比较便利的一个地方。最苦难的阶段就是建农场、建基地。行业内有句话说："建立一个农场基地，是要折一次寿的。"这个基地地处四川北部，与西藏和青海交界，是非常偏僻的一个地方，这里除了空气好以外，其他的条件都非常艰苦。海拔高，还有点缺氧，只要别有太大的动作，人就没什么事。当时，选定这里后，何小平发现这个地方根本找不到专业的工程队，他和创业团队就在当地找来一些当地人，带领着他们一起建起了农场基地，体力上非常辛苦，但是心里也是非常累的，这里是少数民族地区，全是藏族，有时候沟通也是存在一定的困难，还好这里的年轻人会说点不太标准的汉语。

何小平既是团队的负责人，又是技术主要研发人员。这对于他来说是非常

辛苦的。谈到是什么精神一直支持他走创业这条路时，他开玩笑地说："其实，我真的很累，但是我的朋友给我投了钱，我就得做出效益回报他们。"

朴实的语言可以看出，何小平是一个甘为朋友"两肋插刀"的人。其实，他更喜欢过一些安逸平静的日子，有时间就可以出去玩，但是现在的创业，让他有了更多的责任感、使命感，不仅是对自己的一个梦想的实现，也是展现自身价值的一次绝好机会。

谈到创业压力时，何小平表示，当时做这个事情的时候，不管成败与否，他自己并没有那么大的压力，只是通过前期预算等一系列准备，把事情做好就可以了。我们这个农业基地有个独特的优势，就是靠近九寨沟景区，靠近机场，是去九寨沟的必经之路。借助旅游的资源，在门口就可以达到一定可观的销量。

何小平比喻自己的团队像一群候鸟，夏天在北部高原做草莓培育和生产，冬天就会回到成都，在成都做一些高端的渠道供货。

从美国引进的这种草莓品种，每年只种一次。做完这一次的种植之后，团队的成员除了继续搞研发之外，剩余的时间就会各自忙各自的事情，去继续充电学习、做一些自己喜欢的其他工作等。

今年，何小平又引进了很多品种，基本就是以做实验为主，他同时将种植基地又扩大了规模。对于产品的销售，算得上很顺利，很多产品已经脱销了，甚至有些客户开始预订。"今年，可以创造的收入大概能达到一百万元左右。"何小平开心地说。

生活像死水时，就得改变

曾经有个师兄对何小平说："当你的生活像一潭死水，非常平静的时候，你就要去改变，不管改变的是否更好或者更差，但你一定要做出选择。"

大学期间，何小平除了学习之外，大多数时间就是去全国各地玩，顺便考察一下全国的地形，因为他一直想建设一个属于自己理想中的农场，种植一些与众不同的农产品。即使自己外面再"疯"，何小平的专业课程学得还不错，而且，他在创业时充分利用了所学的专业知识。他觉得，农大的各个专业，其实根据社会市场的变化,各专业可能会在不同的时机出现不同的创业机会。

“创业,其实并不是所有人都合适。但是,可以去尝试,只有尝试之后,才知道自己适不适合创业这条路。”何小平说,“当然,如果你们想创业,一定要记得,先别投入太多成本,可以加入一个团队,大家一起创业。”

对于即将毕业想创业的师弟师妹们,何小平想说创业千万别抱着一种“试一试”的心态去做。要想做实业,你就要拼搏努力,一直干下去,这样一定会找到属于自己的那一片天空。

用勤奋和积累去创业

■ 2006级—微生物专业—陈跃文

作为农大毕业的学生，做点农业方面相关的生意，是再正常不过的了。而如果将农产品的产业链，配合网络销售，就有点与众不同了。而且这一种农产品产业链销售的创新模式还是农大微生物专业的毕业生想出来的。

这位毕业之后敢于做此创新的人，就是甜旅（北京）农产品有限公司创始人陈跃文。他是85后生人，2010年毕业于中国农业大学生物学院微生物专业。

“我就是喜欢与众不同。有自己主观独立的想法，而不太喜欢别人怎么样就去怎么样的模式。”谈到为何会想到这种创新模式时，陈跃文很直接地回答道。

甜旅（北京）农产品有限公司是主要做农产品电商的一个公司。该公司定位于移动互联网高端生鲜品牌，旨在为消费者提供安全优质的生鲜食材。依靠微博、微信和口碑相传，以及专业快捷的冷链配送服务，建立起消费者对甜旅安全优质食材的信任。

与一般电商不同的是，他们的公司是按照产业链来做的，从种植到采收再到销售，甚至在用肥用药等方面都是完全由他们自己把控的。在产业链中，他们去制定标准，然后选择合适的农户和合作社去种植他们想要的产品。合作方负责种植，整个过程由他们负责管理。因为他们有专业知识背景，所以制定的标准就比较精准和严苛。尽管陈跃文一直承担着这样艰辛的管理工作，但他说他只是为了不忘初心，努力做成自己想要的事业。

勤奋中积累了社会经验

考上大学之后，陈跃文为了给家里减轻负担，他在学校里勤工助学，摆过自行车、清理过实验室、当过图书馆管理员，他也在肯德基等招收钟点工的地方打过工、推销过化妆品等。此外，他还当过家教。由于高中时候学习优异，陈跃文当家教如鱼得水，给自己挣得了生活费，生活上没有向家里要过钱。而最重要的是，他在这个过程中，收获了很多社会经验。大三的时候，陈跃文去新东方英语培训学校应聘老师，但努力教学一个多月以后都没有转正，面对这样的状况，陈跃文选择了主动退出。一个偶然的机会，陈跃文与朋友聊天时，谈到了自己想创业，办个培训班。没想到，他与朋友不谋而合。很快，由陈跃文和他的朋友创办的中小学培训班成立了。他们的培训班规模不大，但是教学基础却很扎实。培训班不仅办得有声有色，还给陈跃文带来了一笔可观的收入。陈跃文并没有把这些钱乱花掉，而是存了起来。陈跃文把这些钱作为创业资金，投入到农业方面，与自己专业相关的创业中。

用原始积累去探索创业

“那个时候真的很辛苦，我又要继续做培训的工作，还要开始谋划做一个自己喜欢的创业方向。”陈跃文说，“当时，农大自主研发的水果玉米很火，我就想可不可以从这个方面入手去做点什么。”于是，当时才大学三年级的陈跃文就和他的一个同学、一个师弟一起开始进行农业方面的创业。他们用自己原始积累的资金买来水果玉米，一起在各个学校食堂门口摆起了玉米摊，卖冷冻的水果玉米。“那时候我们三个人辛苦了一个多月，共赚了 4 500 块钱。”陈跃文说，“当时的付出和收获是不成比例的，但是我们觉得值得。因为东西很受欢迎，当你经手的一份事业，做得有希望了，你就会奋不顾身继续朝前走，而不是回头看看能赚多少钱。”尝试了一段时间之后，陈跃文发现做农业这方面还是不错的。所以他们三个人就打算试一试，坚持走农产品方面的创业之路，只是这一次的道路更加广阔而漫长。

2010 年毕业后，陈跃文和他的创业伙伴只是按照传统的种植和销售来挣钱。由于自己没有生产基地，他们就到处跑，到处协调，用他们的技术来指导农民，帮他们种植自己需要的产品，再从农民手中买回这些产品，销售到需要的商户那里去。当时，陈跃文也身兼培训机构的股东和老师。虽然培训机构比较赚钱，而且也轻松，但是他认为这并不是自己想从事的，而农产品推销这个方面的商机很大，很有前途。2011 年，他退出了培训机构，专心做起了农产品。

创业找到了方向，奋力向前

面对他的退出，很多人都不理解，培训机构是个赚钱的事业，而搞农产品很难挣到钱，还很辛苦，为什么他还要坚持去做？也许，他们不懂，这才是陈跃文理想的创业路，他认为这条路的前景是很广阔的。“刚开始着手这个行业领域，是非常辛苦的。”创业的开始，让陈跃文和他的创业伙伴尝尽了“苦头”。他们平均每天只能睡三四个小时，而且经常奔波在路上，无论酷暑还是严寒。可是，对于陈跃文而言，他并不觉得这有多辛苦，他认为这是创业初始阶段需要的一种方式，于是他就一直在为自己的这种方式努力着。

由于他们的努力和不怕苦不怕累的精神，他们的创业之路，渐渐走上了正轨。虽然前两年农产品销售并不挣钱，但是这确实是陈跃文心中一直梦想的创业方向，也是他的兴趣所在，所以他义无反顾，奋勇向前。

退出培训机构之后，陈跃文有了更多的时间和精力投入到自己喜欢的事业中，于是他们便开始设计自己的创业路线。陈跃文与他的合作伙伴，一起运用互联网的团购模式进行产销。一年后，他们发现，互联网上的团购，均不太注重品质，似乎传统互联网的团购顾客更关心价格。为此，他毅然决定更改自己的营销策略，从网上团购转型到网络零售，而不再做团购和集中供货。而此时，还在坚守并打拼这份事业的团队里，仅剩下陈跃文一个人。

陈跃文继续努力坚持自己的梦想。他从 2013 年开始，靠口碑，获取了用户的满意和信任。同年，他又开始建立自己的产品配送团队。“我们是靠产品和口碑做起来的公司，目前规模还不是很大。”下一步，他想把自己的公司品牌做到自己和顾客都满意的程度。为此，他们要坚守，更要坚持自己的原则，用自己特有的一套标准，让大家体会到他们做出的产品是优质的，并且得到大家的认可。

在创业的道路上，陈跃文始终不忘初心，他那种固执、缓慢、用传统的劳作方式尊重自然、舍弃对效率的追求的精神，守护了现已变得珍稀无污染的青山绿水。并且通过严苛的产业链管理，将安全的食物呈现在大家面前。

“虽然学业成绩不是特别优异，但是我从来没有挂过科。”陈跃文说。在校期间，陈跃文所要学习的课程比较多，课业也比较紧张。由于当时自己没有想过出国或者是读研，所以成绩对他来说，只要过得去就可以了。而他把更多的时间投入到了去做兼职和规划自己未来的创业发展道路上。生物学本身就是基础科学，而陈跃文所学习的专业课程，或多或少都会与他创业中的一些内容相挂钩，所以，学校里面学些专业知识对他的创业之路也是有帮助的。但是，陈跃文强调,不要死读书、读死书。学什么和以后创业做什么其实没有太大的关系。最重要的是一些思维方式和努力认真研究的状态。大学期间不光是学习知识,还要学习一种能力。有了能力,不管学什么、怎么学,都会进步很快。“不论是学习、工作、创业,还是自己的兴趣爱好,一定要去做自己想做的事情。”陈跃文说。

大学生毕业去就业是一种类型,创业是另一种类型。每个人都有自己喜欢、愿意和擅长的方式。这都是按照自己的兴趣而定,无所谓结果怎样。毕业生可以去尝试,觉得自己适合哪种类型,就去做哪种类型的工作。一旦从高中进入大学,就已经算独立的成年人了,所有选择都要对自己负责。但是也需要凭自己的能力去做。如果毕业生想创业,就需要自己去把握。

陈跃文说,如果你没有资金投入,就尽量别去和人借钱创业、别麻烦别人。创业是需要自己亲力亲为的。就算你只有五块钱,那就只做五块钱的事业。在自己的资金基础上,怎么创业都可以,只要自己高兴就好了。就算创业失败了,那也别气馁,可以先缓缓,打工挣钱,然后有了一定的积蓄后,再去创业。总有一条创业路是属于你的。

公司介绍

“甜旅”品牌简介:

甜旅,定位于移动互联网高端生鲜品牌,旨在为消费者提供安全优质的生鲜食材。依靠微博、微信、口碑相传,以及专业快捷的冷链配送服务,建立起消费者对甜旅安全优质食材的信任。

甜旅的创始团队来自中国农大。对产品从种植到采收、运输有着严苛的标准来把控。以丰富的从业经验,能够为您奉上最放心的美味。

“甜旅”品牌 Slogan:劳作 守护 重现

固执,缓慢,用传统的劳作方式,尊重自然,舍弃对效率的追求。

不忘初心,守护现已变得珍稀的青山绿水。通过安全的食物,守护我们的家人，以及我们对美好食物味道的向往。

对每一个环节亲力亲为地把控，力求重现当初最打动我们灵魂的味道。用朴实笨拙的坚持，去换取每个人对食物的信任与放心。

甜旅的每一份食材，都是我们用心锤炼的。

为梦想拼搏的农民博士

■ 2010届—微生物学—马瑞强

作为一个农民的儿子，他用自己的实际行动，创造出实实在在的价值；他通过自己的努力，帮助家乡的农民走上致富的道路；他的理想，就是在一眼望不到边的田地里实现机械化、科学化、标准化的生产种植。他，就是内蒙古分享农业科技有限公司的创始人马瑞强。

现年33岁的马瑞强，2010年毕业于中国农业大学，并获得微生物学博士学位。在父母眼中，他一直是他们的骄傲。毕业后，他在北京一家央企得到了令人羡慕的“铁饭碗”的工作。虽然有了安逸的工作，但是返乡创业的梦想却始终萦绕在他的心头，经过再三斟酌，他做出了一个让他的父母和朋友都不理解的决定：回乡创业。

仅在央企做了几个月之后，他就毅然放弃了北京待遇优厚的工作，回乡创办了内蒙古乌拉特中旗马瑞强水果玉米专业合作社，开始带领乡亲们走上科技致富的新道路。

回乡创业，他是有底气的

“我坚信：理想照亮人生，创业改变命运。”马瑞强说。在他看来，能帮助农民增收、带动当地农业发展，这既是个人价值的实现，也是社会价值的体现。“其实，我选择回乡创业，是有底气的。”马瑞强说。2008 年，在中国农大学习期间，马瑞强参与了农大水果玉米的一个社会实践项目，并且组建了一个主要负责项目推广的团队，从种植到推广。马瑞强负责北京、内蒙古等地“水果玉米”新品种推广工作。“那时，我欣喜地发现：水果玉米目前鲜为人知，鲜有种植，这其中蕴藏着巨大的商机。”马瑞强说，“内蒙古地广人稀，是国家推广土地流转的试验区，而我的家乡巴彦淖尔就坐落在有着‘塞上粮仓’美誉的河套平原，那里土壤肥沃，灌溉等基础设施发达，日照时间长、昼夜温差大，特别有利于高糖作物的种植，拥有甜菜、西瓜等诸多明星产品。”马瑞强想：如果能将水果玉米在家乡推广种植，并辅之以良好的物流、销售环节，预期的回报是很可观的。而这不正是他一直追寻的回报家乡的梦想吗？为此，他决定让水果玉米在家乡落地生根。

2009 年春天，马瑞强在自家地里开辟出 7 亩水果玉米试验田，试种成功，亩产高出普通饲料玉米，很快就被外地客商抢购一空。见到效果的马瑞强，很快将他的创业计划付诸行动。他成立了水果玉米专业合作社。但乡亲们不接受“新鲜事物”，谁也不愿加入。于是，他就拉着他的父母先种，自己开着面包车，去 18 个村轮番做工作，又给农民争取来了农业综合开发补贴和科技推广补贴，自己补种子、补化肥、补地膜。渐渐地，加入种植水果玉米的农民多了起来，2011 年有 406 亩土地种植了水果玉米。

同年的秋天，为了让水果玉米得以保存，马瑞强租了冷库来储藏这些水果玉米，但是这个冷库距种植基地有 50 公里。曾经有一次，需要将水果玉米一次性拉货到冷库，由于工作量大、时间紧张，连装卸工都不愿干了。于是，他就和家人一起上场，500 多袋玉米从晚上十点扛到次日两点，连续一个多月，平均每天的睡眠时间只有 5 个小时左右。

初期创业，对马瑞强产生较大影响的那个秋天之后，连续两次冷库突然出现问题，一库玉米一晚上损失了 6 万多元，总计超过 12 万元。这都需要他自己承担。为了帮农民收割，他任凭自己家的玉米烂在地里。据统计，那一年，他赔了 15 万元。而当地种植这种玉米的农民却得到了回报：他们种植的水果玉米不仅被当地的超市和商场购买，还被销往外地，并在市场上广受好评。“水果玉米零售价 3 元/棒，同样的一块土地，收入却比种普通玉米翻了一番。”马瑞强高兴地说，“当时，村里人看着种水果玉米赚钱了，不少人都要跟着种。这更坚定了我推广种植水果玉米、让乡亲们和更多的人受益的决心。同时，团市委、市青年创业促进会、市就业局等单位给予我大力支持和帮助。共青团组织多次帮助我协调有关部门进行项目扶持，引见多位企业家进行项目投资接洽，帮助我解决了创业融资难的问题。很快，我的水果玉米合作社水果玉米种植面积由 2011 年的 406 亩，发展到 2012 年的 5 000 多亩，我的创业梦想在这一年实现了突破。”

种玉米创出了自己的公司

由于水果玉米种植面积的不断扩大和水果玉米深加工的市场需求，马瑞强将水果玉米专业合作社引进内蒙古朔河禾农业发展有限公司，采取“公司 + 合作社 + 基地”的模式，启动乌加河优质水果玉米深加工项目。一期建成 1 680 平方米的保鲜库，建成占地 2 000 多平方米的水果玉米真空包装生产线一条，并于当年水果玉米上市之前投产。

为农民谋发展、做好事，得到大家的好评后，2013年，马瑞强当选为第十二届全国人大代表。他带着真空包装的水果玉米参加了两会，并得到社会的广泛关注。同年，他又成立了乌拉特中旗甜玉米农机专业合作社，为探索土地流转，实现土地规模化、机械化、产业化发展铺路，打造了“农艺师+大学生+农民”的新型农业综合服务团队。

2014年，马瑞强成立了真正属于自己的公司——内蒙古分享农业科技有限公司。其下设两个合作社，一个是水果玉米专业合作社，一个农机专业合作社，拥有职业农民队伍80人，又投资2 000万元新建了饲料厂。流转土地达到15 000亩，投资400多万元购进了大型农业机械，带动农户1 000多户。

现在，合作社的规模不断扩大，运营管理日趋规范。合作社技术团队有博士3名，本科生及技术员15名，与中国农业科学院、中国农业大学、内蒙古农业大学、河套学院和中国微生物学会展开了密切的研究合作。

追梦路上，需要一心前行

“农村也有广阔的空间，无尽的机缘，只要愿意扎根在这片土地，为梦想拼搏，就可以在这里成就一番事业，我愿意为这片土地奉献无悔的一生。”谈到自己创业的初心时，马瑞强说，“在追梦的路上，困难是难免的，但只要一心前行，创业梦想终将实现！”

对于现在大学生毕业该就业还是创业这个问题，马瑞强表示：大学生在毕业前，就应该确立自己的人生规划和方向。大学生要明确自己到底是个什么样的人？适合做什么事？喜欢做什么事？对什么事最感兴趣？都应该有一个初步的规划。这个规划，越早越好。不管在哪工作，都要时刻提醒自己，能否做到这几点，然后去寻找自己的方向，方向找到了，有了自己的创业思路，才能更好地选择自己的道路。此外，他还认为，实践和真正的创业是不一样的。实践，不管做好做坏都没有什么太大的影响，没有什么衡量标准，而创业不同，不仅要养活自己，还要养活一个公司的一帮人。所以，他希望更多的大学生，尤其是农业大学的大学生，勇敢地去农村选择创业。因为现在农村的扶持政策很好，国家对于"大众创业、万众创新"给予了很好的环境。大家一定要有梦想有理想，要创业就要认真去做，不要顾及家庭、社会舆论等因素的影响，坚持去实现自己的梦想。

如果选择了创业，就坚持下去，创业很辛苦，但是既然选择了这条路，就一定要坚持走下去，尽自己最大的努力和决心去做成这件事。即使失败了也无所谓，年轻就是资本，接受失败的教训，积累经验。创业前本来就是一无所有，就算失败了，那也还是一无所有，但是失败可以积累丰富的经验，并且有了一段丰富的经历。

创建木木家：
“小别墅”式的循环农业生态庄园

2015级—农业推广—李兰兰

李兰兰，女，1988年生于河南省平顶山市鲁山县，2012年毕业于郑州航空工业管理学院，本科毕业后在北京工作，2015年考取中国农业大学在职研究生。2014年，李兰兰及其合伙人成立了北京园亿四达农业科技有限公司，并创办“木木家”品牌，现任总经理一职。

北京园亿四达农业科技有限公司成立于2014年10月，注册资金100万元，以生态循环农业模式开发与实施以及品牌生态农产品推广为主营业务。通过打造林—草—禽复合系统，建立循环式和环境呵护式产业模式，生产高品质健康安全生态农产品，降低农业生产风险，提高生产效率和土地利用效率，满足市场需求。目前核心团队三人，公司总经理、“大庄主”李兰兰负责基地生产事务和项目整体运营方向，“二庄主”庄玉琳负责品牌建设和商城管理，“三庄主”王鑫伟负责商务对接和客户服务。公司拥有北京海淀凤凰岭基地、大兴安定镇东白塔民俗村基地和河南信阳新县大别山基地三个基地。2016年三个基地总面积1 000亩，散养鸡总存栏量8 000只，果树种植面积500亩。木木家是由80后姑娘木木（李兰兰）创立的品牌，专注于为客户提供高端食材。

大学里埋下“创业”的种子

2008年,李兰兰考入郑州航空工业管理学院,学的国际经济与贸易专业。来自于农村的她珍惜大学的生活,同时对自己的大学生活进行了规划。除了学业,为了锻炼自己,她参与了不少的社会实践活动。

从大一开始,她每年都会利用寒暑假,在自己的家乡(平顶山市鲁山县)开办教育辅导班(名字叫“非凡”辅导班),为当地的留守儿童提供细心、高质量的教育,同时也能为自己挣点生活费,减轻家里的负担。这是她大学创业的开始,创业灵感就来自于家乡的留守儿童。“百年大计,教育为本”,看到家乡的教育比较落后,而且很多的留守儿童没人照顾,也没人教育,自己心里一阵心酸。她看到了一份商机,更重要的是她感觉到身上多了一份教育的责任和冲动。于是每到寒暑假,尤其是假期时间较长的暑假,她就组建自己的教育团队,到自己的家乡“奉献”。每当她想到很多同龄大学生都在放假游玩的时候,她及她的伙伴们在做着那份“有意义的事”,就感觉到很快乐、很幸福。虽然整个辅导班结束后,每个人只能挣到1 500块钱左右,但每个人都很充实。想到大一时挣到的“第一桶金”,她就特别地有成就感。

木木家生态果园门口

然而，每年的辅导班老师团队都不稳定，她也有些无奈，只有她自己坚持了下来。随着招生规模不断扩大，自己挣的钱也多了起来，能完全抵掉自己的学费和生活费，给家里减轻了不少的负担。

谈起这份曾经的教育创业经历来，她还蛮兴奋，并分享了一个“成功”故事。那是在2010年的暑假，也是大二学期的暑假，她们县城除了她创办的非凡辅导班外，还出现了一个新的培训机构：外国语学校组建的团队，其中还包括不少的外教。最终，通过宣传、招生和教学，李兰兰招收学员100多人，而对方才几十人不到。她认为自己的“非正规军”打败了“正规军”，并使得对手第二年没有再出现。

创业路上的坚持

大学毕业后，李兰兰只身来到北京。在被问及农业创业灵感来自哪儿时，李兰兰说2013年，国家出现了食品安全问题，加上当时对农业前景的看好，就决定走农业发展的道路。“万事开头难”，李兰兰和自己的一个高中同学，开始了艰难的创业过程。她在北京市海淀区凤凰岭附近的台头村租了几亩地，开始了"林-草-鸡"循环生态农业模式。

第一年,由于缺乏一定的经验和人脉,李兰兰及其合伙人没有很好地运行项目,亏了8万元。她的合伙人对项目失去了兴趣,离她而去,而她却坚持了下来。第二年,她又从家里拿钱,继续运作项目,可是一年下来,仍然亏了10万元。但她仍然不放弃,继续坚持,并且找来了两个90后小伙伴一起创业。终于,"功夫不负有心人",在失败的基础上积累了经验,有了科学的方法和丰富的管理经验,项目逐渐走向正轨,也拥有了如今的三个基地。三个合作伙伴分别被外人称为"大庄主、二庄主、三庄主"。李兰兰透露,去年虽然也赔了钱,但是很少了,相信今年肯定能收回成本。

从左到右依次为:大庄主李兰兰、二庄主庄玉琳、三庄主王鑫伟

在谈起大学生创业时,大庄主李兰兰说,在创业的初期一定要坚持,不过,开始之前要有一个清晰的认识和详细的规划;其次要有一定的金钱作为铺垫,最好找到项目投资。她鼓励大学生创业,但希望更多的大学生要有责任感和能承担责任的能力,要做好最坏的打算,不要盲目创业。

技术和市场结合,前途光明

公司拥有良好的技术支撑,其中林-草-鸡复合系统是"十二五"国家科技支撑计划课题"优质牧草资源开发与多元化草产品加工利用关键技术研究与集成示范"子课题"北方果园生草及草地利用关键技术研究"和"南方林-草-畜一体化及草田轮作技术研究与示范”的研究成果。北京油鸡种苗系国家重点保护品种，由农科院北京油鸡保育场提供。“农大三号、北农一号、北农二号”系中国农业大学家禽育种科研成果，种苗由农大提供。

何为应用林-草-鸡复合系统？该模式充分利用林间土地资源，选择适宜的草种建立起林间优质高产人工草地，将草作为鸡的青绿饲料，辅助配合粮食饲喂，实施低密度分区生态放养，可在节约饲料成本（平均降低饲料成本 15%以上）的同时提高鸡的饲料营养水平、鸡的肉蛋品质和抵御疾病能力。该模式不仅可改良土壤结构，持续提高土壤肥力，改善园区小气候，促进树木的正常生理活动，同时也有利于生产无公害、优质安全的鸡肉蛋产品。近 5 年，该技术模式已应用于北京 6 个区 8 个种养殖企业/合作社，累计示范推广 1 000 余亩，放养北京油鸡 10 万余只，取得较好的生态、经济和社会效益，为生产安全、高品质的果品和肉蛋产品提供了一种林下安全健康养殖模式。

2016 年 4 月 17 日，“全国首届林-草-鸡复合系统现场观摩会”在木木家大兴基地顺利召开。本届观摩会由北京华夏草业产业技术创新战略联盟、国家牧草产业技术创新战略联盟组织召开，北京市农林科学院和中国农业大学提供支持。木木家大兴基地作为林-草-鸡复合系统的示范基地，现场全面展示了林（果）—草—鸡复合系统的研发成果，充分挖掘了果园和林地在种养结合，发展节粮型、生态型、高端型、高值型畜牧业，保障国家粮食安全、生态安全、食品安全以及促进绿色发展等方面的积极作用，将促进果（林）-草-畜（禽）复合系统产业相关领域新成果、新进展的交流，推动产业健康、安全、快速发展。

项目现场作为中农大学生自主创业基地

国家牧草产业联盟秘书长杨富裕教授，联盟成员单位北京市农林科学院草业研究中心孙明辉书记、范希峰副主任、孟林研究员，河北省农林科学院刘忠宽研究员，河北鑫农机械胡建良董事长，北京百斯特部建辉总经理以及大兴区安定镇领导等50余名联盟产学研单位的专家、学者、企业家参加了本次观摩会。中央人民广播电台、农民日报、中国畜牧业杂志等媒体代表跟踪报道。

现场主要领导合影留念

暖洋洋的春光洒满大地，到场的嘉宾们陆续步入基地参观

国家牧草产业联盟秘书长杨富裕教授(左)、北京市农林科学院孟林研究员(中间)、李兰兰(右)一起为大家详细介绍了林—草—鸡复合系统和基地的情况

杨秘书长率队走进林—草—鸡复合系统观摩现场

感恩亲人,勇往直前

李兰兰说,创业的过程是艰辛的。如果没有家人的支持,是很难坚持下去的。一路走来,她要感谢的人很多,首先要感谢自己的父母,其次要感谢自己的老公,还要感谢自己的公公。在现场我们看到一位白发苍苍的老人,就是李兰兰的公公,正在帮助她收拾一些琐碎东西和管理现场。

李兰兰的性格比较好,在被采访的过程中,侃侃而谈,言谈话语中体现了比同龄人更多的成熟和稳重。在朋友眼中,她是一个比较实在的人。她也比较认可这一点,她相信现代社会就需要实在,不然别人就不会长久地跟你做朋友。

她有三个梦想:第一,有个幸福的家庭;第二,拥有一个属于自己的农场;第三,有个属于自己的学校。现在她拥有了一个幸福的家庭,已经实现了第一个梦想。怀有身孕的她会在几个月后见到她可爱的宝宝。她也算实现了第二个梦想,并为之努力奋斗着。相信将来的她也会回归到教育,实现她的第三个梦想。

"前景无限、我心坦然、勇往直前"。大庄主李兰兰正怀着一颗感恩的心,带领着两个90后合伙人,走在她们正确的道路上……

项目现场去收捡鸡蛋

做中国最有情怀的草莓

2012级—园艺专业—秦永冬

“蓝迦梅朵”品牌，源自藏语，意为云上之花；由一群怀有理想的中国农业大学学生在青藏高原创立的高原农业项目，现在为中国首屈一指的夏季草莓种植机构，旨在开发川西高原的农牧美味。

“蓝迦梅朵”品牌在创立之初便坚信——“最美味的夏季草莓在川西”，并率先将科学的草莓精细化管理结合起来，培育出中国最具有情怀的夏季草莓。

创业农场
农大才子放弃安定选择西部

刚迈入2016年夏季，秦永冬就和他的同伴们规划好了今年夏季草莓的市场前景。“今年应该能收草莓2万斤，通过空运到各地的市场，大概能收入40万元。”秦永冬说。

今年从农大园艺专业毕业的秦永冬来

自云南，目前驻扎在川西。在川西，他作为联合创始人，与其他的校友一起，承包了地，创办了蓝迦梅朵农场，主要种植优质的夏季草莓。“草莓一般都是春天上市，初夏就下架了，但是我们的草莓7月才会进入市场。”

秦永冬所在的农场叫蓝迦梅朵，选址在川西的阿坝州，其海拔超过3 000米，与其他盛产草莓的地方相比，这儿的草莓成熟季节在6、7月，“这个时候市场上剩下的草莓几乎都是反季节的了。”秦永冬说，“因为阿坝州得天独厚的条件，这里是种植夏季草莓的最佳地址。”

2015年3月，秦永冬通过对农庄招聘义工的途径了解到蓝迦梅朵的项目，并在同年7月，作为义工，前往农场工作。通过与蓝迦梅朵农场的接触，最终秦永冬作为农场的联合创始人留在了项目中，并在今年通过自愿报名的形式，招募了30多名志愿者，而这批志愿者将于6月到蓝迦梅朵农庄，体验那儿的生活。

“我们都在创造自己的生活。”这是秦永冬评价蓝迦梅朵的话，他想着，把蓝迦梅朵的夏季草莓，做成中国最有情怀的草莓。

去西部
驻守农场几个月，他努力学习草莓培养

从秦永冬的话里行间都能感受到他对这份事业的喜爱。他回忆起刚到阿坝州的场景，直言心中“落差很大”，他说，阿坝州的人文环境与风景，相较于其他的地方有很大的差别，但是出于对行业的喜爱，那些“落差”被他一一克服。初到农场的时候，秦永冬没有想到阿坝州那么冷，“夏天晚上都要生火”，而当时的连日下雨，又没有电热，让他有些意外。“当时半个月没有洗澡。”在这样的艰难条件下，不少同来的义工选择了放弃，但是秦永冬选择了坚持，最终他选择成为农场的联合创始人，同时成为常驻农场的三个工作人员之一。

“家人们都很支持我做这个。”秦永冬的家乡在云南昭通，他的家人在那儿承包了果园。早在2014年的时候，他就通过了淘宝平台，帮助自己家人销售水果，而如今，这些经验也帮助他探索蓝迦梅朵的发展，“去年的草莓都是通过网络途径订购的”，通过网络下单，草莓直接空运到客户手中。

“我们在这儿会自己下田”，秦永冬解释，在农大的学习生涯中，自己通过小学期等形式，接触过种植，因此种植草莓对于他来说并不是很困难的事，只要稍加实践，便上手了。

“我们做农庄比较有优势”，秦永冬介绍，除了天然的地理条件外，虽然如今有很多人做农庄，但是大多是投资性质的农庄，“在某些程度上来说更像是度假的地方”。

而像蓝迦梅朵农场的创办者——农大学生，这样懂技术出来做农庄的并不多，加上农大在行业内的天然资源优势，还有年轻的农场团队所具备的高校学习能力，“这些都是我们独特的优势”。且目前市场对夏季草莓的需求量巨大，具有广阔的市场前景，因此他对这个项目很是看好。

同时，看好这个项目的不仅仅只有他们，在他们的探索下，有不少藏民也开始一同科学地种植起夏季草莓。

“当地属于藏民区，藏民们很友好。”秦永冬说，有不少人担心过他的安全，但是当他到了这里，感受到了藏民的友好之后，便不再担心相处问题，“当地人也有试着种植夏季草莓，但是没有成功；而我们，是来做农庄，同时也是推广技术的。”

选择
既当老板又当员工

秦永冬和他的朋友们热爱骑行，大一的时候，他加入了学校的车协，那个暑假，他们一行人从洛阳骑车到了厦门，途经了河南、湖北、江西、浙江、福建等几个省份。

“蓝迦梅朵的选址就是骑友在骑行中发现的。”秦永冬解释说，当时的蓝迦梅朵农场地址，是农大毕业的师兄在旅游的途中发现的，“当时的师哥路过此处，发现气候特别，于是就想着在此处建一个农场。”

回到学校的师哥，通过众筹，筹集了 30 万元，租了 2 亩地，就开始为种植优质的夏季草莓做准备了。从去年的 2 亩地，到今年的庞大规模，蓝迦梅朵发展迅速。

"当时统计了当地三十年的气候情况。"秦永冬说,在决定种植夏季草莓前,通过农业局的帮助,他们收集了农场地区近三十年来的天气状况,根据天气的特征,制定了专业的种植草莓计划,"比如这里有冰雹,但是我们有大棚。"

"去年只种植了两亩草莓,"秦永冬说,最终成活的有 1 000 多株,并结出了果实,虽然当时只是试探性的种植,但是他们看到了希望。2015 年,蓝迦梅朵的夏季草莓一共收了 500 斤,按照每盒半斤装好后,以每盒 48 元的价格出售。

"全部售罄。"秦永冬说,虽然购买的人中有许多是老师、朋友,但是还有特地来订购的草莓种植行业的老师,老师对他们的产品表示了肯定,"这给了我们极大的鼓舞。"

如今常驻农场的只有三个人,秦永冬说这里人烟稀少,很容易感到寂寞,但是同时远离了城市的喧嚣。"虽然有些艰苦,但是值得尝试。"他说。

选择创业　他不后悔

"我们都在创造自己想要的生活,"这是秦永冬总结蓝迦梅朵农场的一句话,如今他们每周都要开一次会议来研究农场的管理,而 6 月份,他招募的 30 名志愿者,也将前往农场。

"我并不后悔加入蓝迦梅朵,"他说,虽然农场的条件并不好,但是他依旧坚定的留在那儿,并对农场招募义工的标准进行了解释:"做义工,首先选择认同农场的价值观;其次必须适应当地的气候,与当地的人友好的相处;最后,要真诚的融入农场。"

"如果失败了,那就从头来。"秦永冬说,自己选择了这份工作,更多的是出于喜爱,创业失败对他而言,并不是可怕的深渊。

如今,情怀一词到处被引用,也有不少的学弟学妹选择创业,而秦永冬结合自己的创业过程,也对学弟学妹们提出了忠告,"适应环境,好好学习,善于利用大学。"

他解释,只有适应了环境,才能在当地取得发展,并与周围的人保持友好的关系;而利用好大学的时间,则有助于提升自己的能力,了解社会的需求。

创业，就是一个不断选择的过程

1986级—水利专业—胡启毅

一个阳光明媚的下午，笔者在农大东校区的咖啡厅里见到了中牧实业股份有限公司董事长胡启毅，一身简洁大方的衣着，寸头短发，显得整个人精神干练，戴着一副眼镜，又有些许文人气质。

“我和别人最大的区别就在于，我是居安思危的。当别人处于安逸享乐的时候，我就会想到企业的未来会是怎样的，所以我会提前开始谋划下一步的出路，总比别人超前两三年。”聊起自己的工作经历时，胡启毅微笑着说。的确，通过听他讲述从毕业到现在的工作经历，就会发现，他是一个阅历非常丰富的人。对他而言，他的创业就是一个不断选择的过程。

学会思考，学会选择

大学毕业之后，胡启毅留在农大当老师。当时，他觉得大学里比较安静，能够专心做学问。但是，没过两年，年轻又充满梦想的胡启毅就觉得，大学像是一个有围墙的地方，他想走出这个围墙，去感受一下外面丰富多彩的世界。所以，他勇敢地跨出了校园，去寻找自己想要的富有挑战、丰富多彩的人生。

一个机缘巧合的机会，他进入了农业部。胡启毅当时感觉自己进入了一个更高级别的政府机构，并且农业部是一个优秀人才聚集的地方，所以他很珍惜这份工作。

1992年，邓小平南巡讲话之后，农业部的每一个司局都要创办公司。刚进部没多久的胡启毅正好赶上了这个政策，他所在部门的一个副司长出来创业，就带着胡启毅一起出来建立了中国华冠农业工程开发总公司。胡启毅进入这家公司之后，由于自己的刻苦实干和独到的思维见解，很快就从部门的一名普通职员，一步步升到部门经理的职位。“当时，公司其他部门都不挣钱，唯独我们部门在盈利，我带领的团队仅用三年时间就挣了970多万元，养活了全公司的人。”胡启毅说。其中，让胡启毅印象最深刻的，就是他带领着部门的一部分人跑去基层施工现场管理工程项目。当时去过三峡施工，还跑到深圳修公路，那是他认为最辛苦也是最有收获的一段时间。施工队的工人们，基本没有多少文化，但是胡启毅很快就学会了与最基层的工人沟通，一起打牌、一起施工、一起吃饭，很快就和他们混熟了。慢慢发现，虽然胡启毅上过大学，但是和这些人相比，在社会阅历上并没有比他们高出多少。他们的聪明程度和处理问题的思维方法，一点都不亚于上过大学的胡启毅。在那种环境下，胡启毅等于又上了一所“社会大学”。这所“社会大学”所学到的东西对胡启毅之后的职业生涯起到了很大的帮助作用。

没过几年，该公司的管理者更换后，胡启毅逐渐发现，这个领导的经营思路很混乱，业绩已经开始下滑。所以，他又一次选择了离开企业，并回到了农业部。回到农业部时，年仅29岁的胡启毅就已经是副处级干部了。

“我的选择，更多的是按照自己的兴趣爱好和自己的梦想去不断寻找的。去一个地方之前，我也会做好预估，都是想好才跳的。”2000年之后，胡启毅的人生又出现了一次选择，长期机关单位的生活，已经让他开始谋划起人生的下一步：是继续留在政府机关还是进入企业？自己认真研究了三个月。最后，他发自内心地认为，他还是想过一个丰富而精彩的人生，于是进入了中牧实业股份有限公司。“只要你干了，认真了、努力了，就会有回报的。这个世界是公平的。”胡启毅说。他刚进入中牧实业股份有限公司的时候，只是一个部门的副职，他一直坚持实实在在做人、踏踏实实做事，勤奋努力刻苦工作，利用十年时间，干到了现在公司一把手的位置。

选择了就不后悔

“思路决定出路，透过现象看本质。”胡启毅认为，他之所以每次选择后都能走得更好，主要是因为他具有思考问题的前瞻性、较好的行动能力等，且保持一个良好的心态。

胡启毅对于自己做出的每一次选择，都不后悔。既然选择了，那就是他想要的一种方式，一旦选择了就坚持在这条路上走下去。但是，每次选择之前，他都会做深入的调查、评估和考虑，并且想好为什么选择这条路。

人生本来就是一个选择的过程。在这个选择的过程中，都会付出一定的机会成本。所以人生就是在生活中面对选择过程当中的一种坚持，只有坚持自己的选择才会使你一直往前走。

毕业生找工作还是创业？对于这个选择，胡启毅说：“这一定要随着自己的心走。”他认为，觉得创业才能施展自己才能的这类人，如果他们有自己独特的见解，又有一定的资源，又不想安于现状，过按部就班的生活，那么这类人可以去创业。如果喜欢过平平常常的生活，比较喜欢安于现状、按部就班的人，那这类人就不适合创业。

“不管做哪一步选择，这才只是一个开始。其实，随着人生的选择，你知道自己要什么，就行了。至于说你去了什么单位，这只是实现人生目标的一个平台，人活的是一个过程。”胡启毅认为，毕业生毕业时应该先找一个单位就业，然后一步步做起。“其实，进入一个单位之后，文凭就没有那么重要了。文凭只是敲开这个单位的一个敲门砖。一旦进入这个单位，你就要放下身段，放下文凭，你要是一直拿着，就一定会伤到自己。无论哪个学校毕业的，进入工作单位之后，都是从零开始的。

大学生如果有机会创业，积攒自己的人生经验，这是个好事。但是要真正想创业的话，一定要从自己最擅长的那一部分入手，而且锲而不舍，坚持不懈。凡是创业成功的人，都是九死一生、百折不挠的人，天底下没有随随便便就能成功的人，都是经过自己坚持不懈，不断的积累、不断的挫折、不断的失败的人。那些风险投资人，都会选择投资一些失败过的人，因为他们失败过，才会更加明白如何去成功，知道成功是怎么回事。大学生最重要的是，不是学会成功，而是先学会失败。

学生创业，最重要的一点就是，不要眼高手低，先从一个点开始，哪怕这个点是一个针尖大的事，不要做得高大上，一定要接地气，从需求出发，要学会善于研究和发现人的需求。从这个需求出发，找到一个点，就算最小的点，不管它有多么低，都可以找到一个方向的。其实，创业不是设计出来的，而是闯出来的。闯的过程中，慢慢积累一定的经验，得到改变，慢慢就会找到自己创业的方向。

创业时，兴趣和自己所学习的专业其实都不是最重要的。最重要的是能够找到一个点，千万不能从自身出发，而是要从市场出发。真正找到了市场，自然创业的点就有了。如果一味地从自身出发的话，就会交一定的“学费”的。

专业与创业不是一回事

胡启毅认为，作为农大的学生，不仅要学好自己的专业知识和与专业相关的基础知识，还要学好人文社科的知识。一个人必须是两条腿才能站稳。而专业知识和人文社科知识就像人的两条腿。仅学习专业知识的人，是一个不完整的人，当他不清楚他为什么活着的时候，他所学会的专业知识，就会成为他的一个累赘。如果他了解更多的人文社科的知识的时候，他就会了解并应用它所学习的专业知识。一个人若想明白自己为什么活，怎么活等问题，就一定需要人文社科的知识的帮助。

创业，更多的是去从事管理工作。管理工作是一个综合性的能力，而不受制于某个专业。它需要的是一种学习的能力、判断的能力和思考的能力，这些能力远远超过了专业知识本身。

此外，在社会当中工作，并不是以你的专业知识决定你的未来的，而是你的学习能力来决定的。工作中更多的是培养你的学习能力、学习方法、人生态度、人生思考和做人的方式，而不是知识本身。书本知识是死的，而学习能力和方法是活的，这才是一种能力。除非你干的事是基础工作，可能会与专业知识挂钩。

“在学校学习专业知识，这是一方面，但是更重要的是，通过这些专业知识的学习，来培养一种系统的思维和一种能力。当这种能力获得以后，就可以在社会上学习任何一种专业的知识。”胡启毅说。他在农大学的是水利专业，硕士研究生是在中国人民大学读的金融专业，之后又去清华读了 EMBA，而目前从事的是兽医行业。

我和农业有个约会

秦文向

创业的灵感

秦文向的创业灵感，最早是母亲带来的。因为母亲的生活背景，让秦文向在孩童时期就有了接触农村的机会，并从中得到新的认知与感触。质朴的农村田园生活，虽然生活条件及生活质量并不是那么优越，但却深得秦文向的喜爱。这也让他对将来工作的选择有了明确的目标，从事农业工作事业成为他从小的梦想。

当时，在电视、网络及报刊杂志上秦文向经常看到一些大学生回农村搞发展的新闻报道，这让原本就有些想法的他，更加明确了发展方向。也为今后决定在养殖领域搞一些事情的他，有了更多的思考与谋略。

怀揣着梦想，在努力的学习后，秦文

向如愿地考入自己梦想已久的中国农业大学，在这里他遇到了给予他创业鼓励与帮助的导师。秦文向回忆道，在他大一时，就有了与辅导员导师面谈交流的机会，而且知识交流足足进行了两个多小时，这两个小时不仅再次激发了他对农业工作事业的向往，更让他向养殖领域迈进了重要的一步。在大二暑假期间，他主动与老师联系，并告诉老师他想搞养殖的想法，在老师的指点与帮助下，秦文向养鸡的生涯就此开始了。

伙伴在路上

在问及合作伙伴时，秦文向静下来思考了下。他说，起初合作伙伴是有的，但是因为工作中的这样或那样各方面的原因使那些一起拼搏的伙伴不得不分道扬镳。最本质的原因还是个人能力，做技术出身的他对人性可能不是特别敏感，认为只要认真做事就可以了，并没有过多的考虑以怎样的方式去与人相处。他借用张洪毅的一句话形容了寻找合作伙伴的不易，“寻找合作伙伴比寻找一个老婆还要不易”。通常情况下，一些人对自己的付出看得很重，对别人的付出看得很轻，这样总会引起一些不如人意的结果。

对于创业初期的秦文向来说，这无疑加重了工作发展难度。因为是养殖行业，资金的投入可能在短时间内看不到回报，这也促使更多的人选择相对稳定的工作。他说，做农业，我们就像一棵桑苗，虽然小，至少扎根了，总有长大的一天。伙伴也一样，只要他没有放弃，只要时间与机遇都在了，伙伴就在路上。

我就是个农民，感谢路上有你

在自我评价中，秦文向毫不犹豫地回答道：“我就是个农民，如果我是一个纯粹的农民的话，已经很成功了；可是作为中国农业大学的硕士研究生，可能不算什么，如果没有农大的教育，也许我会觉得抗生素不安全不能用，但是没办法只能用；虽然我们的产品是自己研发的，可每一处都有农大的烙印，一位位老师把他的所学无私传授，没有这种积淀，我也无法想象我们可以生产出这么好的产品!”

在秦文向的创业路上,最感谢的就是自己的母亲。对农业养殖的选择,母亲给予的不仅仅是精神及生活上的支持,在养殖及公司产品“变蛋”的生产过程中,母亲一直陪伴在身边,协助自己的工作,让自己感觉到创业的路程并不那么的孤单。

别样的精彩

秦文向说道,创业给我带来了精彩的人生,这条路可能就是先苦后甜。在做这件事情的过程中你可能会领略一些不一样的风景,创业中也可能会缺少很多东西、很多资源,在寻找这些的过程中,经历就成为最宝贵的财富。

对于事物的两面性,优点与缺点,秦文向用坚持与倔强来形容自己,是坚持让他一直走到现在,像铁杵磨成针一样,事情就是这样。当别人说这件事不行的时候你还做这件事;当别人说这件事行的时候你还在做这件事;别人在说的时候你可能就已经做起来了。但有些事情,别人给你提一些意见的时候,你还去坚持自己的,那可能就是倔强了。多一些坚持,一些不可能的事情也随之变为可能。别跟我说鸡蛋赚不了大钱,你应该去做别的事,我是做事业的,不是赚短期的钱!

对于辛酸的事情,秦文向并不愿意多说。他认为对辛酸事情的讲述,就像发牢骚一样。秦文向说,自己对人性的把控很差,只是认为自己好好做事情就好,并不知道别人会怎样去做。但可能别人会去耍心机、去用不正当的手段去处理事情,但自己会一直坚信,这样的人可能不会一直走向成功。由于每个人的修养、个性、阅历不尽相同,其为人处世、表达情感的方式也会有不同,可能别人对待自己的方式有欠妥当,但也无须处处以别人的脸色作为自己行动的“指南针”,让别人的情绪影响自己的情绪甚至支配自己的言行。

吹牛吹什么?

在养殖领域,秦文向在养殖最优质鸡的同时,对鸡蛋产品的新研发也有了更大的突破，那就是公司产品“变蛋”。

对于变蛋，秦文向自豪地说，以前吹牛可以谈学历、谈国奖、谈北京市优秀毕业生！现在吹牛，可以谈变蛋，我们变蛋极致的香味；将来吹牛，我们最好可以吹团队、吹系统，那就真牛了！

秦文向回忆道：当时，一个同学的叔叔，在他们当地是一个很成功的企业家。同学就带着秦文向养殖的鸡蛋去看望自己的叔叔。巧合的是，在拜访叔叔的同时，同样有一个人也带了鸡蛋过去。在吃饭时，用两种鸡蛋分别做了两道菜。其中，一道炒鸡蛋就是秦文向养殖母鸡下的蛋，这道菜在饭桌上很受欢迎。然而，另一道用普通鸡蛋炒的菜却被倒掉。这件事情过后让秦文向对自己的鸡蛋更加有了自信。包括现在，一个师姐对他的变蛋很是感兴趣，不仅自己喜欢，还介绍好朋友购买品尝自己的产品。秦文向感觉到，自己的产品已经不仅仅是一种商业的生产，他让自己的生活变得更为有趣，更加有话题去充实自己的生活与交际。

最后，秦文向希望用自己的经历告诉中国农业大学的师弟师妹们，不管是人性的优点或是弱点都要去努力地做好，因为在创业这条道路上，与人打交道是非常重要的。做事情的基础就是“人”，如果没有合适的团队与自己一起去奋斗，可能再好的资源也不能实现理想的价值。

自信助我前进

董建康

正蓝旗元都种业有限公司于 2010 年 3 月开始筹备，2010 年 5 月种植马铃薯种薯 500 亩，9 月收获优质种薯一千多吨。公司由三名自然人股东投资，于 2010 年 8 月 16 日在正蓝旗注册成立，注册资金为 500 万元人民币。正蓝旗元都种业有限公司总经理由董建康先生担任。董建康先生曾任北京辛普劳食品加工有限公司和百事食品（中国）公司的种薯经理，于 2003 年 1 月成立内蒙古雪原马铃薯种业有限公司并一直出任公司法人代表和总经理，直到 2010 年 2 月该公司股权发生变更。同时，董建康先生也是雪川农业科技（北京）有限公司的创始人之一，并出任公司副总经理和总经理，直到 2010 年 7 月底离开雪川农业。

因为喜欢，所以选择

当被问到，如果再做一次选择的话，你还会选择创业吗？董建康不假思索地回答道，我还会选择做这一行业，因为骨子里喜欢。首先，因为自己本身就是农业大学毕业的，所学专业也是和农业方面有关系的。其次，他自己本身就很喜欢马铃薯种植这一过程，从田间播种、栽培、收获，整个过程的动态让自己每天都可以看到新的事物，而且每年也会碰到新的事情，让自己每一分每一秒都处于与大自然一起成长的一个过程。并且在工作当中自己的时间可以自由支配。坐在办公室或是在工厂中作业的那种单调的生活方式，让董建康对马铃薯种植与研究更多了几分爱意。

对于选择，董建康表示：不管你的天赋怎样高，能力怎样大，知识水平怎样高，你事业上的成就，总会高过你的自信。正如一句名言所说："他能够，是因为他认为自己能够；他不能够，是因为他认为自己不能够。"

经验与坚持都需要

董建康拥有十几年在外企公司工作的经验，并非是第一次接触马铃薯种薯。这十几年的工作经验，也为他现在事业的发展打下了坚实的基础，并且多年的工作经验也让他结交了一些在事业、台账资金、人脉等方面给予很大帮助的朋友。董建康回忆，事业中虽然没有什么大的艰难险阻，但是在选择合作伙伴上，却让董建康陷入了困境。一个合适的合作伙伴的出现，并非那样容易。在创业的路上，可能会遇到很多优秀的、值得认可的、值得欣赏的朋友。但作为合作伙伴，是需要双方之间相互磨合、互补、信任的。所以，找到一个合适的合作伙伴，需要天时、地利、人和，不得急于求成。

对于刚毕业的大学生来说，董建康认为工作经验可能是一个问题。因为在创业中可能会遇到一些这样或那样的事情需要去处理，将这些困难作为人生阅历的一次经历可能会为下一次的困难挑战提供一些解决办法。不管是做农业，还是做其他的行业都一样，不断地去尝试，不断地去发现新的问题，从中去突破、去改进，这样就会巧妙地将不利转变为有利。

董建康还说道，很多刚毕业的年轻人，最大的通病就是不能坚持。他们总是对目前从事的工作不满意，频繁跳槽；一遇到困难，就想放弃。总以为自己有了很高的学历，有了丰富的理论知识，就等于具备了获取成功的一切因素，也就不用再吃苦了，殊不知，这是一种误解，学历、理论知识并不代表能力。

热爱运动的董建康，他对运动的坚持和对事业的坚持是一样的，每天都会坚持跑十几公里。他说道，跑步虽然是个很枯燥的运动，但是如果每天坚持下来也是对人毅力的一种磨练。做事情和跑步其实是一样的道理，只要有毅力坚持下来，那就会得到不一样的成就。元都种业优先于其他种业的原因就是，产品在发展的过程中，对于产品质量的控制、流程的把控、公司制度的不断完善，让公司及产品处于一个坚持不断前进的状态中，以最丰富的经验磨练去打造更优质的产品。

自信助我前进

年幼时的董建康家境并不是太好，但这并不妨碍父母亲对他的关爱，对董建康的成长和事业的发展有着很大的鼓励与帮助。尤其是在父亲那里得到了更多的是信任，因此从小就树立了坚定的自信心。他说，对于自己的孩子或者社会中的每一个人，想事业成功也好、想学习中取得进步也好，自信心是非常重要的。不管你家境怎样，但自信心一定要有。一个人能否生活得幸福快乐，和物质并没有太大的关系，关键是你的内心。

董建康回忆道。当时自己刚大学毕业的第一年工作，在当时非常流行的一个东西就是录音机。但对于他来说买一台录音机却是一种奢侈品。工作期间到南京出差刚好碰到有卖录音机的，并且买一台录音机一直是董建康的一个梦想。当时因为资金的问题，就咬了咬牙向同事借了钱去买。回到家后，告诉父亲自己借钱买了台录音机来学英语。父亲不但没有责骂他，而是责怪自己没能让自己的孩子过上很好的生活而感到愧疚。说到这里，董建康哽咽了。他认为自己的成功是父爱在不停地激励着他，让他能做得更好。从此，“一定要成功”这种内在的推动力成为董建康生命中最神奇和最有趣的东西。一个人要做成大事，绝不能缺少这种力量，因为这种力量能够驱动你不停地提高自己的能力。

努力是为了更好的回馈

目前最想实现的梦想就是想通过自己的努力，去挣更多的钱。但挣更多的钱不光是对家庭生活上的改善，对家人兄弟姐妹给予帮助，还是对社会给予贡献与回报。

对于母校，董建康本人打算在明年回到自己的母校，并在自己所在系里设立奖学金，作为对社会对母校的一种回报。董建康表示中国农业大学的教育、课程的设置以及农大踏踏实实的学习的那种精神一直影响着他，希望中国农业大学的学生，能够利用好现有的学习条件，能够为自己将来的发展积蓄力量。他告诫同学们，“踏实认真地对待每一件事，把平凡的小事做得很好，那么你的人生之路就会越来越广，成就大事的愿望就一定能够实现。我们每个人所做的工作，都是由一件件微不足道的小事组成的，但我们不能因为它小就忽视它。很多时候，一件看起来微不足道的小事，或是一个毫不起眼的变化，就能起到关键的作用。”

应拜耳作物科学有限公司和英国马铃薯委员会的邀请，董建康总经理于 2012 年 5 月 27 日至 30 日到英国爱丁堡参加了第八届世界马铃薯大会。参加本次大会的 800 多位嘉宾来自 50 多个国家和地区，来自中国的有 70 位左右。会议议题广泛，内容丰富。我国的金黎平教授做了题为“马铃薯和中国粮食安全”的大会主旨演讲。会后组织参观了苏格兰科学和战略研究所(SASA)，哈特研究所(The James Hutton Institute)和罗伯特农场(Robert Farm)。

元都种业总经理董建康先生于 2012 年 6 月 18 日在山东省滕州市滕州宾馆出席了山东省马铃薯协会第二届会员大会暨全国马铃薯种薯高产竞赛表彰会议，并当选为理事。山东省马铃薯单产居全国第一，产值高，优质马铃薯种薯前景看好。

中外相合，从农业掌握健康源头

2011级—食品科学与营养工程学院—胡值平

2011级毕业的胡值平，如今是北京博瑞德思科技有限公司的创始人。北京博瑞德思科技有限公司是由高学历、国际化团队创立的，致力于进口农牧产品贸易和农业技术开发，是中关村高新技术企业。公司自成立以来积累了丰富的市场资源，寻找到澳洲、美国、非洲、南美、西班牙等国家纯净健康的农牧产品和农业技术的开发并与之建立了合作关系，主营商品包括芝麻、牛肉、花生、牧草、饲料等，在国内众多城市有业务往来，服务了国内大量客户，积极满足了客户需求。

进口农牧产品贸易和农业技术开发，不仅丰富了健康商品的种类，让生活品质有了大幅提高，更让国外的农牧业的先进技术融合到中国人自己的怀抱。见到拥有如此独到眼光的胡值平，不禁让我们开始思考，他当初是怎样走向掌握健康源头的创业之路？

大学时光——讲座补充未知面

胡值平，2007年进入农大生物工程系，虽然学习成绩一般，但相比较高中时的“挑灯夜读”，锻炼交际的机会却也不少。大一、大二时期主要在学院的宣传部做干事，在大三、大四时担任了班长，帮助同学和配合导师完成导师布置的

任务。而大四时，在学校的就业指导中心做了一年的就业助理，跟随着张虎老师和徐佳海老师一起帮助企业做相关宣传和招聘工作。大学期间虽然美好，胡值平却也没有放松自己，努力地转变自己并适应这个浓缩的小社会。

而在学业上，面对专业性较强的专业，虽然学得深但还是有不足，接触面过于片面。但胡值平说，学习是一方面，平时的积累更是不可替代，比如金融专业、企业管理专业对创业有一定帮助，学校会请各种职业的优秀人士来进行讲座，像当时俞敏洪曾受邀讲述他的一些创业过程一样。

初入社会——经验人脉两头抓

胡值平毕业后，先后经历两次工作后决定创业。毕业后，不仅心态有着巨大的改变，作息时间上也是有很大差别，从学校时的不规律作息到有规律的作息、朝九晚五的生活。

2011年毕业后，他的第一份工作在福建，主要做的是茶和茶叶的加工、草本提取物的销售。2014年3月离职回北京重新开始工作，做的也是相关的食品添加剂这一块，虽然跟专业相关，但却是“相关的”销售。说到销售这个职业是让人又爱又恨，更是有一些人天生排斥，而胡值平选择销售这个行业的理由则是相当单纯。他说，在大学里他是很内向、很腼腆的一个人，为了改变这种情况，所以选择了做销售，让自己更加外向一点，与人多打交道。

等做了销售才知道“不在其位，不谋其政”，真正地处在这个位置时，环境、所有的一切会逼迫自己做出一些改变，因为有时候出差的时候是一个人，没人陪也没人帮，那么产品的介绍、公司的介绍、产品的运营、产品的价格，包括一些商务的谈判都是由自己一个人来完成，所有的这一切都会逼迫自己做出一些改变，慢慢地自然而然就习惯了，而在习惯的同时，资源就是这样慢慢累积的。对于网上传得很火的销售技巧，其实销售真的会用到技巧的地方很少，但胡值平分析了他总结的建议：第一，做好积累。产品的积累，客户的积累，对产品了解的程度是做销售必须的、最基本的素养，首先要做到。第二，客户的积累。从销售来说没有谁有很多资源，所以客户的积累也是很重要的。当然在这中间有的

客户上会花很长时间，当然如果进展比较快的话，积累是很快的。第三就是做人，把人做好，有好多人找你买东西并不是说你东西特别好，而是因为你的人不错，而你的产品刚好能够符合他的需求。最后一个就是勤快一点。做销售的话，电话要不停地打，因为客户的资源什么的都是需要你一个一个电话打出来的。当然需要技巧的地方就是说话的技巧了，例如当打电话打过去，怎样可以让客户不反感，这需要一点话语上的技巧。对于现在的通信工具也要充分地利用起来，有时客户的一条微博或者微信就可以让你了解客户为人，在此基础上增加互动，如此逐渐亲近起来也不会过于招人反感。

创业初期——困难虽多重坚持

随着上班年限的增加，胡值平初入社会时满满的热情慢慢也被磨灭了。对于上班没有太大动力的胡值平，偶然听朋友说有个项目还不错，经过反复考察，咨询了一些相关人士，考量过后认为确实可持续发展，于是他毅然决然放弃了原来的工作，开始投身到创业过程中。而创业开始不可能没有困难，胡值平创业初期的资金全是自己积攒下来，家人虽不干涉却也没多余资金支持他的创业，面对种种困难，创业初期让他印象最深刻的便是不够细心。因为以前做的食品添加剂这一块，是小众产品，对大众产品却不是特别擅长。而刚开始把控市场的时候对于这些是没有想到的，因为原来的价格体系都是恒定的，而做了大众产品以后，价格一天一个变化，以前从来没有想过价格体系还能够这样，就是当时对市场的了解和反馈不到位，这是最开始一个难点。

不仅如此，选择一起创业合作的伙伴也是一项重要过程，虽说一些伙伴在创业初期可以提供金钱或者人脉，可在发展途中存在歧义，是很容易将公司推送到劣势、甚至倒闭，而对于胡值平，他也有选择合作伙伴的独特原则：首先选择与自己意见相悖的人。相悖之人会起到鲶鱼效应，何为鲶鱼效应？鲶鱼效应是指鲶鱼在搅动小鱼生存环境的同时，也激活了小鱼的求生能力。如果没有这条鱼反复跳跃刺激其他的鱼，那么其他的鱼也会死掉的，这个合作伙伴提出了不同的意见能够使问题的角度更加多元化。其次选择另一些伙伴就是大方向上都是一样的，求同存异，可能有一些差距是正常的，只有相互了解，相互认可，才会长久地在一起。

而面对创业时，困难远远超于想象，甚至当时的一个小小的决定都会决定未来的发展。想起自己创业初期，胡值平不禁感慨道，面对困难，有的人则越战越勇，从失败或是错误中吸取教训；而有的人则被打击得一蹶不振，所谓创业难并不是"创业难"，而是"坚持难"。创业初期的人面对即将展开的项目都是反复对比反复考察，所以没有做不好的项目，只有被自己击垮的人。创业并不可能一夜成功，而正是这些日积月累地不断打磨，才造就出一个个成功的企业。所以，创业不要怕决定错误和失败，怕的是放弃。

校园创业——谨慎转变易成功

国家鼓励大学生创业推出的一些政策确实非常诱人，而作为学长，胡值平希望大学生创业时要慎重。首先对于目前还在学校或刚毕业的同学，所积累的资源或者了解的资源是远远不够的，因为对社会的缺乏了解可能会造成盲目的相信，如果真的决定创业，不如在大学期间除了上课把自己交给社会的兼职活动，以此来了解社会的另一面也算是捷径。其次，甄选项目时一定要做严密的项目评估，一个项目针对的人群，价格体系或者说其他的方面，这是一个层面；另外一个对内部，该项目选定后团队如何执行，如何做，也是要有一定的步骤的；第三个就是对市场的反馈，就是在执行的过程中，这个项目的情况是什么样的，大体方针可能会根据不同情况要做适当调整，而反馈体系没有做得很好的话，估计也会造成项目的失败。另外一点也是最后一点，就是在创业初期的这段敏感时期，团队的伙伴一定要相互扶持。胡值平反复强调希望大家能够慎重，如果说选择了创业，要咬咬牙一直坚持往前走，不要给自己留后路，这样成功的可能性更大一些。

胡值平最后想要对选择创业的学弟学妹们说：有一些事情选择了，就要坚定不移地往前走，哪怕撞墙了，也不要后悔自己的选择。

来吧，加入我们！

2010 级博士—农学院种子科学—王博

2015 年 6 月 11 日，王博借助国家政策，并在王建华导师的支持下创立了北京中农新星有限责任公司。

2015 年时，李克强总理鼓励创业。3 月份提出“全民创业，万众创新”，5 月份中关村落实拿出一个亿，支持大学生与高校高科技人才创业，加速科学技术的转化。王博师兄的公司就是借这个机会发展起来的。公司主要做的是芽苗菜业务。

创建公司的原因

第一个原因是导师的支持，王博的导师是王建华老师，王建华老师在早年时给一家豆芽菜生产商打工，就此和芽苗菜结下了不解之缘，因此在王博提出创业想法时，王建华导师大力支持；第二个原因，是政策的支持，当时鼓励创业，响应国家号召后，中关村资助了一部分创业资金，使得创业计划更可行；第三个原因是王博想做商人，“经商，你永远不知道明天你会遇到什么”，这种生活，带给人期待；第四个原因，芽苗菜是一种既健康又好玩的蔬菜产品，自己种，自己养，加了什么，自己都知道。

求学经历

王博，2002 年考上山西农业大学；2006 年在贵州读硕士；2009 年，进入社会工作一年；2010 年，在中国农业大学读博士。他在中国农业大学，读的是种子科学。上大学的时候，王博的梦想是当一名伟大的科学家。后来，2009 年硕士毕业后，进公司工作，但是几个月过后，他就知道公司给不了他想要的，于是他又继续读博士。读博期间，天天做实验，王博向着一个教授的方向发展，就在博士快毕业时，他还梦想成为一个教授。博士毕业后，王博却选择了创业。

我的产品是这样的

“我们的产品是健康的，我们卖的是乐趣，是艺术”，王博的产品价格高于同行的其他产品，但他确信自己不会被挤出市场。他的解释是：从普通人的角度出发，如果我已经不再为三餐发愁了，就想提高生活品质。这时，种给自己的芽苗菜就有市场了。因为它不应该被当菜卖，它应该是一种乐趣，一种情怀，每一种东西做到极致，它都是有价值的。现在能做到的是几乎每一粒种子都能发芽，并且长出来都一样，齐刷刷的。这样，就能用它拼出各种各样的图案，所以，它不仅能吃，还能观赏。相信在不久的将来，王博的芽苗菜一定会占据一定的市场份额。因为现在的蔬菜供应链比较长，而且还很难追本溯源，这就使得蔬菜的质量很难保证，这样就不如吃自己种的放心了。

支持大学生创业

现在国家有一个政策是鼓励大学生创业，王博肯定地表示支持。他说："现在是最有利于创业的一个时期。"因为现在鼓励创业政策的力度，第一次有如此之大。王博公司成立的初期就是在国家政策的扶持下进行的，有了中关村创业中心的资助，明显轻松了好多。王博认为，现在有志向的大学生应该借此良机，尽快定下远大的目标，面对创业，有想法有准备的话就应该放手一搏。但是王博也提到，创业是有风险的，不是每一个人创业都会成功，因此要提前做好准备，并且要学会坚持，在必要的时候，不放弃，不抛弃，不懈怠，让创业的花苞盛开，成功的几率就会大大增加。

创业与专业的关系

说到创业与专业的关系时，王博觉得创业与专业的关系不大。因为创业所需要的东西，不光是专业的东西，更多的是在社会上才能学到的东西。专业的东西，能用上的往往也不是很多，大学里主要还是教会你如何来学习，更多的东西需要你从自学中积累。学会自学，才能手握成功的金钥匙。谈到大学课程，王博尤其点出英语与政治经济学，英语非常重要，要想自己的公司与世界接轨，就必须要学习英语。英语是你与人交流的必备技能。政治经济学，教会你如何利用政策来帮助自己创业。因为在不同的地域可能会有不同的政策,这也就使得各个地区的经济会有不同,这就产生了区域经济学。因为政策的不同,同样的项目,同样的团队,有可能你在 A 地创业就能成功,在 B 地创业就会失败。这就是政治经济学的重要性。

给创业大学生的建议

第一,创业,就不要给自己失败的借口。不要做最坏的打算,不要给自己失败的借口,从你拉起创业团队的那一刻起就不要想失败,坚信自己的项目是一个好项目,坚信自己一定会成功。同时,你要向前看,你要确信你的产品是有市场前景的,现在可以没有名气,但将来会有很大的需求量。这就要看你的项目前景了。

第二,不要怕犯错,在创业初期,谁都是摸着石头过河,谁都会犯错。因此,不要因为怕犯错,就不向前走了。要学会从犯错中汲取经验,防止自己再犯同样的错误。创业是一个开始,是一个你接触新事物的开始,因为每一个人都不会是面面俱到的。要想成功,你就得学会学习,学会积累。

第三,要想创业,就必须要懂如何来经营一个公司,要多学习经营与管理方面的东西,还要懂公司法、财务、税收等。这些东西,是经营一个公司必不可少的,是每一个创业者都要懂的,因此要重点学习与培养。

第四,找出自己产品的特点,给消费者一个买你的产品,却不买其他产品的理由。当同行竞争激烈时,学会规避竞争,在竞争中找出别人比不过你的地方,发展自己的优势,突破竞争的框架。

第五,要有想法,想法最重要。创新是一个企业的生命力,专业技能可以慢慢培养,但想法却不行。平时,要学会抓住脑海中突然迸发的闪光点,将它记录下来,之后慢慢想。想法,不能复制。

看将来,合理规划

王博在做规划时,同时进行了对未来中农新星的设想。先让公司变得一天比一天值钱，五年后成为全国最专业的阳台农业产品公司。王博知道未来自己的产品会有一个大市场，所以他一直在坚持，慢慢地筹集资金，缓缓发展。在王博心中，中农新星未来的样子是，公司为代加工，公司有专利、产品制作步骤。这样，公司的加工厂就能遍布全国各地，从而为社会提供更多的工作岗位，而且既节省物流费，又可以减少管理费。这样，在自己的脑海中一直想着它，总有一天，你的想法会实现，因为你在想的时候就一直向着它努力。

回报社会

作为一个企业家，当你创业成功后，要尽可能地回报社会。创业后的你比起普通员工，你拥有更大的力量来维护社会、回报社会。每一位创业者都应该有善心，这样他的企业才会长久地发展下去。同时，广施恩惠、广发善心，你总会受益的，起码自己心里舒服。

送给师弟师妹们的话

“来吧，加入我们！”王博说。我问，为什么用这一句，王博回答我，他思念母校，希望将来越来越多的农大学子加入中农新星，从而向企业注入农大的精神“解民生之多艰”。同时希望农大的师弟师妹都有远大的志向，都有一个好前途。

食品篇

土家族“90后”小伙的创业尝试

■ 2010级—生命科学—周德金

周德金，男，出生于1991年，重庆人，土家族。2010年考入中国农业大学，生命科学专业。2014年，还在读大四的他创立了一天一果果业技术有限公司，并休学一年专心经营公司项目。2015年6月本科毕业的他继续跟进创业项目，半年后感觉创业艰辛，很难维持现有项目的运行，决定暂停其创业项目。为了将来更好地进行创业，他读取了中国农业大学研究生，专业为金融学，更好地积累经济学和金融学方面的知识，为将来成功完成创业梦奠定扎实的基础。

发现大学里的“商机”

封闭而又紧张的高中生涯结束后，进

入高校的大学生们如鱼得水，感受到了前所未有的自由和对生活的好奇，周德金也不例外。他是一个少数民族（土家族）学生，来自重庆的大山，到达祖国的首都后，发现北京的生活与大山里的“模样”不一样，大学的生活与高中的时代迥然不同。积极乐观的他满意地享受着每一天大学生活的充实。

与那些“玩转”于学生社团和学生会的同学们相比，周德金选择了参与更多的社会实践活动。俗话说：“实践出真知”，除了完成自己的学习课程之外，他选择了多种形式的打工活动来锻炼自己和丰富自己的大学生活。后来，他发现学校里的“家教服务”存在很大的市场空间。发现到了大学里“商机”，他快速地与周围几个同学进行了分享，他们很快做起了家教服务。他说，这是他以后创立“一天一果果业技术有限公司”的前提和基础。

再后来，到了大学第四年，他看到大学生的钱比较好挣，很多同学买东西都大手大脚。而且在互联网逐渐盛行的信息时代，学生们真正出去购物的时间越来越少，在互联网上进行购物的人也越来越多。经过仔细观察，周德金发现了另一“商机”：借助第三方平台（网络平台）进行水果的买卖。又经过实际调研后，他发现他的想法是对的，市场缺口比较大，学生在网络上对水果的需求也很大。周德金就和五个小伙伴们开始创业，注册成立了“一天一果果业技术有限公司”，注册资金 100 万元，他担任法人一职。

他说，这是他人生真正意义上的“第一次”创业，在一定程度上，既能帮助同学们完成服务，又能完成自己的创业梦。他自信满满地说，土家族人都比较能吃苦耐劳，如果项目运行得好的话，还能挣到自己的第一桶金，何乐而不为？

创业路上的苦与难

俗话说，说起来容易做起来难。周德金发现，真正进行了创业，运行项目的时候就遇到了各种的困难和痛苦。首先，资金就是很大的问题。当时公司的注册资金虽然是 100 万元，但是开始运行启动资金仅仅是几个人凑起来的几万块钱。他提到其实父母不支持也不反对，可能主要原因是他就投了几千块钱而已，经济风险在父母的承受范围之内。小资金注定了项目运作的规模和水果储存场地的大小。

后来，他发现项目实际运行起来后，公司整体盈利空间不大的、另一主要原因就是水果“货源”的不确定性。而且部分水果在运输和储存的过程中，会产生一定的损伤。

渐渐地，他对创业整个过程有了更深的认识，也对外进行了一定的推广和宣传。这也引来了一位社会资本老板的投资，额度达到20万元。不断努力的他及小伙伴们，又找到了固定的货源批发地——新发地水果批发市场。这曾让几个90后创业小伙们高兴了一时。然而，事与愿违，创业路上伴随的更多是荆棘和困难。当时，随着互联网的风靡和快速发展，有更大的社会资金进入市场，并形成了自己的注册品牌，如“许鲜”“一米鲜”等。这对周德金及他的小伙伴们是一个巨大的冲击，使得他的公司奄奄一息。

就这样，周德金有点退缩了，他的创业小伙伴也陆续地“撤退”了。当时学习压力大，学习时间紧也促使他们决定放弃这个项目，他回忆道，更何况他已经没有太大的资金和能力去运行这个项目了。除此之外，他深深地感觉到，他自身的知识储备还不够，需要继续沉淀才行，他最终决定要放弃这个项目，并申请读中国农业大学的硕士研究生，丰富自己的羽翼，为未来的继续创业打好基础。

创业虽败，收获颇丰

俗话说，“失败是成功之母”！周德金说，每一个人的人生路不是那么平坦的，尤其是创业之路。他说：“虽然我创业失败了，但是我在创业的路上受益匪浅，收获颇丰。”的确，他学会了思考，他懂得了谦让，他认识了社会，他收获了友情……

他变得更加的自信和乐观，当被问到给未来学弟学妹的创业建议时，他泯然一笑，毫不保留地说道：“首先，不要轻易的创业，要先学会去工作，要对创业的行业有一定的了解之后才能涉足这个行业，不然就很快‘栽在坑里’；其次，需要一定的积累，要多出去看看，看看外面的世界，获取更多的信息，了解更多的行情，掌握更多的方法；最后，团队很重要，俗话说，‘三个臭皮匠赛过诸葛亮’，讲的就是这个道理。”

结　　语

年轻拥有激情，年轻就是资本，年轻没有失败。春天播种，秋天收获，没有付出，就永远没有回报。周德金说，成功一定属于那些有准备、还要有思想的人。他已经做好了再次创业的准备，现阶段他需要的是在自己感兴趣的金融行业，尤其是VC(风险投资)方面，添石铺路、做好准备。

相信他在不久的将来能成功实现自己的创业梦，因为他还年轻……

周德金生活照

自助者神助

■ 2005 级—工学院—宋文

宋文，北京哞哞小花牛餐饮管理有限公司联合创始人、CEO，北京哞哞小花牛餐饮管理有限公司是一家以鲜奶、酸奶为主打的鲜奶吧连锁企业，以“天天新鲜”的理念，席卷了北京，从 2013 年 5 月到 2015 年 5 月，短短两年的时间，用自有资金已经开起了 4 家直营店、1 个自提点和 8 家加盟店的规模，已经成了北京鲜奶吧连锁知名品牌。未来 2～3 年，力争在北京布局 100 家门店，基本覆盖城六区，同时向上海、广州、深圳等其他一线城市扩张。公司产品有巴氏鲜奶、手工酸奶、布丁、双皮奶、冰激凌、奶昔、优酪乳、奶茶、热饮、特饮、老北京宫廷奶酪等，为喜爱奶制品的人更多添一份健康的保障。宋文说他最喜欢的一句话就是“自助者神

助”，因为宋文这么多年不管是在哪工作，一直是跑大客户，他一直很相信这句话“自助者神助”。就像与客户交谈的时候，实际并没有优渥的家庭背景，但最后客户之所以把这个单子给你，就是因为在同样的人里面可以胜出，实际上就是你自己帮助了自己，有时候真的是天道酬勤，所以他很相信这句话——“自助者神助”。自己看得起自己，自己帮的自己，其实并不是谁真正的帮了你，而是你自己帮了自己。

创业旅程——传统食品碰撞网络

宋文毕业后，一开始是选择先工作的，第一份工作就是跟农业相关的，工作几年后，开始第一次创业。2013 年 8 月北京寓乐世界教育科技有限公司，是中国最大的创客教育企业，专注做 K12 阶段。宋文刚转到这家公司时，老板从美国过来，是一家上市公司的老总，他们三个人商量合伙投资 5 000 万人民币。但是因为太超前了，中国和美国之间的差距还是非常大的，很多中国家庭都不接受，包括消费的水准和消费的能力都不接受，所以最后这些钱基本上都打水漂了。但是宋文觉得方向不是错的，只不过是实现目标的工作中还是有一些战术

可能是需要调整的，所以就重新包装，重新把这个项目进行重新的定义包装，把科技教育缩小，结合现在最火创投教育，杀出了一片天地，也是因为这个项目新东方给他们投资几千万人民币，等于一下子成了全国的第一。宋文说："之所以说这件事，不是说要让学弟学妹们毕业后立即创业，我个人是特别不赞同的，因为大学生没有人脉，也没有经验，现在去创业基本上都是自寻死路，我不看好第一次创业，但是如果他是一个连续创业者，他把这个作为创业的起点，这个我是非常赞同，其实别人说创立再多的公司，都不如让他去海里面去折腾，哪怕这次他是呛到水，只要不死，下一次再创业，他会带着失败的教训和经验，再启航的时候，他已经比别人要成功了。"

宋文第二次创业就是北京哞哞小花牛餐饮管理有限公司，从 2015 年 5 月开始，联合创始人，现任 CEO。巴氏鲜奶本身就是食品行业，但是传统的食品行业遇到互联网之后，就迸发了无穷的活力，尤其是电商 O2O 一片红火的时候，社区的最后 1 公里成了限制这个行业发展的最大问题的时候，谁能占领家庭市场的最后 1 公里（从分拣中心到家），甚至 1 米（从嘴到胃），谁才能成为下一个霸主！宋文所主导的小花牛就是看中了这一点，用巴氏鲜奶做切入口，一步一步在布局。

勇敢前行——做别人不愿做的事

而在成为CEO之前，宋文觉得要感谢在金工的实习，让他印象最深刻。在那里面可以很清楚工厂的运作方式，跟供应商谈判中游刃有余。宋文觉得尤其是大学生对做销售是天然的抵触，觉得拉不下脸，实际上真正的走到工作岗位上的时候会发现，一家公司里面最稀缺的人就是销售，因为一家公司如果没有回款的话无法发展，也是即将倒闭，相比掌握客户资源的销售来说，其他的岗位相对来说好组织一些。对于销售来说，技巧就是发展早、善分析，宋文觉得提前很重要，就像他在大学的时候实际上在自己的家族企业里实习，自己家里是做生意的，他们会把一些客户分析给宋文听，也会让他自己学着去慢慢处理。像南方人为什么做生意手到擒来，就是因为他有这样的环境，他常年做，也比别人做得早。第二，宋文觉得找一个很好的师傅也很重要。因为好师傅会加速成长的过程，会提出一些理论的指导。说到最难攻克的客户，应该是学大教育吧，学大已经是一家上市公司，而宋文所在的是刚成立的小公司，学大要上新的项目，而毫无名气的小公司可能不在他们的考虑范围，对于这个客户，宋文前前后后攻了半年，最后终于完成合作。

实践锻炼——从实际出发

宋文创业路演的时候去过很多的高校包括对外经贸、北理工、北航，他们的创业氛围比农大浓很多，就是要浓，为什么？因为浓，学生的创业积极性会很高，但是农大的学弟学妹宋文也见过很多，大家很内敛不是很张扬，所以宋文很想跟农大的师弟师妹说："如果可能的话，也呼吁创业指导的老师，其实应该给更多的学生对他们进行思想上的疏导，帮他们增强信心，虽然我个人是很排斥大学生毕业后立刻创业，因为我看到很多的人干了可能一年不到都偃旗息鼓了，因为他不知道后面该怎么办？我觉得应该有一个成体系的一个东西，比如说我这种企业，是非常需要大学生，我非常欢迎他们来，像这种项目就应该咱们学校里面去鼓励也好，因为你可以做事业合伙人。导师们可以推荐学弟学妹们在空余时间做店长，比如说去麦当劳、肯德基当店长也是有它的道理。虽然不是说未来一定要开一家肯德基或者麦当劳，是因为有了这个管理经验之后，再迈向工作岗位之后完全不一样，农大很缺这种机会，我在想如果当时不是因为我的家庭在做生意，我在农大是想不到用这种方式去锻炼的。我觉得应该让我们的师弟师妹们多去接触，学的这个专业肯定很重要，但是现在我觉得可以留北京就是让自己有片天地，这个更重要，这种实习的机会，我觉得学校应该多多地提倡，毕竟现在大学生普遍的眼高手低。我前段时间咱们学校是 110 年校庆，我回去看老师，看我们工学院的楼，老师带我进去看太漂亮了，我当时不禁问到老师你还记得我们那个时代你在教我们什么东西？他说是啊，那个时代都是别人剩下的淘汰的东西，现在我们可以用世界上最先进的东西给大家教学，这种环境也完全变了。我所说大学生的眼高手低，一方面是体制出了问题，再一方面是大学生自己没有树立正确的目标。你看我自己很清楚自己想干什么，我是自己很清楚干什么的，然后我就去干了，所以你看我报考志愿到最后工作，我都是按照自己的路走，有很多人很盲目的，他自己不知道干什么，这个很可怕的，所以造成了他的眼高手低。"

创业团队——适位而居

说到大学生创业，如果没有一定经济支撑，宋文并不赞同毕业后立即创业。而对于创业抱着强烈感情的学弟学妹，宋文鼓励其勇敢地去创业，不要总想着第一次就会成功！要做连续的创业者，要心怀感恩的心。你会发现事情没有白做的，只有拥有连续创业积累下来的人脉和经验，你未来才可能成功！而且要正确认识自己在一个团队中的作用，一个团队里面一定要有一个老大，特别是创业的团队，这个老大不是说我们五个人合伙，一个人股份 20%，不是这个概念。有一个人的概念可能是 90%，剩下的 4 个人可能只占 10%，如果他有一票的否决，或者他有天然的做老大哥的优势，大家都愿意跟着他走，这个非常的重要。宋文说像我就不是特别适合当老大的人，要认清自己的定位。选择合作伙伴要选择三观相同之人，人生观、价值观、世界观是不是相同的，公司发展最后留下的合伙人一定是三观相同。

魅力巴里山谷原生态中的健康饮食

2001级—食品学院—刘小艳

什么是生活？就是除了在繁忙的学习和工作中可以让自己更富有生机、朝气的活着。面对着车水马龙的街道、高楼林立的大厦、每日繁忙的生活，刘小艳和三个好朋友去承德的山谷中游玩时，看到山清水秀、风景宜人的山谷，还那么原生态，突然就想到和她一样在北京忙碌的人，也想让他们感受到，即使在北京也能感受到大自然的给予。经过再三考察，刘小艳选择"中国民间剪纸艺术之乡"——河北省承德县乔杖子村巴里谷。这里山清水秀，风景宜人，植被覆盖率高，水源涵养丰富，可谓是青山绿水天然氧吧。她将山谷租下，不仅可以作为大自然的搬运工、开创自己的事业，同时也可以享受返璞归真的生活。一面工作一面享受生活的刘小艳，用实际行动证明她就这样付之行动。她于 2011 年创建中健生态农业（承德）有限公司，目前公司已成功注册了饮用水品牌"巴里泉"，除了自有品牌"巴里泉"、战略合作品牌"汇源"外，中健生态公司还与广东水立方大健康饮用水有限公司现场签订了战略合作协议，运营开发"水立方"品牌中高端饮用水产品。在销售渠道方面，公司将主要走高端定制路线，销售的不仅仅是饮用水，更是一种文化。如此开工仪式上发布的"巴里泉"子品牌——"水流云在"，则取自承德避暑山庄"康熙 36 景"之一。"水流云在"出自唐代诗人杜甫的诗句"水流心不竞，云在意俱迟"，抒发了诗人一种悠闲平静的心境。将"水流云在"用于饮用水品牌，更是向用户传达了一种感受、体验和文化。

整合资源,情谊与项目并进

大学毕业以后,刘小艳当时并没有创业的想法,基本还是在各个企业工作,从事工作的范围也比较广。毕业后的刘小艳先去北京三元牛奶,在三元牛奶做生产管理,做了三年多;离开三元,去了外企卡夫,做品质管理,也是做了三年。面对管理层,刘小艳经过时间的沉淀和积累的经验,开始尝试新领域——营销业务,去到美国的家族企业开始做大客户经理的工作,也是做了三四年。刘小艳创业是从2014年时开始介入,当时大学时期与班上的两个女同学平时关系比较好,因为是好友介绍的加盟的项目,所以决定发挥自己的专业特长,充分利用自己的行业背景,满足对健康生活或者健康饮食的这一追求,随即与三个好朋友就在承德当地找了一条风景比较好、生态环境比较好的一条山谷,将山谷租下来,所以刘小艳和朋友们,在那个山谷里面开始了一个新的起点。

刘小燕说:"其实这次创业有一点点不一样,它带了一点情谊在里面,因为我们是三个好朋友,我们这三人的性格和每个人的特长也不一样,这一次就想凝聚更多人的力量,将我们在这个行业里累积的经验和资源融合在一起使其发挥到最大化。所以这一次创业的一个项目就是注册了一家公司叫中建生态健康农业有限公司,整个建设预计投资规模在1.2个亿,所以将要融合很多资源进去,因为不是简简单单个人的创业,需要跟政府有一定合作。随着现在大众创业、万众创新的这一个国务院提倡的思想的传播,发展生态农业成为现代渴望的现象。像北京这些年的农业嘉年华,今年是第四年,有很多这样的一些技术已经很成熟。我们想进行产业化,而且是一个资源的整合,所以我们是去做一个生态农业,这是一个方面。第二个方面,要融合一些社会的资金,所以这次的1.2亿投资里,有一块牵扯到会去做一些众筹休闲度假村,做生态旅游项目。现在我们瓶装的饮用水、瓶装的小瓶水桶装水均已开始,而这一块我们市场定位也不一样,最重要的市场是北京市。因为大家都知道北京市缺水,而且北京市现在对饮料行业,乃至食品行业都是一种不欢迎的一个状态,政府希望把这些企业都外迁,因为北京市的地下水已经严重枯竭。离北京最近的就是水资源丰富的就是承德，因为承德是在北京的东北边，它是山区，是很好的一个水源地，而且当地承德的水本身有一些优势，它富含一些基本矿物质。所以将承德的好的水运到北京来喝，让我们北京的市民能够喝到真正的来自大自然的好水。”

顺境与困境并存

创业初期虽然资源等各方面可能会有一些匮乏，但刘小艳觉得最困难的是，选择了原生态的一个山谷。虽然山谷清丽纯净，但真的什么都没有，需要要给它平地建设出一个工厂出来。可能原来对建造工厂基本没有经验，完全不知道建一个工厂不仅仅是看到的这一个工厂，其实有很多基础的设施是原来没料到的，比如说电怎么进来，水怎么进来，水怎么出去。这些都是看不见的一些工程，这是当时刘小艳团队碰到的最大的障碍。对于工厂的运营，刘小艳在不同的企业积攒过经验使她相对比较有自信，一旦碰到这些基础建设的时候，刘小艳就傻眼了，这是当时遇到的蛮大的一个困难。

对于这次创业，刘小艳坦言，在 2009 年也有过一次创业，那时候想法很简单，觉得不错就开始干，过于盲目导致了失败。不过这一次就成熟了很多，首先会有一个规划、预算的详细思考。比如说这个项目需要的东西，要先列出来，而且都要写到书面上，自己需要一个什么样的投入，而且是很详细的一个预算的计划表，每一项都尽量写进去。这样的话，写得越细，考虑得越细，可以说基本上在整个项目推进的过程中，在创业的过程中面对可能会遇到的困难时，就不至于惊慌失措。

家的支持与自我的坚持

刘小艳选择创业时已经成家，丈夫并没有觉得女人就该在家相夫教子，反而给予支持，刘小艳一直觉得家庭是最重要的。如果做为已经成家的人要创业，首先这个梦想或者愿景要得到家人认可，因为创业中会有很多困难，需要一起去面对。尤其是在低谷期的时候，家人能够一直在旁边给你加油鼓劲，当遇到困难的时候，家人也能在旁边支持你。

当家庭没有了后顾之忧，创业的刘小艳也时刻提醒自己要保持自己的热情与激情，困难虽说是暂时的，可如果接连而来，没有足够的热情去对抗，会因此一蹶不振。这就是一部分创业失败者的原因吧。所以抛开前期准备工作，如果农大的师弟师妹们真的想要创业，带好你们足够的热情与奋斗，放开想象力去实现自己的梦想吧。

请为梦想而奋斗

大学期间的专业其实是时间的累积，所学专业肯定比靠了解得来经验的人要便利和更加快速，并且越深入在日后交往就可以遇到更深层次的专业性强、资源丰富的朋友。所以学哪个专业无所谓，要去学会团结一切能够团结的力量。事实上我们国家这么多年，与美国的发展的差异确实在缩小，在这个国家政策支持的体制下，国家给予了高度支持，剩下的就是我们自身的项目与模式，要习惯现有的模式和体制，在此基础上去工作、去生活、去思考。我觉得这一点包括现在的移动互联网，包括现在所谓的 3D 打印技术，4.0 工业革命，其实这些就是一些拓展，在我们国内比较弱。我觉得我们现在的国家领导人看到了这一点，所以现在要营造一个大的氛围，让这些年轻人意识到我们完全可以撇开那些包袱，跳跃出来，去做一些事情。刘小艳坚定地认为："你可能做 100 件事情有 99 件失败了，但是如果有一件成功了呢？它所带来的影响力和创造力可能是远远比原来按照固定模式去做的那些事情的影响力要大。"

不抛弃,不放弃

2009级—食品科学与营养工程学—刘海

在农大待的六年里经历过很多,如今已工作多年,面对学弟学妹,2009级食品科学与营养工程学院毕业的刘海,现如今的北京自然冰食品有限公司的创始人,立志于做出真正健康、真正好吃的冰淇淋的创业青年,作为前辈,叮嘱道:大学期间将专业知识的基础打牢,虽然运用到实际创业的工作当中还是基础,但如果少了这个基础只会浪费更多时间。在大学中不要过于放纵自己,过于沉迷于游戏或者一些比较没有意义的事情。如果时间允许尽量多去参加社会实习或者兼职,哪怕在商场卖东西。做家教虽然赚钱较多,但是没有意义,对未来没有过多的帮助。多多接触社会,毕业前要对社会有一定的认知,这样对参加工作才会有很大的帮助。并且团队是最重要的,一定要不抛弃、不放弃!

感恩导师

刘海在大学中就是那种比较乖的同学,兼职做得不少,有时候跟同学出去教师节卖花、卖教辅材料,2008年的时候还卖过奥运纪念品,其他的就是在学校的勤工俭学。而这样的刘海,对自己的评价却是:感觉自己有点怪怪的。他说,因为可能是处女座的缘故,对自己要求比较严一点,不允许自己去凑合、去

混日子，可能会比较上进一点，但有时候也比较优柔寡断，考虑得比较多，有时候做决策没有那么果断，不够有魄力，有时候瞻前顾后，考虑太多的时候就容易错过一些关键的时机。况且有时候对身边的人也会要求比较高，导致身边的人有时会有意见。而随着时间的推移，对刘海产生巨大影响的就是他的硕士导师马长伟。读研的两年中，马老师对他的为人处事、对待工作、对待家庭的那种认真负责有着很深的影响。不仅是认真，还包括正直、对于创业的帮助还有学会怎么去做人做事。

初见生机

2009年毕业后，刘海直接进入首农集团工作，首农集团将以“首农”品牌为核心，传播“安全立业、业精于农”的价值，建立“首农”主品牌，二级公司产品子品牌联动、互为支撑、协同发展的集团品牌体系，打造都市型现代农业第一品

牌。刘海在这一企业中不断学习、不断整理，这一做就是做了快五年。2014年时，刘海的同学发现了一个致力于为消费者提供真正健康美味冰淇淋产品的公司，刚好有这个机会，考察过后他决定加入，开始创业。刘海说：说实话，现在父母还不知道我在创业，一直不敢跟家人说，怕他们担心，在国有企业毕竟还算稳定，老人的想法就是踏踏实实、稳稳当当做一个事情。虽然国有企业稳定、资源丰富，但对于刘海追求的发展，还是有一定局限，所以毅然决然的跑出来为自己奋斗，而创业刘海也是用自己以前的积蓄，没有要家里的钱，这算是他的底线，家里赚钱不容易，一旦失败，自己承担就可以了。而刘海做的是扩展门店类型的创业，有现金流回款，虽然暂时利润有限，但也会逐渐发展，慢却稳。

困难诈起

创业非常非常艰难，能影响的因素太多，毕竟之前没有做过创业的事情，而且确实人脉资源都会有一些短板，非常艰难，遇到被骗的情况也非常多，一路走过来遇到很多挫折、现在也遇到很多挫折，很多困难。面对困难，刘海也没有特殊的排解方式，基本就自己扛自己承担，自己想办法解决，遇到事就兵来将挡，水来土掩，想办法，而随着问题的结束，也要自己总结问题出现的原因，反复思量，以后别再出现这样的问题了，在郁闷的时候心态非常重要。

在业务拓展方面，因为当时心气比较高一点，想尽快开展加盟业务，刘海寻找中间公司帮忙加盟招商，帮忙推广。结果因为经验的缺失，合同细节没有确认好，被钻空子。对于刘海来说，这个教训比较大。签合同的时候，当时确实经验不足，之后也没有去找一些专业的人士看，签的合同不够严谨。刘海的创业与别人不太一样，扩展门店类型的创业，有现金流回款，所以来说创业不是什么大的事情，而对于刘海怎么活下去是最重要的，不能说做多大，现在不敢想，就是怎么活下去，在活下去的基础上怎么找机会发展，这是比较现实的，也是比较重要的，活下去最重要。所以说直白点就是想着怎么赚钱，就这么简单。

笑面未来

事业一旦成功后，刘海说会先为家人在老家买套房子，随后想回老家为老家做些力所能及的事情，支持老家的发展，把自己家乡建得更美好。刘海的老家在江西，虽不太富裕，也没有什么旅游业、工业支撑，基本就是靠农业为主，而老家有一些农业方面的资源，包括山、包括树、包括水，都是蛮不错的健康农副产品，也是个很不错的项目。其次要花时间感谢、了解现在团队里面的人，刘海觉得一周要拿出两三天跟团队内部去沟通感情，人和人之间就是这样的，除了工作大家还要沟通沟通感情。

对于失败，刘海确实没有想过，因为虽然发展速度一般，可是稳扎稳打的类型想要失败也是很难。刘海说失败就失败了，失败大不了再重新找工作，要不然继续走创业的路。在国有企业里上班对于未来的日子会一眼望到头，现在就能看到 10 年后或者 20 年之后的样子，感觉有点怪怪的，有点受不了，平淡无奇，每天重复做事，感觉自己的价值得不到实现，就是有点不甘心这辈子就这样了。而如果真的创业失败，失败至少也做了一点事。虽然自己亏了钱，钱可以慢慢赚嘛，正是这份随性的心态，不骄不躁的性格也一定会成功的。

大学创业如何

如今，在这大众创业、万众创新的时代，很多大学生想创业，轰轰烈烈地干一场。不过，要想创业十有八九得融资，而要获得精明的投资人的青睐，首先，要了解产品的受众，解决了哪些用户需求，这个需求本身是否是刚性的；其次，这个需求的市场容量有多大，市场前景多广阔；第三，相对于市场上其他竞争对手，你的项目的竞争优势是什么；第四，团队，早期项目的失败率非常高，所以投资人非常看重创业团队对于创业项目的行业的积累，有经验和资源整合能力的团队能有效提高创业成功率，也更容易获得投资机构的青睐。

不过，对于刚刚走出校园、社会经历有限的大学生来说，为寻找好的项目开始创业确实不易。融资是一大难题，而且资源、考察项目相对商业新手来说也过于青涩。虽然一些大学生在大学期间特别积极了解社会、对为人处世、察言观色有较好理解，但还要加入适合并目标一致的创业团队。由于有了经历，刘海觉得自己创业真的太难了，基本上成功的可能性太小太小，基本不太可能。大学生创业面临的最大问题是缺乏经验，所谓的经验包括社会经验和工作经验。中国的教育本身就有制约因素，中国大学教育严重脱离社会实践，照本宣科式的教育模式将学生困在象牙塔中，因此大学生创业往往陷入一厢情愿的境地，懵懵懂懂，只是异想天开般地想要成功。沉淀，最好就是去正规的公司沉淀几年，学习公司的正常运作和基本危机应对方法。有时候觉得在校园中吃得开在社会中一定可以迅速立足，但校园只是小圈子，并不是像学校里面想的那么简单。而在工作中接触的目标人群也大不相同，工作也并不是为了养家糊口，工作并不是为了买房，积累工作经验、社会阅历，一切都是在为创业做准备！在为现在的企业效力的时候，尽职做好自己的本职工作，把一份朝九晚五的工作做得尽心尽力，在为本职工作辛苦的时候实际也在为自己日后的创业积累经验和社会人脉关系。然后再出来做，这就顺利得多了。

厚积薄发

2000级—食品科学与工程—王良林

王良林，一个很好相处，平易近人的学长。他是2000级食品学院食品科学与工程专业的学长，曾经参加过多个社团，担任学生会的职务，学习成绩也比较优秀。实习时，发掘了自己与人沟通的能力，自学经济学，后来到苏宁工作了十年，在去年与曾经的同学创建了宁波保税区巧可美进出口有限公司。

宁波保税区巧可美进出口有限公司，2015年成立于浙江省宁波北仑保税区，专注于进口海外高品质巧克力及其制品。2016年将推出4个系列共20余款产品。它现与比利时知名的巧克力集团Baronie（巴朗尼）达成战略合作，称为Alpes d'or（爱普诗）、Chocobel（巧可贝）、Sarotti（萨洛缇）的中国总经销商，品牌旗下产品产自比利时、瑞士、德国等地。

厚积薄发

王良林称自己是一个执着的人。

他在毕业后，在苏宁工作了十年。这十年，别人多次劝过他换职业，他没有。他很看重在苏宁工作的经历，他说："在苏宁的工作对我还是很有帮助的，通过大企业的管理和成长锻炼，让我对行业的发展和自己的将来有一个清楚的认识。"在苏宁，沉下心磨炼自己，一步步成长，补充自己不足的地方，改正自己的缺点。十年，时间足够让一个人完整蜕变。王良林在苏宁的工作经历，奠定了他创建公司的自身修养基础。有了之前厚厚的积累，才有了王良林创业脚步的大胆迈出。这同时也提醒我们，创业不是件容易的事，想做一个好的企业，往往要有非常深厚的积累。现在正是大学生的我们正是积累的最佳时刻。用王良林的话说，"不服输，不认输，努力了才有机会。"

正确对待身边琐事

生活中，难免会遇到别人针对你的情况，或者遇到一些难以处理的事。那么，应该怎么办呢？王良林给我们的建议是以繁化简，以最简单的方式处理。王良林说，他以前有些固执并且优柔寡断，因此，面对这些事情，多是逃避。后来发现一味的逃避是不行的，那样总会产生一些对自己不好的结果。后来他选择用最直接的方式，对一件事用"yes""no"来处理，省去了很多思考，比较适用于企业的管理。"快刀斩乱麻""yes or no"用来对付影响企业利益的老员工往往是比较好用的。用王良林的话说，"姜还是老的辣"，对付老员工，玩心计你是玩不过他的，所以最好一视同仁，越简单越好。所以在正常的生活中，我们也就不用去想太多，想得自己头昏脑胀，直接用最简单的标准处理即可。有些关系在里面时，就不要太较真了。

还有，平时自己一定会听到一些别人对自己的评价，有些是好的，有些是不好的。谁都爱听好话，但不是所有人都愿意承认自己的短处。别人对自己的批评，往往是我们的短处所在，我们要正确面对，不能说因为这么一件事就搞得自己不吃饭，不上课，心情不好什么的。这些时候，我们往往要思考自己是不是真如别人说得那样，如果是，就改正自己的缺点，这是最棒的解决方法。

王良林的的创业

2015 年 1 月份，王良林开始针对巧可美公司的创建进行筹备，2015 年 7 月份正式注册成立公司。

王良林走上创业之路的原因主要有三方面。第一方面，人脉资源，比利时知名的巧克力集团 Baronie(巴朗尼)想在中国开拓市场，但他们自己做存在困难，王良林曾经的班长把这个项目介绍给王良林，王良林对此很感兴趣，后来他们合作一起寻找实力投资方。一个大财团的老板对他们的项目感兴趣，又因为王良林是食品专业出身的，老板相信他，于是就成立了这家公司；第二方面，发展空间，巧克力在中国的食用量比较少，相当于欧洲的 1/50，巧克力的食用在中国没有推广开，所以巧克力市场有很大的发展空间；第三方面，自身原因，王良林的家族多是商人，王良林也有一个商人梦，也想借此契机实现自己的人生价值。

用一句话描述巧可美，王良林说："我们致力于做中国进口巧克力的挑选专家。"现在，巧可美公司已经形成了一条完整的供应链，欧洲产出产品，运到中国销售。现在，巧可美公司形成了两国三地的办公框架。欧洲合伙人负责购买产品发往中国，投资人负责通过海关运进产品，王良林负责销售。也就是相当于，欧洲合伙人是采购部，投资人是财务部，而王良林是营销部。框架灵活，最大化利用资源。针对股份问题，进行了详细的划分，投资人占股份 80%，投资人之外的公司成员占有股份 20%。现在，巧可美的巧克力正处于发展阶段，销售模式为以北京为中心，覆盖全国，线上线下同时营销。王良林预计今年的 12 月份，第一轮巧克力促销过后，将会赢得第一桶金。

当被问及创业成功后王良林最想做什么时。王良林说："我现在还没想好。现在我只想把公司做起来。打个比方就是，我现在只是想把孩子养大养好，还没有想过退休后的事情。”巧可美公司才刚刚起步，成功或失败起码在三年后才能见分晓。三年后巧可美开始盈利并有自己的知名度，占中国巧克力市场的5%份额，就算成功了。这一次，王良林可真是做了长远的打算，巧可美与比利时知名的巧克力集团 Baronie（巴朗尼）达成战略合作，耗资 1 000 万元，启动项目，签订了 10 年的合作协议，10 年后，巧可美有巧克力品牌的优先购买权。谁都不会知道，10 年内会发生什么，但从这份协议里，我看到了王良林对商业契机的把握能力。

大学生创业

王良林提示我们，当我们创业后，会发现自己学的很多东西是用不上的，我们在学校里学到的最有用的东西是与别人沟通交流和学习方法。其次最有用的科目为英语、数学、经济学。英语在拓展视野，出国交流时是必备的；数学教会你计算各种数字，锻炼你的思维；经济学则贯穿你生活的方方面面，活着就会消费，消费就会牵扯到经济学。尤其对创业者来说，经济学是必备的。

现在，国家鼓励大学生创业，王良林持否定态度，他认为一个人创业，必须是自愿的，心里非常想创业，有创业的那种冲劲，是自发的，只有这样，他才能想尽一切办法解决创业道路上的种种难题，大大提高创业的成功率。如果一位同学是听了某某专家或某某讲师的讲座，一时冲动，头脑发热来创业，这样的团队往往会失败，因为他没有不达目的不罢休的那种精神。如果一个人要创业，一定要懂一些企业里的东西，一定要有想法在里面。而且现在有这么一个问题，就是 100 个人创业，成功的往往只有几个，而被人宣扬和看到的也就是那几个，这样容易给学生制造一种假象——只要努力创业就能成功。其实，努力创业，但没有成功的，大有人在。一个大学生创业，最好要有老师的指导，而且是那种一对一的指导，首先看一个人是否适合创业，如果他说话紧张，口齿不清晰，对他人的依靠较多，这样的同学就不适合创业，创业者是要能独当一面，在危急关头能挺胸抬头继续前行的人；其次，要看他经营的项目是否有可行性和发展潜力，不能说大学里就建立与周边国家企业的战略合作，这明显不现实，也不能说在校园里推销香烟名酒，它没有市场。最后，如果确定这位同学适合创业，学校里应提供帮助。

王良林说："我觉得，最重要的，不是说鼓励多少学生创业，而是让更多创业的学生成功创业，也就是企业的成活率更高一些。"在这里，我同意王良林的观点。因为毕竟员工总是要比老板多的，学生中的大多数还是要选择就业，而不是创业的。

送给农大师弟师妹的话

王良林说："希望每一位农大学子书写出自己的精彩人生！"

对于这句话，王良林给出的解释是：不管同学选择考研，还是工作，还是创业，都应该活出自己的精彩。

没有梦想，何必远方

郝庆丰

我是幸运的

“直挂云帆济沧海”的雄壮当属志在四方的人；“一览众山小”的豪迈当属志在高处的人。如同在荆棘丛生的野外跋涉的人生，每走一步都是那样艰难。胸无大志者会退缩，而心存大志者却义无反顾地大步向前，明知前方荆棘遍地，明知前方野兽出没，他仍充满希望，勇敢地划起生命之舟。

郝庆丰就是这样一个怀揣着将企业做大做强的梦想，行走在创业路上的勇士。

对于初期创业的困难，他认为这也是现在大多数想创业，或是正准备创业的大学生将会遇到的一个巨大阻碍。不管是在读的，或是已经毕业的大学生都没有足够的社会经验及工作经验，对社会中的很多问题都不是相当地了解。比如，经济、技术或是人际关系，这些恰好正是作为一个创业者的基本要素。然而，有一些东西并不是你想做就可以做成的，其中总会有这样或是那样的阻碍。郝庆丰感慨，人生的舞台上，面对各种机遇与挑战，我们不仅需要当机立断、积极应对，更需要沉着冷静。学会等待。等待的过程是一种韬光养晦、修养生息和把握时机的过程，需要我们耐住寂寞与诱惑，顶住压力和嘲讽，默默地坚守，静静地期待，等到是非分明或者瓜熟蒂落的时刻，一切都会顺其自然，水到渠成。

作为农大的毕业生来说，他应该是幸运的。他说中国农业大学有一种精神一直值得他去学习，那就是务实。同学之间的关系、校园环境氛围、知识文化的学习等各方面都一直让他去坚持。再一个就是中国农业大学专业课程的设置，郝庆丰认为在他的创业路上有着很大的帮助，就拿技术类课程来说，很多知识技能是贯穿于你的创业启发与灵感的。能有一些技术的支持，并能从技术的本身中研发出一些技术的改造，创造一些产品，这样可能比较适合创业，也会更早地激发那种坚持向前的激情。在专业方面可能会遇到一些问题，他都会积极主动地请求学校老师的帮助，这也让郝庆丰对母校的感激之情更为深切。在此，郝庆丰分享给大家，一个人想干成任何大事，都要能够坚持下去。说起来，一个人克服一点儿困难也许并不难，难的是能够持之以恒地做下去，直到最后成功。回忆起创业路途，郝庆丰深情地讲道。

选择属于你的甜蜜

2007 年 2 月，三个尚未毕业的农业大学食品学院的大男孩，选择了属于他们的甜蜜——哈尼泡芙。

哈尼的第一家门店，是开在一个叫塔院的胡同里，时过境迁，那家小店的招牌早已不是哈尼泡芙四个字了，还记得这第一家店给了我们无数个宝贵的第一次：第一次选址、第一次装修、第一次采购、第一次审批、第一次招聘、第一次收款，还有最最宝贵的第一次失败。

当年，为了制造一种规模效应的假象，我们将塔院店称之为了第19号店，如今，无论是当时幼稚的想法还是后来成熟的观念，我们都在将其一一实现。伴随着这种转变，我们也在不断成长着，同时享受着各种创业的苦与乐。

我们始终潜心致力于为世界制作最美味的泡芙，并努力为成为卓越的泡芙连锁品牌而奋斗着。起初，我们还可以骄傲地自称大学生创业者，经历了各种磨砺后，我们已经需要担负起一个企业的经营者、一个品牌的建立者的责任了。

在哈尼的背后，还有着这样一群可爱的哈尼人，他们有的曾在这里留下足迹，他们有的正在这里辛勤劳作。在这里，我们有过争吵，有过质疑，有过欢笑，有过鼓励，有过沮丧，有过失望，有过兴奋，有过成长，为了这共同的有过，哈尼感谢你们。

今年，哈尼已经四岁了，虽然奶已经断掉，但是需要解决的问题和亟待改变的状况依然很多，在这条选择甜蜜的路上还有不计其数的荆棘和坎坷等待我们去面对。简单、专注、持久，这是我们始终坚持的一种经营信念；和谐绩效，这是

我们始终贯彻的一种工作态度;选择属于你的甜蜜,这是我们始终倡导的一种消费观念。

郝庆丰回想自己刚创业时,因为自己喜欢那种不安分,自己也有很多的想法,想去试一试。当时在大四毕业找工作时就有了创业这个想法。刚接触创业时,自己的那股不知哪来的兴奋劲,像是打了鸡血似的,干劲十足,有种初生牛犊不怕虎的感觉。和自己一起创业的合作伙伴都是一些志同道合的同学,但是也是因为这样或是那样的问题结束了这场合作。在创业中遇到过资金链的断裂,然后产生了换店、裁员、筹钱等一系列的后遗症。资金的运转对郝庆丰来说可能在创业初期是一个很难跳过的一个坎,因为他的创业项目并不像其他人的创业,可能拿下一个大客户就可以解决整个公司的运营。但他的创业属于零售,不存在大客户的出现,而是要去营造一个大的客流量去销售自己的产品,从而达到资金的运转。这无疑加大了自己的创业难度。

阳光总在风雨后

然而,这些困难都没让郝庆丰停止前进的脚步,极具专业、时尚、特色鲜明的泡芙品牌,主打时尚美味的法式泡芙,目前已成功入驻国内各大购物广场。起初的困难,可能是对自己的一种考验,走过了痛不欲生,才会更深地体会云淡风轻;走过了慢慢长夜,才能迎来黎明。无论遇到了什么,都要对自己说:坚持。这是郝庆丰创业以来的一个信念,他认为坚持是创业不可或缺的重要因素。郝庆丰说:“你永远不知道哪天是成功的那天,这个困难度过之后会怎样,就像常说的一句话,阳光总在风雨后。”

在这一路走来,问值得他感谢的一人是谁,郝庆丰不假思索地回答道,“当然是我的天使投资人”。在创业这个过程中行走多年,也走了很多的弯路。生活就是这样,你无法预料它会带给你什么,你必须接受你遇到的;但你也能改变你遇到的,只有这样,才能品尝到胜利的果实。有时候对未来不是那么的明确,有些并不是你想的那样按部就班,但是有天使投资人的出现让他得到认可,使他对自己的选择有了更大的自信去努力奋斗。

谈及对自己的评价，郝庆丰透露出那么一点的羞涩。他说自己感染力很强，同时也很热情，这可能是他不安分的缘由吧！已经小有成绩的他认为自己还不够努力，在创业中可能还存在 30% 的惰性影响前进的步伐。“剩下的那 70%，”郝庆丰说道，“这 70% 就是激励我前进不停的动力。”俗话说，“有志者事竟成”，只要我们有坚定不移的奋斗目标，并且为着这个目标而不懈努力，终有一天，我们一定会让目标成为现实的。

公司介绍

哈尼泡芙于 2007 年 2 月成立于北京，是极具专业、时尚、特色的泡芙品牌，主打时尚美味的法式泡芙。

目前哈尼泡芙成功入驻万达、万科、凯德、王府井新燕莎金街、华堂、大悦城、龙湖长楹天街、新玛特、银座等许多国内大型购物广场。成为一种不可或缺的时尚大众休闲食品。

多年来哈尼泡芙专业的研发团队始终潜心致力于为世界制作最美味的泡芙，为感动顾客的味蕾奋斗不已。

小人物可以做出大成就

2012级—食品质量与安全—王永琦

比逗 BEPOTATO 是什么？

BEPOTATO ＝ BE together as a big POTATO！

英语俚语中，“Small Potato”的含义是“小人物”，而众多的小土豆凝聚在一起就能成就不平凡的大事件。

比逗 BEPOTATO 是国内首家大学生开发的众筹平台，它把有理想有抱负，但限于人脉、平台等资源约束的在校有为青年称为社会上的“Small Potato”，他们认为 Small Potato 是最有潜质成为 Big Potato 大人物。

比逗 BEPOTATO 通过众筹扶植创业的方式帮助小土豆们众筹

理念、众筹团队、众筹资金，通过整合品牌营销、协助资源配置、资金团队支持等方式帮助小土豆们完成一件伟大的事情，从校园创业者变成大人物。

加入比逗是一个创业梦想

“比逗是什么意思”，每当有人问王永琦的时候，他都会解释这是英语“Be Potato”的音译，用王永琦的话说，比逗的口号就是“成长并帮助他人成长”，他解释说，刚毕业的学生们都是像一个个小土豆一样的小人物，通过比逗平台，把那些有梦想的小土豆聚集起来，就能做大事。

王永琦，中国农业大学食品与科学学院应届毕业生，负责“比逗”在华北地区的市场开发和运营，在作为创始人加入“比逗”之前，他做过很多份实习。

“拿到了宝洁、京东的工作，但是觉得那些不适合自己。”谈及为什么想到创业，王永琦说自己曾经在京东实习过，但是那儿的环境并不是他想要的工作氛围。他举了一个例子，当时内部要买耳机，需要逐层上报，“报了半个月才报到领导那儿”，正是这样的环境下，他开始考虑创业。

而恰好此时高中同学告诉了王永琦“比逗”餐厅的模式，他一听便对“比逗”的众筹模式以及创业的氛围打动。2015 年 4 月，王永琦加入比逗，成立了北京琦逗餐饮管理有限公司，负责“比逗”品牌的餐厅在华北地区的运作，他的公司有全职员工 36 人。

而目前“比逗“这个平台，通过众筹，已经在全国开了 10 家西餐厅，在北京的第二家咖啡厅也要开业了。谈到创业时候遇到的困难，王永琦直言最大的困难是难以在北京找到合适的地界。

“原本的西餐厅变成了咖啡厅。”王永琦说自己在为新的咖啡厅选址上，费尽了心思，“北京找一个合适的地方开西餐厅太难了。”他坦言，当时自己已经筹到了开西餐厅的钱，可是综合考虑了地理位置与消费水平后，始终找不到合适的开店位置。

从 2015 年的 12 月开始，到了今年的 4 月左右，他才寻找到了一处比较合适的地段，但是这地段不够大，于是他选择了将原本打算开的北京首家“比逗餐厅”改成了咖啡店。

虽然王永琦常用“一个逗逼”来形容自己，但是每当有人问起他“比逗“的众筹模式与非法集资的差别的时候，他总是会严肃地告诉别人二者之间的差别，“非法集资是不干事回报高；而我们是合法的，做的筹人筹钱的事。”而他在农大的双学位中，选修了法律，这也为他随后的创业起到了一定帮助。

创办“比逗 share”是一种文化

虽然微信公众号“比逗 share”从 2015 年 10 月才开始运行，但是这个公众平台上却有过不少大腕来做过线上讲座：马薇薇、范湉湉以及陈思成等。

“我们的公众号有粉丝 50 万人，推送阅读量最高的一期有 200 万。”王永琦在介绍自己的“比逗 share”公众号时说，“最高的那期我们请到了奇葩说的辩手马薇薇。”

王永琦介绍，在创始人团队中有来自中山大学的学生，而马薇薇作为他的学姐，便在开学的时候在“比逗 share”做了线上讲座，那期的题目叫做“我把大学上了”。虽然邀请马薇薇并没有费多大的力气，但是王永琦说在邀请其他人的时候费了不少力气。

“邀请范湉湉，花了一个半月。”王永琦回忆，为了邀请范湉湉，他从 2015 年 10 月中旬，开始对范湉湉发出邀请，“光朝阳那带就跑了几趟，就是想赶在光棍节前出一期专题节目”。

但是范湉湉当时并不愿意参与这个主题，想就当时的微博一些情况进行线上直播说明，于是双方相互磨，眼见着日子到了 11 月，光棍节近在眼前了，最终双方各让一步，赶在光棍节前把事情给确定了。

“请到陈思成，实属运气好。”王永琦坦言，当时在线上直播的群中，发现一个微信号的主人特别像是明星经纪人，“当时就想着要是逮住一个明星经纪人，那能不能顺道请明星来做个线上直播啊”，通过了解，发现了微信号主人是陈思成的经纪人，于是双方通过接触后，顺利请到陈思成到“比逗 share”开了线上讲座。

虽然看起来是因为“比逗 share”运气很好，但是它的成功与王永琦大学里的社会实践分不开。王永琦是农大贴吧的吧主，也是学生会的干部，他说正是这两份工作锻炼了他。

“当时组织学校的活动，要拉赞助、和商家对接，这些工作都锻炼了我。”王永琦说，在做学生会工作期间，他学到了如何与商家打交道；而在当吧主期间，他知道了怎么做网络宣传，才符合大学生的阅读喜好。

如今的“比逗 share”以轻松搞笑的口吻在大学中获得了一批忠实的支持者，这也是如今网络文化的体现。

创业，一步一步最忌讳浮躁

虽然王永琦出生于 1994 年，在许多人看来他尚属于“初生牛犊”，而且性格开朗的他常被说成“逗”，但是他对创业有自己独到的见解。

相比较与其他人鼓励学弟学妹们“趁年轻试一把”，王永琦则更倾向于劝学弟学妹好好学习。“现在好多大一大二的学生，一说创业就休学了。”在他看来，不是所有人都适合创业，没有充分考察市场的创业，就是找借口，从学校溜达出来。

王永琦分析自己能够顺利创业的原因是因为“比逗”有实业，“不担心资金”，王永琦说，不少创业项目需要筹钱才能运转，一旦资金链断了，创业也就失败了。

“餐饮是个变化莫测的行业。”他解释，就像一阵流行啤酒炸鸡，一阵流行日本抹茶，餐饮业是一直在变化的。正因为这个行业变化快，王永琦害怕餐厅的菜品跟不上潮流，因此在“比逗”全资控股的“北京琦逗餐饮管理有限公司”中，拥有一只专业的厨师团队，而这只团队也一直在做新品研发。

“创业，最忌讳浮躁。”他说目前北京的创业潮流已经势不可挡，不少学生进入大一就开始想着创业，在这样的情况下，他并不鼓励学弟学妹们创业，“创业需要理智”，是他一再重申的。“很多人拿了家里一笔钱就开始说要创业，可是根本没有好的项目，也没有融资来源。”

“我最忙碌的一天，从早上九点到晚上八点，每个小时见一个学生创业者。”他说这些学生创业者中甚至有的连公司都没有，只是来混个认识。

尽管如今创业很热，而且“比逗”的前景好，但是谈到是否考虑过创业失败，王永琦说自己“做好了随时牺牲的准备”，对于他来说，创业是最生动的课堂，在这场课堂中，他学到了很多，性格也有了转变。

王永琦笑着规划着自己创业成功后的生活，总结成一句话：“如果创业成功了，那我就游遍全中国。”

煮酒论英雄

1990 级—内燃机—孙龙德

孙龙德，男，出生于 1972 年，贵州铜仁人，贵州大学教师，“义酒坊”品牌创始人。1994 年毕业于中国农业大学，本科毕业后到贵州大学任教至今，期间多次创业。2007 年，成立了贵州省仁怀市义酒坊酒业有限公司，现任公司董事长一职。

义酒坊创立初心

对孙龙德的采访正好在他的义酒坊酒道馆，他专门抽空接受了采访，并认真详谈了他的创业项目和公司的运行情况。

作为一个推崇传统文化的中国人，孙龙德耳濡目染传统文化的博大精深，并痴迷其中，孜孜不倦，尤其是国学伦理的根本“仁、义、礼、智、信”之义，并奉之为做人的基本信条。国以仁治，人以义交，情义、信义、仁义等构成一个和谐的以义文化为主题的华人社会。创建“义酒坊”，取其义，旨在弘扬传统文化，重拾信仰。

公司义酒坊系列产品的酿造工艺与国酒茅台同根同源，采独特自然之气，取美酒河之水，历经两次加生沙、九次蒸馏、八次发酵、七次取酒而成，酒质晶亮透明，微有黄色，酱香突出，令人陶醉，细腻芬芳，更具闻之和谐、醇香，入喉绵软柔和，饮后不口干，次日不上头这四大特点。

义酒坊主要针对成功人士的日常宴请和普通的商务宴请，填补了茅台酒与低档酒之间的空位。义酒坊以精品的酒质、高档的包装、低廉的价格及优良的品牌为服务宗旨。

孙龙德(中间)与他的朋友在义酒坊合影

公司具有先进的营销理念及策划运营模式，可以开发最合适的产品，为各企业量身打造企业招待专用酒，根据行业客户的要求设计其独特的包装。

喜欢思考，抓住机遇

孙龙德说，很多人经常感慨这个社会的机遇越来越少，不像以前那么多，却从来不反思自己有没有足够强大，有没有能抓住机遇的眼光和勇气。他感慨道，机遇其实就是一个披头散发的美女，当她迎面而来的时候，你看不见她的长相，你不敢贸然出手；当她与你擦肩而过的时候，你仔细一看，果然是美；当你伸手想抓的时候，却发现她的后脑是光的，再也抓不到，机会就这样溜走了。

他回忆道，夏季的茅台镇，弥漫着阵阵酒香。此时正是酿酒的季节，各家酒厂忙忙碌碌，处处袅袅生烟。数百亿的外来资金涌入茅台镇，如火如荼的建设好像与外界市场的低迷形成了巨大的反差，政府大资金的茅台镇酒文化之都的打造计划按部就班的进行也好像在证明什么。各个酒厂也在像打了鸡血一样，加班加点地在制曲酿酒。

他一直在思考，是什么让大家都这么自信，这么对未来充满了希望？是酒质？独一无二的自然环境造就的天然美酒？是市场的接受度？浮躁的社会所催动的假酒、劣质酒，外界处处可见的不冒烟酒厂，让这片常年笼罩在数百种微生物酿酒环境下的热土发出骄傲的呐喊？还是老百姓对健康酒、放心酒的渴望？中国食品安全已经成为新的神圣忧思录，未来消费者的理性消费应该从追求名贵，变成了追求真实、追求健康？人类社会矛盾之源是资源的有限性，对有限的资源的争夺，就会带来矛盾。7.5 平方公里的茅台镇就是这样的资源。

煮酒论英雄：酒中窥人，以酒会友

“酒香不怕巷子深！”孙龙德说，真正的好酒是永久迷香的，是可以陈年封存的，是经得起岁月考验的。真正的好酒就如真心的朋友一样，相互信任，相互敬仰，感情真挚。就如做人和交友一样，我们要交往真心的朋友，交经得起时间考验的朋友。

国学倡导“仁、义、礼、智、信”，也为做人的基本信条，义酒坊就是取其“义”字。企业的口号就是“义字当先，酒交天下”。

孙龙德的义酒坊酒道馆(北京)

2013 年 5 月，孙龙德在郑州思念果岭地中海酒店翡冷翠别墅举行了以“健康饮酒·品味中国白酒中的贵族”为主题的义酒坊高端品酒沙龙，以酒会友并传播酒文化。

整个品酒会孙龙德以轻松的形式与来宾共同分享了酱香型白酒的文化及健康饮酒的经验与知识。在这个要饮酒也要健康的时代，如何饮酒，喝什么样的酒才能降低对身体的伤害成为了当天现场讨论的热点。酱香型白酒，纯粮发酵，是不添加任何物质来勾调的健康白酒，尤其是其饮后不口干，醉后不上头的健康属性一直广受消费者的青睐。在此次品酒沙龙的过程中，义酒坊董事长还和嘉宾分享了喝酒的禁忌和小常识，到场嘉宾也热情地参与到讨论中。

孙龙德在品酒会现场给到场嘉宾分享酒文化知识

2013 年 7 月，义酒坊董事长孙龙德先生，在中国教育频道播出的《天才知道》农大专场亮相，作为农大名人校友受邀为师弟视频出题，出了一道关于酒知识的题，普及了一定的酒知识。（备注：《天才知道》是由中国教育一频道播出的以全国大学生为主题的大型益智节目）

结　语

“人生得意须尽欢，莫使金樽空对月”，作为一个传统的中国男人，更离不开中国白酒。孙龙德说，中国源远流长的酿酒工艺及酒文化在全世界都是首屈一指的，他比较幸运的是生活在国酒之都茅台镇，有机会能时时感受当今世上酿造工艺最传统最复杂的酱香美酒。他认为这是他一生最大的幸福。同时，把根留住，传承古镇美酒，创立义酒坊的目的就是把纯粮的窖藏老酒、健康酒奉献给我们身边的每一位亲人和朋友。

春天播种，秋天收获！没有永远的旺季，也没有永远的淡季，不在闲时耕耘播种的人，在旺时怎么会有收获呢？淡时，我们更应该付出加倍的努力；旺时，

义酒坊董事长孙龙德先生亮相《天才知道》(农大专场)

才是我们丰收的日子。否则,我们只能看到别人丰收的喜悦……机遇终归属于少数人——那些有准备,有勇气,有担当,有思想的人!

千载义学树人道:学做人、做好人、帮助他人;

百年美酒酬知己:学做酒、做好酒、推广美酒。

茅台镇"义酒坊"酒厂鸟瞰图

做现代食材销售的革命者和终结者

1998级—电子信息—黄鸿斌

黄鸿斌，北京世界单元科技有限公司创始人。北京世界单元科技有限公司位于北京市昌平区鼓楼西街9-46，是一家现代化食材配送物流的食材电商公司。黄鸿斌2002年从中国农业大学毕业从事4年软件开发工作；2006年赴国外投身电子技术行业；2011年回国探寻创业机遇，后注册北京世界单元科技有限公司至今，公司每年市场份额已达上亿元。且公司业务一直以北京昌平为中心不断向周边地区大规模辐射。

项目考察——不要辜负时代！“趁着年轻做点啥！”

谈到“创业”，黄鸿斌认为发现一个与众不同的新市场并将其开发利用，用不同的方式发展壮大，这就是创业。2011年结束国外电子信息工作的黄鸿斌回到国内发现“技术人，铁饭碗”的大潮渐退，内心极不宁静。一方面苦于自己多年所学无处施展；另一方面焦灼于正值青春该有所作为。纵观时局，他开始留意国内方方面面的行业消息，正在兴起的互联网行业吸引了他的眼球，同时听闻江西老乡们在食材生鲜市场的成绩傲人，黄鸿斌也对这行业投入了更多的关注。届时国内养生热潮兴起，有机食蔬广受关注，所谓“外行看热闹，内行看

门道”,刚回国的他也只能在这全民追捧的热闹里自己找寻门道。长时间走访了周边的有机田,学习有机蔬菜的培育知识和渠道流向,却逐渐发现表面“光鲜”的有机行业,品质在业内外却一直饱受争议,在操作上也存在投入大、周期长、市场认可度不高的多块短板。历时一年的市场调研,对是否投身有机蔬菜领域这个问题,黄鸿斌的答案是否定的。否定了对有机蔬菜的投入,黄鸿斌再次陷入迷茫。

直到2014年在一次江西老乡会上结识了几个从事食材配送的朋友,交流之中得知,以毛角计算斤两的普通食材在巨大的流量交易中竟然可达上亿元数额,黄鸿斌心里那欲燃已久的火苗终于一下被点亮了。他和老乡表达了自己想将食材行业网络化的想法,几个人一拍即合,都一致认为具体行业电商化是时代的必然趋势,前若无古人,后亦有来者,当下该抓住机会,赶上信息革命的潮流。黄鸿斌当即与朋友成立了新的公司,全线搭建生鲜食材的网络电商平台,终于在与合伙人的沟通和合作中,从“热闹”里入了食材的“门道”。

团队的力量——莆田商帮 VS 吉安送菜帮

说到组建“团队”,黄鸿斌主张“一个好汉三个帮”,创业在任何时期的运行和发展都离不开团队,而他一直引以为傲的是自己的“吉安帮”。在北京世界单元科技有限公司创立之初,面临的首要难题是“物流”,生鲜的物流配送相较其他品牌如京东商城的专属快递要困难好几个量级。从食材的获取、物流的速度、对食材的影响到装箱货运全程的保鲜,无不是对物流执行者专业技术的巨大考验。谈到对物流链的管理和培训，黄鸿斌自豪地说："我们吉安帮团队里的每一个人，从公司决策层到基层物流的执行者，个个都是生鲜配送的专家。"省去了大量对物流体系的培训和建造成本，老乡团队自成一条完整专业的物流链，食材电商的"生命线"便因"吉安帮"而坚不可摧地存在了。80 年代，人们从南方的江西省吉安市涌入并定居在北京郊区的一个小村庄，这里聚集了数以万计的吉安商贩，几乎全部以卖蔬菜为生，供应了北京很多饭馆的食材，如今几十年过去了，吉安食材商贩在北京扎下来了根基，在蔬菜生鲜行当内驾轻就熟。黄鸿斌说，自己的团队构造和一度让网络沸腾的莆田商帮一样，属于家乡家族模式的扩散，唯一的区别是，食材电商的整个项目是一个非常良性的循环。吉安商贩们在北京惺惺相惜，遇到了志同道合的项目愿景也以每个人为单位向身边的颇具经验的吉安商贩辐射，团队不断壮大而更加精悍。除了自成一条专业强大的物流体系之外，团队成员各自多年积累的线下客户资源也再次完成了一次壮观的线下转换，真正意义上让客户完成了一次食材 O2O 的体验。强大的团队不仅让公司一开始就有一个稳步推进的基础，也将散落在异乡的"家人"们紧紧团结在一起，在广阔天地拥有一片可以挥毫泼墨的平台。

竞争的压力——对手频获风投融资，唯一的目标"活下去!"

说到"竞争"，生鲜电商被誉为最后的电商蓝海。近几年来，大批的生鲜电商如雨后春笋般涌进市场，行业也引来了各路风投的注意。在同行大受风投的情况下，面对大玩资本，层出不穷的营销模式，同行铺天盖地的行业噱头，黄鸿斌的目标变得相当的简单，那就是"活下去"。让企业生存下去，他始终不肯松懈的是质量把关。生鲜行业的质量很难有一个标准，动植物的生产也很容易受自然风险的影响，产品的持续供应也是一个巨大的问题，储藏保鲜也考验着每个商家。他说，比起大阵仗的市场推广，他的理念特别实在，那就是按时按质按量地服务好每一个客户。黄鸿斌认为，小企业不要去讲太多方法论，就是要真心诚意的"磨好豆腐，豆腐做得好，一定是能卖出去的。只要真心诚意去对客户，改进质量，一定有机会。"客户的反馈是企业生存下去的资本，不要把创业想得太复杂。先在一个领域里做好，持之以恒做好一个螺丝钉。与其用自身资本回应同行的花式营销，不如身体力行地严格把控蔬菜质量，用吉安帮的专业把控第一手接触的蔬菜质量、保证所有新鲜蔬菜的配送安全、保证所有食材的配送速度，也用团队多年从业的经验与北京的交通“斗智斗勇”。在食材电商里做到“最好、最快、最实惠”，黄鸿斌表示，一定要做到某个细分领域的第一才能避免强者通吃的局面，敌人资金强大，我们必须得跑得更快。要将企业做好，从创业到真正爆发往往都有10年左右的摸索期。自己从传统生鲜业务出发，叠加电商手段打造生鲜电商模式，明显比对手走得更加稳当。

B2B的显著优势

但仅仅有专业团队的踏实热诚的企业态度距离一个企业稳健的生存和发展还是很远的，生鲜电商的市场定位一直是创业者摸索的盲区。不能避免的是一场与菜市场的PK，大多电商试图以零售的方式在市场上掀起一场卖菜革命，但对于生鲜采购的团体——大爷大妈们来说，电商短时间内还不能成为主角，这也是食材电商革命所面临的一大问题。另一方面，走高附加值的私人订制路线，以特色产品、优良的品质来拓展客户群，由此出现了大批主打“有机生态”的食材电商，在混沌的有机蔬菜环境下摊上顾客信任危机后几乎难以生存。为此，黄鸿斌的坚持是，再花哨的模式也逃不过生鲜行当最终的落脚点，那就是“量”。走量是食材最终的生存资本，没有量，一切都是空谈，一切烧钱的资本投入都没有意义。所以他经营的重点很明确“团队、质量和数量”。公司初始最大的革命，不是模式的宣传而是稳稳地扎下根基，每一个环节都值得大力建设，而建好了三个重点，生意便是水到渠成的事。在食材巨大的流量难题下，黄鸿斌坚定地选择了B2B(企业对企业)的模式。选择这个模式，主要的考虑是食材的流量，同时，在模式确定之后，吉安团队手上的客户资源顺理成章的由线下向线上转化过来，为一开始的定位打下一层基础。除此之后黄鸿斌也表示，将手上的客户资源由1个转为2个甚至好成百上千个简单。将新开发的客户，从线下由0个变为1个，难。前者是量变而后者则是质的改变。但B2B食材电商平台基于互联网正在变革着传统行业食材的销售、采购过程，改变了蔬菜在客户手中的流通体系，提升了生产流通的效率，让食材生产基地更接近消费者，在方便用户的同时做到最大的价格优惠，这一理念让新客户很好接受；另一方面稳固扎实的质量观取得了新客户的信任和支持。从第一家度假村客户逐渐开发至今，对机关食堂、学校、餐厅等各个机构食材的供应，如果以千克为计算单位的话，B2B让食材的流量始终以指数倍上升。巨大的流量又同时让相对物流成本逐渐变小，为利润留出了更大的空间。北京世界单元科技有限公司的发展不断前进也更为平稳。

而大学生创业不是一拍脑门打了热血就能立即行动的事，在商海中“精专业、整团队”是立足之本，根据实际情况整合可用资源，制定合理路线也尤为重要。

你的世界你做主

■ 冯斌

什么时候创业最合适

俗话说:“早起的鸟儿有虫吃”。冯斌并非一毕业就开始创业,而是工作三年之后有一定的经验与能力才去开始创业。冯斌认为,对于大学生来说毕业之后马上创业不太现实,毕业三五年之后可以试一试,可能更多创业是毕业七八年之后的事情。大学生刚毕业,一方面是生活阅历不够;另一方面是知识储备不够;还有就是涵养储备不够。当这些储备都不够的时候还有一个就是资金的问题。其中,还要考虑养家糊口,对于大学生来说,如果有非常好的创意或是有国家的支持可以去尝试,但是对一般的学生来说盲目的去跟风创业是有很大的困难的。

公司需要什么?

一个公司需要很多方方面面的支持,冯斌认为一个公司的创立最主要的还是人的问题。公司的人才知识储备够与不够可能会影响一个公司前进的步伐。2014年公司在需要扩张时因为人员问题,扩张不能进行。因此,公司的业务受到了很大的影响,人员不能满足公司的需求。但是在2015年下半年公司进行收缩时,同样也是遇到了人员的问题,人员又成了一种累赘。所以,人员管理这方面,对于一个刚刚成立的公司来说是相当重要的。

面对这种困难,冯斌并没有选择退出,反而更加激起了他的斗志,不断地去挖掘优秀合适的人才,并且在公司内部着重培养人才,从而打破这种僵局。

对创业伙伴的选择,他当时并没有想太多。冯斌回忆道,当时这些人之间都是互补的。比如,专业技能上的互补、人力资源上的互补,一个公司的发展需要的技能也好、资源也好,当他们都互补起来的话,那么这个公司可能就会持续稳定的发展。冯斌的创业团队虽然没有轰轰烈烈的故事,但他认为平淡是最好的。

梦想与现实

让中国的农业更快更好的发展,这个梦想对于冯斌来说自己现在所做的一切也仅仅是一个开始。现在公司拥有20多人,业务也相对较为成熟,正准备与集团公司合并上市,未来的路还很长,梦想一直在路上。

在上大学之前就有创业想法的冯斌,在大学期间也是一个积极的活跃分子。大学之后在社会上摸爬滚打的几年,他的棱角被磨掉了很多。十几年前的创业环境很艰难,即便是有创业的想法也没有人会去支持,那个时候同学里面唯一创业成功的只有北京的。

面对现实,拥有梦想的冯斌认为每个人都应该做出正确的选择。骨子里从小就透着一种不安分的冯斌,在公司里面会不断地去催促着大家去改进、去变革，从而会有很多新的想法产生。虽然这种不安分铸就了冯斌的创业，但是他认为这种不安分也是存在一些弊端。如果有一个好的工作机会，建议同学们抓住的这个机会稳定一点会更好，因为在创业的过程当中会让一个人很无助、很消沉，会失去很多值得珍惜的东西。对于梦想要勇于去追求，在追求梦想的过程当中也要去尊重现实，抓住每一份可能，不要好高骛远，要一步一个脚印。

我的家庭很温暖

对于已经是两个小孩爸爸的冯斌来说，家庭在他心目中的分量显得更为重要。但是事业占据了他大量的时间，让他不得不每天都奋战在一线。家庭的重任全由妻子负责，这也让冯斌对于成功更加地努力，努力争取更多的时间去回归家庭。冯斌表示，现在的努力就是让自己爱的人和爱自己的人能过得更好。

冯斌说自己的性格来源于母亲，最值得感谢的除了妻子那就是自己的母亲，不是因为她支持自己创业，也不是因为她在生活上的帮助，而是因为她让我进了中国农业大学。冯斌回忆道，在我最无助、最低沉的时候都会想到自己的妈妈，在生命中的每一处她都会是我最后的支持，在她那里总能找到温暖。

生气只是没想明白

对于周围人对自己的评价，他不会去特别在意。太过于高的评价，冯斌会认为这些人可能会有预谋的存在；太低的评价，那就会考虑为什么会有这样的评价，会去寻找自己的原因。

冯斌说道，令自己满意的一点应该就是自己拥有的那份耐心了。对于所有的事情自己几乎不会太生气，哪怕有人站出来对自己破口大骂。生气往往是因为这件事情没有想明白，没有弄明白，如果对一件事情想明白、弄明白了可能就不会生气了，之前脾气很暴躁，也会经常拍桌子，后来发现拍桌子与不拍桌子效果是一样的，那为什么还要拍桌子呢？这样只会使自己的脾气更差，让别人对你的印象更差。

最后冯斌告诫师弟师妹凡事都不要轻易去生气，想明白了比什么都好。

公司介绍

极远天成商贸有限公司成立于2013年4月，由百慧智业投资控股，拥有特福芬、安吉兰德、昵哺、乐唯依等国际著名品牌线上旗舰店经营权，并开展分销业务。

公司现有员工46人，专业线上销售运营人员35人，其中品牌运营经理3名，网络技术工程师3名，运营主管店长级员工12名，有独立的网络推广和品牌运营能力。

创业成功的人一定是很固执

2006级—食品学院—林培祥

“年轻人多吃点苦是好事。”这句话是冯巩老师在一个访谈节目里面说的。而这句从艺术家冯巩老师口中说出的话却成了2006级食品学院的林培祥的一句座右铭。林培祥，北京恒康天诚贸易有限公司创始人之一。公司成立于2006年，自成立之初，公司一直致力于将全世界最健康、美味的食品带给中国消费者，所经销的粮油副食、糖酒饮料、休闲零食等进口食品畅销消费者市场，在消费者当中享有很高地位。随着中国经济的飞速发展，人们对健康生活追求的不断增加，拥有13亿人口的中国成为巨大的潜在市场，吸引了世界各地的进口品牌，国际食品商家已经不再满足于中国发达城市的高档场所，越来越多的品牌进入中国大众消费市场。为满足中国广大消费者对进口食品的需求，北京恒康天诚贸易有限公司广泛接触世界各地的优秀品牌，让广大中国消费者足不出户就能品味国际品质。

林培祥觉得创业成功的人一定是很固执，因为他很多想法其实不被世人所看好，正是这份不被看好的逆向想法，才会那么与众不同，守住独有的固执才会坚持到成功。而实践这份“固执”，最适合20多岁到30岁这段时间，这段时间是一个人的精力和求知欲望最强烈的时候，如果不去多吃点苦，还让自己处在一种安逸的生活中，就算家里背景再怎么好，那么未来的生活一定不是太好。

年轻人在二三十岁的时候让自己多承担一些工作或者生活带来的一些压力，正视困难，因为那些困难是能使人成长的，我们对待人生、对待职场、对待工作的这种能力更强，处理问题的能力就会更强。年轻人多吃点苦是好事。

步入社会　调节成长

林培祥 2006 年毕业，毕业以后就去了嘉里粮油做销售。第一年做业务的时候其实什么都不懂，但是那一年他去了全国好多地方，南方包括广东、福建、湖南、江西，每天背个行李箱，今天去这个地方拜访客户，明天去那个地方拜访客户。他在全国走了好多地方，见了见世面，从学生的角色转变成工作者。回到北京后，2009 年进入中粮，那段时间，从学校到职场的变化最主要的就是自己内心的那种自信心的成长。林培祥从 2006 年到 2009 年三年左右时间做业务的时候，没有太多的信心，主要任务就是跟在别人后面做业务，没有太多的想法。尤其刚毕业的时候，林培祥当时出差去福建见一个客户，在宾馆里需要提前与客户进行电话沟通，而林培祥非常紧张，在屋里面一会儿坐着，一会儿站着，一会儿走着，并反复练习今天打这个电话我会问他：林总您好，我是小林，我出差过来了。他想了很多，如何提问？如何回答？如果林总不说话该怎么去破冰？想了两三个小时，却连一个电话都不敢打出去。林培祥就是这样内向的一个人，做业务时努力克服、学习交流，增强信心，久而久之就有属于自己的技巧。无论是做生意还是销售方面你一开始不能太有企图心，不可能马上要做多好。其实每一个行业都是一样的，刚入门肯定是学徒，要想变成一个专家级的人物，需要时间的积累沉淀，只要沉淀到那个阶段，机会一定会有的，也正是因为沉淀中的吸收，才能在日后整合这个行业的资源。

虽败犹荣　继续奋斗

林培祥在 2011 年出来创业，创业初期他是加盟的一个创业团队，当时没有好的模式，只是两个朋友一起加入这个创业的团队，参与制作了网站——上河网，当时也收到香港道康集团董事长做为天使投资人的投资，做了电商 B2B 的一个项目。但做了一年后，这个项目没做成。虽经过一次失败的创业，但他并没有气馁，反复思考失败的原因。2012 年的时候，林培祥将在中粮时期住的房子卖掉，房子卖掉的资金就拿来做现在的生意——北京恒康天诚贸易有限公司。虽然是贸易公司，却是紧跟时代的步伐 B2B 的一个项目，从一开始便一直在做京东的业务。而随着时间的流逝、业务的扩展，他逐渐发现资金很匮乏，因为与京东合作的模式不同，导致没有更多资金继续发展，2014 年年初停掉合作开始转型，打造成进口食品一站式批发的平台。

现如今，林培祥的团队许多同事都是 90 后，他经常对同事说：我们是一个比较年轻的团队，在北京如果我们做进口食品做不好，我觉得全北京没有人能做得好。这一点来源于自信，不仅是因为成功，也是在为同事加油。而这个自信成功的男人，却是滴酒不沾。他也告诫一些同事，如果为了做生意你要跟客户去喝酒，这完全不必要。如果生意要想做得长久，那一定是我们的产品，是我们的整个产品链，是我们的服务，能够让客户心服口服，让他们能够在生活中得到更多的便利。只有这样的一种生意模式才能长久，如果我们做不到这一点，就算再好都是一种假象，未来也会不好。

进口食品 批发贸易
恒康天诚
HKTC360.COM
健康 诚信 共赢

感恩亲人 温暖相待

2011 年准备创业时，除了有房有车，还有老婆，孩子也要出生了。当提到想要创业时林培祥的父亲考虑到他即将出生的孙子是不赞同的。但是他对父亲说：我创业三年，如果做不好，就去上班。而即将生产、同是农大毕业的太太也是给予支持。2014 年年初的时候，林培祥将房子卖了大概 100 万元用在创业上，而当时有个合伙人进来，骗了林培祥 106 万元。既然都将房子卖掉，可见当时的窘况，林培祥被骗后甚至想卖车。而在最困难的时候，他的父亲说，你现在做的事说实话我已经帮不上你任何忙了。他的父亲是农民，不会华丽的词藻安慰他，只有这样告诉他你的背后就是你自己，对于家庭不要有任何负担，这就是父亲能为你做的。从现在看来，最无助的时候是林培祥最大的一个成长，因为从那个坎儿过来了。至少从现在来看，再碰到任何困难都觉得不是困难。

创业无优势　关键在个人

农大的专业在创业方面都比较有优势，虽然林培祥工作后是做销售，但也是与食品相关的，所以对于创业，任何专业都不受限制。林培祥始终觉得学校里面的课程都是基础铺垫的，但创业却是性格决定的。有好多同学在上大学的时候就一直在做外面的一些创业项目。其实创业是需要一个领袖需要一个领导者的。首先要明白自己在社会中、在职场上的地位，是不是一个领袖，是不是一个负责人，是不是一个主导人。如果是一个主导人，以后会吸引很多人愿意一起共事。如果不是领袖型人才，需要找到这样的一个人，去跟他一起合作辅助他。因为创业其实需要有一个核心，这个人应该是很固执、很执着的，而且想法应该有时候是很极端的，有时候想的一些事情应该是很疯狂的。拥有这样想法的人一定不是循规蹈矩的一个人，如果是循规蹈矩的人他做点小买卖没有问题。但是真的谈到所谓的创业两个字，我觉得不是每一个人都适合创业，创业真的需要有那种气场、有那种自信的人。

采访结束时，林培祥说：农大的学弟学妹们在校园期间更应该好好享受大学时光，青春就这一次，每个阶段就应该享受这个阶段的美好，学生多去学习、去接触一些社会比较表层的东西就够了，在大一大二的时候享受一下大学里面的时光，有喜欢的运动，有喜欢的一些社团，包括谈谈恋爱。大三大四的时候要开始慢慢地去跟社会上稍微接触一下，能够去接触社会，有一些想法的人可以去尝试着多接触一些。而对于就业，如果你是一个活泼、比较有想法的人，建议去小公司，小公司做事能够迅速提升能力，哪怕一开始工资收入低一点，但是机会一定很多。因为在这个过程中可以参与到整个公司的事情，包括对流程提出一些建议，其实这个真的能够学到很多东西。但是如果你是一个比较安分的人，可以选择去大公司，因为在里面你会成为一个优秀的职业经理人。

园艺篇

不忘初心，方得始终

2004级—园林—孙建伟

淘花园园艺体验中心位于青岛市黄岛区海港路，建有现代化的玻璃温室，占地8 000米²，同时拥有500亩的生产基地，将自然环境和经营休闲环境完美地结合，低碳环保的生态环境与优越舒适的购物环境完美结合，无论是外观设计，还是功能提供，都是本地区一道新的独特的靓丽风景线。公司倡导大力发展立体绿化、屋顶花园项目，引进来自欧洲、北美和我国台湾的品牌植物，国内外名、优、稀、特的植物，盆花盆景，无土培育，花木组合造型，观赏植物，园艺技术，物联网技术等；突出稀有特色植物、返季花卉植物的推广与示范。向园艺爱好者及广大市民提供室内绿植、庭院植物、园艺工具器材等各类花园产品，种类丰富齐全，全方位满足园艺爱好者对私家花园的设计规划、建造施工、选材购物、种植养护的多元化服务需求，并引进欧美“Garden Center”营销模式，建立起一整套园艺产品研发、展示和推广的现代化园林高新技术平台，并不断致力于打造庭院设计、咨询、建造、养护等各类功能综合的一站式园艺购物多元化服务体系，特别注重经营环境，引导顾客进行体验式消费，使经营更为多样化。

花　匠

“现在流的泪都是当初选专业时脑子进的水。”很多不幸选错专业的同学每到期末的时候常常这样调侃自己。选对专业，选好专业，选一个自己喜欢的专业是多么幸福和幸运的事。2004 级园林专业的校友孙建伟就是这样一个幸运并幸福的人，大学四年园林专业的学习让他对行业有了一定认识，帮他找到了方向。毕业后一直从事园林相关工作，长时间工作经验的积累成为了他未来的创业成本和资本，也为他今后的发展铺平了道路。

孙建伟毕业后选择了直接就业，他曾就职于三家大的房地产公司，辗转四川、江西、北京、青岛，一直从事景观设计工作。其中在万科的时间最长，做了将近六年的景观设计师，接管了很多重要项目。事业发展得顺风顺水都要得益于

本科时对园林专业知识的积累。园林专业很累，课程设置很多，包括观赏植物、设计制图、植物观赏、植物学、花卉学、树木学、园林植物、植物认知的实践、田间实习等。虽然课程量很大，但这种付出，这种很宽的知识面是很必须的。所以现在再来评价大学的课程，孙建伟觉得课程设计是非常合理的，如果本科阶段没有很好的知识积累，以后在工作中会遇到各种各样的瓶颈，所以想要走得更远，综合知识一定要有。

对自己的专业分析得如此透彻，孙建伟却说自己并不是学霸，甚至遗憾大学时学到的东西少，看的书少。在学校的时候，他把更多的精力投入到学生工作中。大一的时候参加过学校广播站，在班里也一直担任班长的职务。在校团委办公室工作过，当过团委老师。他们上大学那个时候流行毕业后去当村官，很难想象本科毕业后去创业。

园林园艺行业的 2.0 版企业

孙建伟也并不是毕业后直接创业，积累了大概八九年的工作经验，他才迈出创业第一步，选择在最宜居城市青岛建立淘花园园艺体验中心。目前已积淀了 600 亩土地的资源并且有一家 8 000 米^2 的园艺体验中心，门店已建设完成，马上进入室内装修阶段。虽然淘花园的土地储备、投资规模在这个领域已经算

很多的了，但孙建伟却坦言他们还是初创团队，目前还是投入状态。

作为园艺行业2.0版企业，孙建伟想把它做成一个品牌，让专业的人去为需要专业服务的人提供专业的服务，让整个园林园艺的水平往前推进一步。现在的园林园艺产业是非常初期的、粗放的模式，就是卖花卖苗木。设计师设计，施工方施工，各个环节是没有连通的，在整个的精细度、专业度上没有精细可言。比如，现在你去花卉市场买花，大多数从业人员都是没有专业背景的，根本不知道卖的是什么花，更不能给消费者提供专业的指导和帮助。而另一方面，这几年来人们生活水平提高，对于这一方面的需求量呈现井喷式增长，需要越来越多的专业服务。这只是零售市场，在专业市场里也是一样。从另一个角度来看，专业类学生就业难，很多学生学了四年园林园艺、观赏园艺，最后想找一份相关工作难上加难。要么去做农业生产工作，到大棚里面，工作环境不是很好，使得很多同学放弃了这个专业的工作。这很让人惋惜，一方面市场有需求，一方面专业的人员却找不到工作。而孙建伟的创业项目就是为了解决这个问题，他最大的愿望就是通过自己的努力推动整个园林园艺行业往前走一步，通过专业服务的价值让整个社会，每个家庭感受到园艺、自然的美好。

如果没有想过失败，没有做好迎接失败的准备是很难迈出创业这一步的。孙建伟有这个想法很多年，考虑了很久，一直做着积极的准备，包括知识的储备，商业逻辑、商业模式的思考，所有的前期策划。他把这个想法不断地和各种各样的朋友去分享，后来在分享的过程中遇到现在的合伙人，他们对这件事有着一样的价值认知，并且各方面匹配度都很好，于是就打算一起把这个项目落地。

创业会遇到各种各样的问题，但不能说是困难，勇于面对然后解决就好了。比如，从土地使用到工商注册，从基建设施到供应链的建立，都有很多不懂、不熟悉的内容。创业会面临很多未知，不知道该怎么干的时候也不能回避，要坦诚面对，把问题解决最重要。而解决问题就需要有很强的学习能力，和专业的人对接，还需要合适的资源，少走弯路。在前期筹备的过程中，孙建伟付出的精力最多。关于创业项目本身的盈利逻辑、经营模式、业务重心，这些事情想清楚是很困难的，需要非常多的时间和精力。在市场调研，未来市场的判断，自身资源情况，资金投入各方面，花费的时间和脑力是最多的。

创业带来的除了考验，还有令人欣慰的收获。"通过我们的努力让很多有这方面需求的人，让一小部分人感到开心，让他们觉得这种生意模式是好的，让我们觉得是被需要的，这种被需要的感觉是很开心的。"在校园招聘的过程中，孙建伟他们去了很多农林类院校、理工科院校，在他们作为一个初创项目的情况下依然吸引了很多优质同学，并且得到他们的肯定和认可，有很多优秀毕业生愿意加入其中，与之一起奋斗，这超出了孙建伟的预期。现在的毕业生越来越理性，大家愿意做喜欢的事情，有理想的事情，不仅仅是很短视的只看工资。

不忘初心

"做任何事情一定要有一点点理想，一定要有一点点目标，还要有一点点情怀，一旦确定了理想和目标就要克服一切困难地往前走。"孙建伟在很多大公司经历浮沉，他发现很多大公司做到一定规模就会忘了当时创业之初为什么要做这件事情。这是整个价值观的问题，如果说忘记了出发的目的，那么面对很多事要做选择的时候，可能我们的判断和结论就会不一样，怀着初心去做任何一件事都是很重要的。

孙建伟就是这样一个不忘初心的人，能坚守内心，关于专业和事业的坚守

从不受别人影响。他调侃自己是处女座，对事苛刻，追求完美。有的时候会吹毛求疵，有一点点执拗偏执。追求完美，这可能是他最大的优点也是最大的缺点。

对于大学生创业，孙建伟还是不太支持的。在学校期间，知识、人脉……各方面创业需要的条件准备都不充足，而且对很多事情的看法还不成熟，空有一腔热血，满怀热情。但创业是很现实的，要了解方方面面的问题，如果没有很好的积淀，哪怕想法再优秀，在创业的时候也会遇到很多困难。所以先去培养创业创新意识，为创业做好准备铺垫。第一份工作很重要，要选择对职业素养的训练和价值观都有所帮助的公司，去接触一段时间做积累储备，这样更现实。

少玩游戏，少睡觉，少虚度时光，这是孙建伟对大学生们的忠告。但他不认为逃课是不对的，可能有的同学在报考专业的时候确实报了不喜欢的专业，有的时候会存在选错专业的情况，产生不愿意学习的情绪。但逃课不是目的，是为了去做你真正喜欢的事，确立一个目标并通过努力来实现它，而不应该放弃自己。

大学的时候能自由安排时间，天马行空地想一些事情，多做一些事情，永远都要为明天有一个准备。

“在这个日新月异的时代我们会面临很多机会挑战，不管现在在做什么，永远要明白做最好的自己。”这并不只是李开复说的一句口号。这个时代自己才是最好的一个品牌，不要觉得为别人做，很多事情都是为自己做。不管怎么样，做好自己，为自己名字的品牌打下良好基础，这才是最重要的事情。

我们不卖花，我们只是人类情感的搬运工

2008级—机械设计制造及其自动化—欧阳耀春

Rosetome高端品牌花店，甄选世界顶级玫瑰，只为表达最深爱意。注重产品质量，甄选厄瓜多尔玫瑰，花头大、花型好、花色正、花期长。致力于把全世界最好的玫瑰带到中国，分享给更多人，帮助人们传递情感。

"不务正业"的大学时光

欧阳耀春从一开始就知道自己要什么。

大学的时候，几乎不可能在宿舍找到他，不过他也没有在教室或图书馆安心自习。因为他清楚地知道做一个学霸并不是自己要走的路，所以大学四年他

把更多的精力投入到参加社会实践，提高综合素质上。要么是在做校园代理，要么在兼职，要么在带领社团活动。

大二的时候，全凭兴趣，完全没有武术功底的他加入了农大的武术协会。然而，当时的武协已经危在旦夕，根本没有几个成员，也组织不起什么活动。前任会长把这个烂摊子交给了欧阳，其实并没抱太大希望，只希望他能把这个社团保住，让它继续存在就好。可是欧阳觉得既然要做就要把它做好。于是他重整武协旗鼓，带领武协登上了学校元旦晚会的舞台，并且演出大获成功，甚至得到了校方的重视，接见外国访问团时还特意邀请武协前去表演。就这样，他救活了武协。

同样是被苹果砸到，牛顿就发现了万有引力；同样是用吹风机吹个头发，欧阳就吹出了商机。大学宿舍限电，连吹风机都没法用，这让颇为注意形象的欧阳很是苦恼，于是他买了交换电流的插座，却意外地发现这东西功能竟十分强大，插上它之后连锅都可以用，都能在寝室做饭了。这让欧阳看到了需求和市场，于是当机立断购进了一批货在校园里卖了起来。为了达到更好的宣传效果，他竟然把广告海报贴到了电梯的内侧门上，简直是公然与学校挑衅。虽然后来广告被学校撕了，欧阳也被教育了一顿，不过好在他认错态度良好，校方也没有责难他，关键是在这短短一周的时间，欧阳就挣到了几千块钱。

大三时欧阳还和几个伙伴办起了校园手机报。那时候微信、微博还不普及，手机报还是个很潮的东西。他们致力于发现校园里新奇有趣的新闻，比如今天这里来了一只小猫，那里多了一只小猪……

大二那年暑假对欧阳来说或许是一次转折。家里突发变故，情况严重到他差一点终止学业。所幸，那年朋友帮他找了一个在深圳工作的机会，他一个月就挣了一万四，解决了学费的问题。也是从这以后，欧阳几乎没再向家里要过钱，全凭自己完成了大学的学业。

大学究竟有几种可能？究竟什么才是大学的正业？其实这并没有标准答案。找到自己的方向，并且全心全意的奔向它，这就是正业。我们来自同一个深渊，然而人人都在奔向自己的目的地，试图跃出深渊。对每个人而言，真正的职责只有一个，找到自我，然后在心中坚守其一生，全心全意，永不停息。“想出名要趁早”，欧阳却说：“想做的事要趁早。”既然知道了自己要的是什么当然越早开始越好。

人生没有死胡同

回想起上学那会儿，欧阳说自己最遗憾的就是和班里的同学相处得太少了。室友说总是见不着他的人影，每天早出晚归，连周末都不在寝室。如果能和室友、同学们有更多的交流就好了，欧阳现在会这样感慨。或许这也是 Rosetome 把宗旨定为“帮人传递情感”的一点原因吧。

没有创业会是一帆风顺的，Rosetome 的成长也不例外。刚刚组建团队那会儿，欧阳还在华硕工作，其他的伙伴，也有两个在工作，还有一个在读研。大家也都在忙着各自的主业，把 Rosetome 的经营当做副业。团队内部甚至曾因为认知不统一有过争执，使得这个项目差一点死掉。

直到2014年2月，欧阳才辞掉华硕的工作，开始全心全意地经营Rosetome。那年的情人节，他们的官网来了十多万的订单，可是却因为负责进货的工作人员没有提前预订而面临拿不到花的窘境。接到这个消息的时候欧阳还在老家过年，春节假期一结束，他立马回到了北京，给供应商打电话，亲自去苗圃找高层负责人，求他们给自己留一点货。常常是半夜的时候通知他们到了一批货，他们就马上过去抢货。那个时候真的是什么都不在乎了，就算是郊区也得打车过去，只为抢出一些时间。结果不出一个礼拜，货源的问题就解决了。这次化险为夷，欧阳说靠的是运气和态度。因为他待人接物真诚的态度，供应商才会答应留货给他，他底下的员工才会一心一意的跟着他熬夜干活到两三点不休息。欧阳自己评价自己感性的时候很感性，理性的时候很理性。对于欧阳认准的人他就会掏心掏肺地对人家，也就是人们常说的讲义气。在现在这个世道，能被别人信任真的很重要，也很不容易。而欧阳就是这样一个靠谱的人。

一波未平一波又起，才刚解决了货源的问题，这边包装又出了岔子。包装厂商那边还在放假，以至于到快要发货的时候，欧阳他们才发现包装还没有送到。于是欧阳亲自给对方打电话，甚至放出了“明早凌晨5点之前，你不拖着包装过来，我就绑着炸药包去你工厂”的狠话。不知是不是被欧阳吓到了，第二天

凌晨5点,包装果然送到。

像这样猝不及防的问题还有很多,比如没有场地、人手不够……不过欧阳总能找到出路。没有场地,给看门的大哥两条进口烟;人手不够,找农大的学生做兼职。“突发状况肯定会有的,不过只要拼尽全力,想尽办法,都会有方法解决。没有死胡同。”当年以为的那些绝路,如今回想起来都是风景。那些困难、痛苦、焦虑,对如今的欧阳来说都是可以笑着讲述的回忆。

热爱生活如同热爱钓鱼

选一个地方坐下来,把鱼钩放下去,静静期待着。浮标动了一下,浮标沉了下去,想象着水下的情景,直到起钩,满载兴奋与收获感……

这是钓鱼的乐趣,也是欧阳生活的乐趣,时时刻刻充满期待。

一辈子只做一件事就太无聊了。所以欧阳一次一次踏入未知领域,尝试新的事物,一次一次地从无到有。创业是一辈子的事,创业的步伐是停不下来的,年轻的心一直在路上。尽管现在 Rosetome 的经营已步入正轨,欧阳还是没有安于现状,总会有新的想法产生,“现在我做的是花店,可能有一天 Rosetome 做不下去了,我又去做了别的。”有人追求安稳度日,可欧阳偏偏享受这种不确定性。

“交人,长智,蓄物”这是欧阳的微信签名。有的时候我们可以带有目的性地思考我们的经历,但是经历并不等于经验,有的人饱经沧桑却一无所获。关键在于总结,看看我们所经历的能否细化为这三个部分的收获,这也是细化了的成功标准。

许多人来来去去没有留下一丝痕迹,欧阳不希望自己是这样的人。他想通过自己的努力,帮助、影响更多的人,留下点什么。像知乎里有的只有十几个字的问题,却会得到几百甚至几千字的回答。这就是在以自己的力量影响着别人,这就是在创造价值。生命的意义就在于创造价值,但这种价值并不是用钱来衡量的。

对于年轻人，欧阳并不建议大学生毕业后直接创业，这样风险太大。可以先跟着一些创业团队，不做领头人，学习吸取一些经验。其实年轻人做什么都是可以的，只要认真，只要能负起责任。

这样敢想敢干，敢于挑战的欧阳也有自己最怕的事。他最担心年纪轻轻得了不治之症，然后英年早逝。所以，把每一天都当做生命中的最后一天去珍惜，去热爱，去感受，去经历。人老了的时候最大的财富就是回忆，无论是尴尬的、搞笑的、痛苦的、只有你经历过了，才有得可回忆。

花艺路上的逐梦者

2009级—园艺专业—陈良晖

陈良晖，中国农业大学2009级园艺专业学生，同时也是国家高级花艺师，厦门市山川集文化传媒创始人。厦门市山川集是让传统美学惠及更多现代生活中的中国人的插花花艺培训组织，目的在于培养学员使其能够洞察物候时令，感受四季交替，融入自然，用东方审美意识发现身边的美。

陈良晖师承中国插花花艺协会秦魁杰老师，从大三接触花艺开始学习，到山川集的成立，中间的故事不长，却很精彩。

与花艺的不解之缘

陈良晖进入中国农业大学读园艺专业，最初是一场来自学长的“忽悠”。陈良晖从小便梦想当老师，高考的时候填写志愿都是师范院校，在知道这个情况以后，陈良晖的高中师兄提出疑问："难道你想在未来职业的几十年中一直面对高考吗?"刚刚结束高考的陈良晖迟疑了，最终在师兄"开放的中国农业大学欢迎你"的引导下，陈良晖填报了中国农业大学最古老的学院——农学与生物技术院，并最终进入了园艺专业。

这个结果看似与最初的老师梦没有什么关联，可是他选择了相信一句话："在某个领域精通深刻，然后去当这个领域的讲师。"按照这个思路，大学四年里，陈良晖不断地寻找自己的兴趣所在。两次挑战杯，一次社团创立人，前往陕西做当地技术员，和苹果果农配合对接的调查，还有希望工程支教一年，以及最初 35 元/小时到 120/小时的家教体验，都是为了探索如何更好地做一名好老师。让他印象深刻的经历是大学时创立的社团——植物人俱乐部。社团去市场进货，在中农西区走廊摆地摊卖绿植。这一活动获得了老师的支持，在老师的帮助下，他们可以在任何角落、任何时间无限制摆地摊，甚至后来在东区拥有了一个办公室。

让他最终走进插花世界的，是大三时候洪波老师的一门选修课——《插花艺术》，陈良晖被蕴含着深厚美学的插花艺术所触动，从此与花艺结下了不解之缘。

从最初仅仅想当一名老师，到如今站在讲台上为学员耐心讲解花艺美学的老师，陈良晖十分感激当初"忽悠"他去中农的师兄，以及在学习路上给过他许多帮助的老师们。

偶然碰撞下的必然

大四毕业，陈良晖进入了农科院旗下中环易达园艺公司，随后在一个花艺学校担任老师，最后在厦门成立了自己的工作室，山川集文化传媒。

成立山川集文化的想法，是他与伙伴一次偶然的思想碰撞。刚到厦门时，陈良晖在一家企业里做花道老师，但不久便选择了辞职，巧的是与他一同辞职的还有市场部的朋友。"同事一场不容易"，三个人相约一起吃饭，最终在饭桌上一拍即合，决定创业，定位便是培养学员审美意识，传播中国传统花道的花艺培训机构。

山川集的成立，看似是一场说走就走的“创业”，实际上是几个人酝酿很久的想法。对陈良晖来说，在北京时多次参加国家级的大型画展，国家评出的七位插花大师，他为五位做过私人助理，这些都是经验的积累，之前一次又一次的尝试，也都是为了尝试不同的路，看一下是不是适合自己。而与他一同成立山川集的同伴也是一直有创业的想法，因为是做资源管理的，所以之前也有一些店面成立经验。一个偶然的机会让他们走到一起，最终无数个偶然碰撞下，创业便成了必然。

山川集有不一样的花艺培训

月季作品

江南小景

采菊东篱下

在陈良晖的朋友圈，可以看到非常多的插花作品。从悠然的“采菊东篱下”，到秀丽精致的江南小景，甚至有路边霜打后开败的月季、变色的枝条，在精心的修剪下变成了纤纤细弱、柔中带刚的花艺作品。中国传统的插花艺术在清末断层，现在的市场上，流行的花艺理念主要是日本花道和西方花艺，山川集的存在便是希望通过教学提醒人们，中国人有自己的插花文化基因，想要传达的是中国古代插花的哲学，取舍的智慧，道法自然等等。比如中国人骨子里的文化便是希望长久，希望花开不败、结局圆满。又比如说牡丹花代表富贵平安，这个象征对外国人介绍非常困难，但对中国人来说则不会。这也是山川集和现在市场上大部分花艺培训机构不同的原因之一。

另一个让山川集与众不同的是山川集很愿意培养老师。大部分做花艺相关的教育培训机构希望垄断，担心教会徒弟饿死师傅，于是很小心地一点接着一点上课，比如，将钩花和包装分开教学赚取更多利益，同时普遍排斥学员当老师或另开花艺课程。但山川集很愿意教授学员插花技艺，还很愿意培养老师，如果有一个人想开设花艺课，山川集不但提供知识，还提供全套的课程甚至配一个经验丰富的助理。这些，都是现在市场上大部分花艺培训机构做不到的。

平衡“舍得”与“获得”

无论是大学后担任培训老师，还是拥有了山川集这一自己的工作室，陈良晖始终保持着淡然处世的态度。他描述了这么一个场景：花艺课堂上，一个新学员手握花剪，额头渗着汗珠，迟迟不肯下剪，最后在花道老师威逼利诱之下，终于颤抖着手下了剪。之所以会这样，是因为内心不够笃定，拿不起放不下。叶长数载，花孕三年，当决定权交到了自己手中，纵使草木不能言语，却依旧不敢下剪。

做不到“舍得”，也自然无法“获得”。自然生长的花朵不是为了瓶插而生，但当花匠想要将它修剪，就需要舍弃多余的枝条、重叠的枝叶、不合的花朵，让花材彼此配合、适应花器，便需要平衡“舍弃”与“获得”。在平衡的过程中，成长的便是一个人的心性。

山川集成立至今经历过很多困难，但因为有颗冷静、从容应对各种风雨的心，以及对所爱事物的执着追求，让陈良晖依旧信心满满，无论是失去或是获得荣誉他的内心都很平静。在谈到山川集曾经遇到的困难的时候，陈良晖表示没什么最困难的。也许最初从零开始创立一个公司，交房租、涨开支在很多人看来便是最大的困难，但陈良晖却觉得，始终会有更困难的在后面，这个时候会觉得自己需要突破自己的极限，一步一步往下做，不需要去想这件事怎么这么难，多想一想如何解决。

陈良晖现在最大的梦想是做好一个中国传统插花美学的传播者,未来写一本中国传统插花的教材,从初级到高级。书的内容包括初级课应该怎么上,先讲什么再讲什么,如何设置课程,高级的课又该传达什么,如何操作,如何提高一个人的审美、品味、兴趣。这是一本总结经验的教学实战心得,他希望能够留给后面的老师,同时也为中国传统插花文化的传播做一些贡献。

平常心对待国家的政策鼓励

对于国家鼓励大学生创业,陈良晖有自己的看法。陈良晖认为其实创业最重要的,是创业者本人知道自己想要做什么,可能会付出什么,商业上是怎么运作的,有没有这方面的资源。如果创业者知道这些问题的答案,那么他自然就会去创业,而国家不需要鼓励,只需要允许,那么大学生自己便会找到方法创业,无论是大学生自己还是国家,都需要以一种平常心看待大学生创业,平等的竞争,没有什么特殊。

真正能够创业成功的关键因素并不是国家或学校给的政策,比如补贴一类的优惠,而是产品获得市场的认可,有人愿意出钱买单。国家鼓励大学生创业很好,但更重要的还是学生本身对创业的理解和努力,以及创业者对这一事件的激情。局限于什么东西能赚钱或者什么东西能够创业成功、比较具有优势,这个不应该是大学生创业者需要考虑的事情。大学生应该考虑的是自己的激情在哪里,不断尝试寻找自己热爱的事情,即使再冷门的专业,如果足够精通,足够热情,出来后进行创新,哪怕没有税收优惠或是补贴,只要市场认可,创业就是成功的。

现在的陈良晖,在开课教授花艺知识的同时,还经常被邀请回母校讲座,给大一新生分享经历。面对学弟学妹们,陈良晖经常强调生活是自己的,只需要对自己负责,大胆地追求自己想要的,不管做了什么决定,不后悔便好。

从最初坚定不断探索自己的兴趣爱好,到确定对插花艺术的热爱,陈良晖不断前行,成为了花艺路上潇洒的逐梦者。

其他篇

我会努力和大家在一起，做一个好公司

■ 刘文勇

前言：我从未正式见过刘文勇老师，我怀着忐忑的心情给刘老师打了第一通电话，表达了我想要对他进行采访的意愿。“喂，刘老师，我是中国农业大学就业中心的，……”“好的，你先加我微信，我到时候先把资料传给你……”一通简单又愉快的采访诉求电话被应允了，没有过多的质疑和刁难，此时的我不难理解，为什么刘文勇老师在培训教育的创业路上越走越好，于是我就愉快地进行着对“乐闻携尔”的深入了解……

刘文勇

清华大学博士后
美联乐闻海外考试研究院院长
乐闻携尔教育创始人
原新东方集团培训师
22本出国考试系列图书主编、作者
10年一线出国考试授课经验

刘文勇，中国农业大学本科，中国人民大学博士，清华大学博士后，同时这位85后青年还有另外一个身份——留学培训咨询机构“乐闻携尔”的创始人。乐闻携尔是一家兼具外语培训和申请服务的留学机构，属于留学领域比较典型的机构样本，总部设在苏州街的一栋半旧大楼里，所有关于奋斗的故事都在这栋大楼里开始。

洋洋自得的脸第一次挂上了艰辛的愁容

2010年4月之前，刘文勇在新东方有着一份稳定的工作，名声和薪资对于刚上研究生的他来说是非常不错的，最重要的是他热爱这份工作，“这是我工作生涯中非常快乐的一段时间，我也把我美妙而激情的3年时间给了她（22～24岁），这让我从一个糟糕而老土的读书人变成了一个能够激情澎湃地面对四百余人疯狂嘶吼的人。”刘文勇在自己的笔记中这样写道。激情和梦想在新东方肆意挥洒，工作中他费劲地竞聘成为了新东方集团的培训师，这个称号比北京新东方培训师还要大一号呢！刘文勇如是说：“我都开始幻想着可以在暑假班上大肆吹嘘自己是新东方集团的所有新老师们的老师了，可是命运的大锤一锤砸在了我的头上，砸得我火星四射，目瞪口呆。”由于接到学生举报，ETS对他在网络上传播真题（文勇的黄金系列阅读）向新东方施加了巨大的压力，学校方面的领导和朋友都为此做出了极大的努力，可是他说：“真心感谢大家的维护，但是出于各种原因的考虑，我还是决定走了。”也就是从这时候起，一向洋洋自得的刘文勇感受到了生命的艰辛。

好在还有朋友，“朋友”二字可以解释成“双月互照，复遮复映”。当朋友黯淡时，自己为对方照亮前程；当朋友辉煌时，自己在一旁为之衬托。在刘文勇和他兄弟的一同努力下，经过两个月的沉浮与折腾，合伙开了个业务模式简单的公司，并提供“TOEFLSAT定制化培训”以及“出国留学咨询”工作，也就是现在的乐闻携尔。创业之路像是黑暗中寻找到的一丝光明，光明慢慢晕开，黑暗还剩多少？什么时候消失？知道这些还得有一个漫长的过程。尽管资金和运营模式在创业初期都是问题，但那时的刘文勇很清楚，这个刚刚起步的公司优势、劣势分别是什么，“我们的劣势在于还属于做品牌的时期，名字着实不够响亮。而我们的优势也在于还属于做品牌的时期，所以一切以质量优先，至少能够保证留学文书是我自己来写，培训课程是我和我的弟兄们自己来上，别的不敢说，认真的程度总归是有保证的。而且我们在把关质量的同时，价格几乎是其他机构的一半；因为我和我团队里面的弟兄们都在卯足力气要在第一年就打出品牌。如果条件比较好的同学，我们甚至可以免费的帮助申请留学。”刘文勇说到。

我们“活”下来了

和大多数的创业者一样，创业初期的乐闻携尔团队充满了艰辛。刘文勇拿着非常有限的钱注册公司，找性价比最高的房子，打印教学材料……创业的激情正在澎湃却被现实杀得始料未及，不是没招到学生，而是一开始就在发展模式和方向问题上，合伙人之间就产生了分歧。刘文勇如是说：“有一个合伙人花了很多时间和精力在出书上，希望能多积淀，借书打响名气。但刚创业的时候公司基本没有现金流，也没有任何投资，所以我希望以上课为主。谈了好几次，最后这个朋友离开了。”2011 年 1 月份，乐闻携尔步入了最困难的时期。1 月份是培训淡季，每个月个位数的学生，意味着基本发不出员工工资，只能靠创始人自己垫付。这个时候，另外一位创始人选择单飞，一并带走了公司的一个重要合作项目。这次，总是自诩“身体好，能赚钱”的刘文勇病倒了。

回忆当时的情景，一位联合创始人说：“文勇在家病了好几天，这件事情对他的打击非常的大。”发展模式和选择的路并没有对错之分，但创业除了需要满腔热情，更多的是需要相互磨合。好在刘文勇团队认真、负责、尽心尽力的创业基因并没有丢失，而且在这个最糟糕的时刻，国达老师来了。国达老师是刘文勇读硕士时候的舍友，他是辞掉了中国农业银行的铁饭碗，加入这个团队。“我也曾告诉他创业很辛苦，很不稳定，甚至有可能失败。”而国达老师的一段话给了刘文勇莫大的信心，让他坚定信念带领团队继续前行。

2012 年，乐闻携尔迎来了第一批毕业生，他们在同学和朋友们中积极推荐，靠这种方式学生数大增。同时，一笔久旱逢甘霖的投资出现，很大程度上缓解了财务压力。谈起这次中标的原因，刘文勇说："对方给我们评判的结果真的不怎么样，很一般的团队，很一般的管理，很一般的模式，什么都不怎么样，唯一的优点就是整个队伍很正直，当时用了 integrity 这个词。也许就是觉得人还都靠谱吧，公司活下来了。" Integrity 的一个表现是：直到今天，乐闻携尔都只有一本账，给谁看都是那一本。

经过了 5 年的积累，刘文勇给自己的创业产品总结了一句话："对于做内容型的公司来说，改进比创造更加需要！" 拿到投资后，乐闻携尔开始了刘文勇说的"乱花钱"，没有将资金用在公司最薄弱的地方，比如市场，而是租下了长远天地大厦 16 层 300 多平米的办公区。乐闻携尔在市场上的短板短到学生都看不下去了，在各方面的经验之下，刘文勇对市场这块重新定位，最终才有了微博上的"男哥角斗课堂"，微信上的"百日百句"。目前，仅微信这一渠道就贡献了乐闻携尔目前 1/3 的生源。

LASEDU
乐闻携尔
Learn And Share EDUcation

如今，看着一天天壮大的创业团队，刘文勇颇为感慨地说："我们'活'下来了，在这个充满艰辛和挑战的创业历程中，我的法宝就是踏踏实实把事情做好，这比一百本创业励志书还管用。在我看来，努力踏实、永不退缩是创业者最宝贵的财富。"

"股大臀粗"话粗理不粗

刘文勇自新东方离职后，一路在创业的路上前进，从 2008 年到 2016 年已经经历了快 8 个年头，这么多年无论多忙，他每隔一段时间就会沉下心来整理自己的一切，无论是乐闻携尔的发展、人际关系的处理还是未来的发展方向。用他的话来说，无论我们走多远，都不应该忘记团队最初的特点："股大臀粗"。"股大臀粗"是刘文勇的签名档，是他自己造出来的短语，意思是"屁股很大，大腿很粗"，刘文勇说："我总提醒自己，不能白长了一个大屁股，要'坐得住'，沉下心来做一点实在的事情。”刘文勇在本科和研究生阶段的学分积都是第一，靠的都是“股大臀粗”的特点；再后来，到新东方教书，为了把课讲好，将课程上要说的每一个字都写成逐字稿，靠的也是“股大臀粗”才最终成形。刘文勇说：“我想我在很早的时候就认定了这样一个道理，这个社会在绝大部分情况下，比拼的都是谁花的时间更多，谁更用心，而不是谁更有天赋。事实上，以大多数人的努力程度之低，根本轮不到去拼天赋。出于完全一样的道理，我觉得在现代商业社会中，公司之间比拼的，显然就是哪个公司的“屁股大”，哪个公司能沉下心来做一些实事儿，真真正正地为客户提供有意义的服务。至于那些轰动的广告词，那些炒作的事件，那些别出心裁的小花样儿们，有倒是比没有强，但终究不是重点。”

说到公司的未来，刘文勇坚定地说：“对于公司，我务必要鼓励大家做更多的研究内容，积累能力，塑造品牌。”互联网时代似乎推崇迅猛的成功或轰然的失败，就像掷色子一样，只求尽快知道结果，但刘文勇坚定的认为，乐闻携尔要成为一个有积累，有内容，每一个同事都有过硬本事的慢公司。2014年的新年寄语笔录上，刘文勇写了很多这一年的感悟总结，文章最后，他另起一行写下这一句“有一件事很简单，但从来没有变过：我会和大家一起努力，做一个好公司！”

误上“贼船”的创客

2001级—农村区域发展—白云

“需不需要休息一下，喝点水再继续？”

“不用，”他大掌一挥，“我一讲就是三个小时，不用停。”

提起白云，学院路高校的学生大约再熟悉不过了，或许他们并不清楚凹凸人是什么，但他们知道，那个在教室里跟他们讲写简历、应对面试和职场礼仪的白老师；或许高校就业助理团的老师们也再熟悉不过了，这个人把他们从繁琐的事务里解放了出来；高校各院系的行政负责人也再熟悉不过了，白云总是进行免费的宣讲，为院系活动增添了不少社会性的内容。

白云很少提到自己的头衔，“凹凸人集团联合创始人、副总裁”“凹凸互联科技CEO”，人们叫他“白云”或者“白老师”，他也乐得自在，集团总裁邹秀峰西装革履、表情肃穆戳在百度百

科上，他穿着天蓝色的沙滩裤，背着双肩包在学生会场里挥汗如雨。

可他自始至终都没想到自己会创业，“我是被邹秀峰拖下水的。”他如是说道。

煎饼一样的大学生活

白云是中国农业大学2001级农村区域发展专业的本科生，2005级社会学的研究生。白云学生时期喜欢化学，一开始报考了南开化学系的他因为分数不够被调剂到中农。被中农录取之后，他的专业也一调再调，植物保护的志愿没成，最后才到了农村区域发展专业。他哈哈道：“幸亏植物保护的志愿没成，我后来才知道中农的植物保护是做农药的。”农村区域发展在当时是一个崭新的专业，关注于扶贫和农业管理。“小白鼠”白云们在本科四年里学习了经济学、管理学、区域规划、城市规划、社会学等多门学科，是名副其实的杂学。对于喜欢的科目，白云从来都尽全力学；而对于并不感兴趣的科目，他只求不挂。在这样“任性”的学习方法下，到了大三，白云才惊觉自己并没有什么就业的筹码。女友和自己分手，前途迷茫，六级没过……事情一件一件压过来，白云晕晕乎乎的决定考研，还给自己定了一个高目标——考取“北京大学社会学”的研究生。

一年抵三年的大三正式拉开序幕。早上七点起床，吃个早饭，七点半到刚开门的图书馆四楼占个座，然后跑下楼去在中农的梧桐树下大声地读《新概念英语》。生活从来没有这么充实过，六级顺利通过，考研时英语的分数达到了70分，虽然没能进入北大，却顺利成为了自己院长的学生。谈起考研读研的日子，白云只觉得充实：“考研的时候没得说，大家都努力学习，考研前一天的图书馆里没有情绪崩溃的人，只有见面点头示意相互鼓励的‘战友’，这种感觉特别好；读研的时候都来不及想什么，每天都扎到基层里去做社会调查，去云南，去宁夏，跟各色人交谈……”等他完成论文，到了来年的3月，已经错过了招聘季，来不及感怀，白云一头扎进求职的浩荡大军中。白云说自己的大学期间没有什么亮点，唯一的纪念就是总往校外跑，或往图书馆里扎。他什么人都见识，什么书都看……变成了什么都会一点的“煎饼人”。也正是在这期间，他莫名其妙地被拉进了 MSN 的一个“优秀青年小组”里。在那里，他第一次知道了群主邹秀峰，知道他想鼓捣一个培训大学生求职的项目。

四年——无限的膨胀与反思

2007 年，白云正式进入职场。他总结自己只有两个长处——文笔和口才。所以学习管理学和社会学的白云第一份工作是记者，专门做 IT 消息的记者。他笑称：“虽然自己是穷人，但一直在写有钱人的稿子。”6 个月后，他离开了那家报社，进入 LG，成为 LG 旗下商学院的一名培训讲师。

白云一开始非常喜欢培训讲师这个职业。在那里，他能发挥自己的口才和专业优势；LG 也给了他从未有过的机遇，全国来回飞的机票、酒店、食宿，见到的都是分公司的管理者们，给大小老板们上课新鲜又有成就感；更重要的是，他觉得自己见到了以前从没有见过的人生——有事业的人的人生。

短短一年，白云一人就办了 25 期培训，创造了 LG 公司培训讲师的授课记录，他还来不及为自己的业绩高兴，噩耗随之传来——2008 年金融次贷危机。资历浅的白云面临着人生中第一次被裁掉的可能。主管培训的经理欣赏他，提出要帮他内部转岗。白云感激他的好心，也第一次接触到市场推广的职位。他很快发现，培训讲师的日子实在是太无聊了，市场推广才是他大展拳脚的好地方。在这里，他接触到的不仅是内部的管理者，更有社会上形形色色的人——供销商、展会、分公司里的很多人。他谈几百万一笔的大生意，安排所有人的活动和食宿，主持好几百人的场，做新品发布会的主持人……在这一年里，他一人手上就流出了 500 万。

父母为他骄傲，在老家宣传自己的儿子“出息，在外企做主管”，他自己也兴奋，觉得自己看到了更大的世界。可是 2008 年次贷危机给 LG 的冲击远没有那么小，很快，中国大陆的 LG 公司迎来了一次领导重组。白云的顶头上司由一个放权让他自由发挥的中国人变成了一个事事讲求计划的、斯坦福商学院毕业的异国上司。

自由惯了的白云觉得被自己的上司束住了手脚。多年后，他反思自己当时确实性格急躁，也承认上司有其独到之处。可年轻的白云不会这样想，2009年，白云愤然离职。

等正式离职，白云才发现事情没那么简单。原先他认为自己可以呼风唤雨，见的是大世面，手上也是几百万元的花销。可这一切，都是大公司的光环，没了这个光环，白云什么也不是。一次公关公司的面试，白云仿佛一个充足了气的气球，在炎热的7月经受不住高温膨胀爆炸。公关公司委婉地告诉他，由于他的英语并不是很好，希望他能再考虑一下。白云不信，偏要试一试，面试的HR也不甘示弱，叫来了自己的美国同事。当那个美国人面露蔑色地说"I think that is all."的时候，白云在空调屋里已是汗流浃背。

2008年和2009年对邹秀峰来说，也是困难的年份。他经历了第一次创业失败，和白云见了第一次面，设计了一个针对毕业大学生的求职课程，白云帮他在中农开办的就业课程中做了一次客串讲师。当白云离职时，邹秀峰对他抛出橄榄枝，可白云摇头，继续在大公司之间奔波去面试。

2010年，白云所在的一家本土公司因为业绩大幅度下滑，面临倒闭的危险。这家本土公司，当年曾是175块一股的"妖股"，当白云黯然离职的时候，股票已经是5块一支了。在一次与邹秀峰的聚餐中，邹秀峰又邀白云入伙，白云没有正面回答，却提出要入股。等邹秀峰拿到天使投的时候，白云也终于下定决心，进了他这条"贼船"。

他别扭地说道："是被邹秀峰感动了。这个人太惨了，创业失败的时候，只有一辆小奥拓，外面下着大雪，他在小车里缩着睡觉。"

90后中的一只老牛

凹凸人的业务拓展并不顺利，可以这么说，凹凸人的高校市场是在白云几个人的嘴里讲出来的。从北科一场宣讲会开始，几个人在高校间奔波，举办公益性的就业课程，光白云一人，除去其他事务，一年中就办了92场宣讲会。在宣讲会中，白云不仅传达着求职的方法，更传递着一种信息——让社会人替高校学生铺好走向社会的路。

等凹凸人搬到学研中心的时候，已经是一个有长沙、哈尔滨、武汉三个分处的初具规模的公司了，和凹凸人合作的有北科、农大、矿大、中科院、林大等数十所高校，更有乐视网、电信公司等大企业的招聘信息注入。

在北京总公司里，有30余人负责日常的工作，除了白云之外，都是90后。90后思维活跃，经常拿老板打趣，却不敢在工作上有一丝一毫的松懈。白云保持着大公司工作时的习惯，邮件的格式，策划的语言等，连标点符号的错误都会被白云挑出来。他深知，对一个正在发展的小企业来讲，细节的差池会酿成多大的灾祸。

当问到未来的计划时，白云眼中有星星，他说“希望能获得A轮的融资，”顿了顿，他却忽然害羞起来，摩挲着中指上的戒指“还有，希望能结婚。”从2007年到2016年，马不停蹄地工作了9年的白云，终于开始考虑自己的生活。

做最好的自己

1998 级—计算机—姜钦燕

友天下国际教育(UF-EDU)公司位于东升科技园,是一家以国际文化交流为主的教育科技公司,专注于海外教育信息、投资信息和文化信息的咨询服务。

友天下国际教育(UF-EDU)公司的主营业务是:从中小学生到成人的海外游学项目,从亲子游学,中小学生插班游学到成人"拓展自我"游学等,全面开阔国际视野,拓展创新思维,获取最新资讯。

喜不喜欢都要做到最强

“我不喜欢计算机，但是我计算机学得特别好。”1998级计算机专业的姜钦燕，当年听从父母的意见选择了农大的计算机专业。她说有的时候看见那些编程，她脑袋都疼。可这并不影响她每年拿一等奖学金。

姜钦燕自己都承认她是个不折不扣的学霸，各科成绩都好，每年拿一等奖学金。因为喜欢数学，数学好所以计算机好。常常参加各种数学竞赛，并且每次都会取得不错的名次。每年参加全国数学建模竞赛，每年都得奖。有一次竞赛，她有两三道题都没做出来，就觉得自己考得太糟糕了，这次真是白考了，但结果榜单发出来，她竟然是特等奖。她常常是这样，对自己要求过高。

姜钦燕虽然是学霸，但并不是那种特别用功的学习机器。大学的时候她是班干部，还组织过同学们卖小商品，盈利用来帮助当时班上家庭条件十分困难的两个同学。那时，她们一下课就去卖。她还和其他几个女生与外校开展了联谊活动，包括男女同学联谊找对象，但主要是为了建立裙带关系。就这样顺便把小商品卖到了其他学校。当然卖东西并不是她们的最终目的，只是为了帮助困难的同学。不过这倒真算是她参与的第一次商业活动，是第一次经商赚钱的体验。

无论做什么都很要强的姜钦燕也有自己对大学生活的遗憾。她遗憾没有在那个自己最美好的年华谈过一场恋爱。她还遗憾没有学到自己想要的东西。虽然不喜欢计算机，但她也并不清楚自己到底喜欢什么。所以毕业的时候她特别迷茫。班里的同学大多数都从事了计算机相关行业，只有她还没有工作，直到毕业后大概一个季度才拿到人生中第一个 offer。那是一家加拿大教育公司在北京设立的分公司。从此姜钦燕便走上了从事教育事业的道路。所以她现在也会后悔，当年念书的时候既然有足够的精力把专业课学好，那剩下的时间为什么不去涉猎一些教育方面的知识，现在回想起来这可能是她人生中最大的败笔了。

一直都是 Leader

姜钦燕虽然在大学阶段不太明确自己到底喜欢什么，不过她说她还是比较喜欢和善于跟人打交道、了解一个人的成长过程和一个人的经历，所以大学的时候她做过学生记者，在创业的时候选择了教育行业。教育行业很注重与人的沟通，而且环境相对单纯，是和学生家长打交道。而且就未来发展来说，做的时间越长越资深，价值越高，越能够帮助更多人成长。

友天下是 2014 年才建立起的品牌，还很年轻，到现在为止才发展了三年。在创业前姜钦燕有三份工作经历，从成人教育到幼儿教育再到青少年教育。MBA 的最后一个学期创办了友天下国际教育。她说现在还处于创业初级阶段，还不算成功。友天下主要经营从中小学生到成人的海外游学项目，从亲子游学、中小学生插班游学到成人"拓展自我"游学等，全面开阔国际视野，拓展创新思维，获取最新资讯。帮助更多的人认识世界，去到不同领域，拓宽视野，拓展自我，提升自我，打开一扇新的门，给他们新的思路和开阔的思维方式。

10 年教育行业的工作经验为姜钦燕积累了很多宝贵的财富。她在之前的公司一直是 Leader 的地位，有很多资源优势，也积累了足够的资金。友天下不像一些技术团队需要太多人才，而且只有两个股东。姜钦燕清楚地知道创业是九死一生的，不成功的概率远远超过成功。创业不成功是必然的，成功才是偶然的，但她和她的团队说："我们要成为必然的那部分。虽然这很艰难。"

初创公司从头到脚都是困难的。一开始姜钦燕很多基础工作都不会做，全靠秘书帮她，她只负责管理工作。不过这些都是小问题，后来自己学习了一下也就解决了。真正的问题在于招聘，作为一家才起步的公司，她们并没有什么优势，没有很好的福利可以提供。所以扩大团队是创业初期的一大难题；还有就是业务模式。市场上有很多类似机构，在差别化市场推广开发上要有很大投入；当时她从大公司跳出来没有太多东西，而且把资源变成自己的还是需要一定时间。目前海外学校、企业、线路积累成熟了，有一些渠道是打开了，但是量还是不够。国外产品成熟，还需把市场快速拉伸出来。

前不久，姜钦燕偶然遇到一位做风投的朋友，问她考不考虑把友天下打包卖了。姜钦燕委婉地拒绝了他，首先她觉得友天下现在还没有太大价值，卖不到钱。而且创业的时候根本没想过赶紧卖了套现。她们的初衷还是想要做一份事业来长期经营，想要真正帮助到客户。最初创业的心态就是自己获得成

长，并且帮助更多的人。在这个过程中如果做到十年直到力不能及，或许才会考虑把它卖给大集团。

读万卷书，行万里路

“读万卷书，行万里路。”这是姜钦燕最喜欢的一句话。这也是她的生活态度，为生命带来更多可能性。

她从小就想做一个真正自由的人，无论是时间上、财务上，还是能力上，做自己想做的事，帮想帮的人。这种价值感是有意义的，所以姜钦燕一直在努力把自己变成一个真正自由的强者。强者无所畏惧，不像大多数女孩温柔娇滴滴的个性，姜钦燕从来没有惧怕过什么，她说她最大的优点就是胆子大。她一直在向前发展，到目前为止她还没有遇到什么是特别害怕的，因为她坚信往前走只要路是对的，没什么需要害怕，没有什么可以阻挡。

对这样一个性格突出的人肯定会有人不喜欢也会有人很喜欢。身边有的朋友支持欣赏她的创业行动。也有朋友反对，觉得女人就应该踏踏实实找份稳定的工作，在家里带带孩子，没有必要太强势。可姜钦燕并不在意别人对她的评价，她就是这种个性，做自己，走在自己的路上。

不过对一个女人来说，家庭，总是人生重要的组成部分。姜钦燕有一个十岁的女儿，独立能力很强，不需要她操心。尽管姜钦燕把主要精力放在经营事业上，但有时间就会陪女儿看书，陪她玩。姜钦燕的先生也非常支持她追求事业，所以在家庭与事业的平衡上姜钦燕也没有什么顾虑。

在创业途中，姜钦燕最感激的人是她的导师，因为创业初期导师送她两个字——坚持。每当困难的时候，她想到这两个字咬咬牙就都过去了。而她目前最大的愿望就是整个团队能更快更好地成长，她们的事业能帮助更多的人实现梦想。

对于年轻人创业，作为过来人的姜钦燕给出了一些自己的看法：商海浮沉这么多年，见到关掉的企业太多了，各有各的原因。成功需要面面俱到，但失败只要一个点就够了。大学生创业需要基础，需要社会经验的积累。而且创业的尝试因人而异，具备创业能力的大学生是非常小众的。有的大学生创业失败，撞得头破血流，受到很大打击，甚至可能使他原本的潜力受到影响。但是现在是信息开放的时代，也有一些大学生积累了一定社会经验，具备素质能力。创业没有年龄界限，如果做好了准备就大胆地迈出第一步吧。趁着年轻多去外面的世界看看走走，让自己的生命更有意义。

谈起母校农大，姜钦燕的感激与自豪之情溢于言表。她希望农大学子毕业之后能更加团结，创立作为农大学生自己的资源配置，让农大的明天越来越好。

热爱生活，坚持梦想。或许这就是如何做最好的自己的答案。

技术创造价值

1995级—应用电子技术—林科全

北京亿达网通科技发展有限责任公司成立于2001年，是专业从事系统集成业务的高新技术企业。公司主要面向教育领域以及政府军队，专门从事网络

集成、综合布线、多媒体教室、多媒体机房、远程教育系统、远程会议系统、智能广播系统、安防监控系统、一卡通、演播室、各类实训室等各种弱电项目的销售、设计、安装和维修服务的业务。

转专业第一人

毕业于中农 1995 级应用电子技术专业，校友林科全当年可是凭借着在电子电路方面的专长成为了转专业的第一人，成功转入电子电力工程学院，开始在电子电路、自动控制方面进一步的深造。

林科全从一开始就没有选错方向，一直坚定地走在电子电路这条路上，并且越走越远。大学的时候，由于对电子的热爱和擅长，他还成立了电子协会，作为电子协会负责人，经常开展一些活动。然而正是因为平时参加活动，又帮老师做课题，让他觉得耽误了一些学习。对林科全来说，课本知识、专业知识是非常重要的，都是在为今后的发展打下坚固的基础，都是未来发展的资本。不过林科全也并不是只会读死书的学霸类型，他经常参加社会实践活动，动手能力极强，一些电器的基础维修都不在话下。他也凭借着极强的动手能力和过硬的技术，在大学的时候勤工俭学，帮家里缓解经济负担。他做过技术顾问，跟教授做一些课题，在中关村做网络调试……

科学技术是第一生产力。科技进步是推动社会前进发展的动力，对于整个社会是如此，对于个体亦是如此。掌握一门技术是立足于这个社会的资本，像林科全这样的技术型人才，就是靠着过硬的技术在不断地为社会创造价值，也在实现着自身的价值。

迈出创业第一步

其实林科全在农大念书的时候就有了创业的想法。一是出于家庭情况的考虑，家里比较困难；二是因为自己有技术优势，技术过硬。但他还是没有选择毕业后立即创业，而是先在一个职业技术学校教了一年多的工程供电和计算机类课程。

在 2001 年林科全才迈出了创业的第一步，创办了北京亿达网通科技发展有限责任公司。林科全的第一次创业，完全是自己独立起步，所以刚起步的时候很困难。而也正是因为困难，不能给别人一个一定能赚到钱的保证，他才不想把朋友拉进来，却选择了自己承担这些压力。初创的起步资金都是来源于给别人做技术支持，技术服务时积累下的财富。

在创业前，林科全早就做好了最坏的打算，做好了心理准备，想好了失败能失败到什么程度，自己能承受到什么程度。所以他已经预料到创业期间会经历许许多多的困难，只要勇于面对，最终都能迎刃而解

2003 年非典，那时林科全的公司刚成立不久，处于创业初期，公司没有多少业绩，也没多少积蓄，然而又面临整个大半年不能经营的情境。做工程项目不像开餐厅，能一直有业绩，年底的时候终于接到一个客户，是一所学校，开学就要完成，所以他们立即筹款，赶工期，一个寒假就要把工期赶出来。

创业的时候总会遇到大大小小的挑战和困难，不过最后能给客户解决问题，让客户非常满意，这也是让林科全很高兴、很有成就感的事，这也是他的公司所创造的价值。像这样大大小小的困难还有很多，根本无法一一列举。不过，遇到困难解决困难，不要退缩，就没有什么是过不去的。

目前，林科全公司的发展已经到了平稳上升阶段。不过现在行业竞争激烈，想要立足还必须扩展新的行业，这也是林科全进一步的发展计划。

技术型人才

林科全一直在强调自己技术好，他说甚至有人评价他是“智商高，情商低”。他也承认这样的评价是客观的，自己技术过硬，执着刻苦，但是的确不太善于人际交往。

林科全在毕业以后一直心系母校，常常参加校友活动，投身于学校的公益事业。他是农大四川校友会足球队的成员，并且为足球队提供了一定的资金支持；母校 110 周年校庆之际他捐赠 110 万元用于支持学校及学院的建设；他曾参与院部学生工作联席会，研讨大学生创新创业教育。饮水思源，林科全过硬的技术和成功的资本或多或少来自于母

校的培养，能为母校的建设出一份力量，为母校更好的明天做出贡献也是林科全的一份心愿。对于大学生创业，作为过来人的林科全也给出了一点自己的看法：大学生创业首先要做好思想准备，还要具备方方面面的能力。专业知识，管理能力，对创业的认识，这些都是必不可少的。而且并不是所有人都能创业成功，所以创业首先要认清自己创业的方向，不要盲目创业。大学生看问题还很片面，很多地方考虑不周到，管理知识，承担压力的能力还不是很具备。所以这就需要先学习别人的管理经验，要有全面的认识和知识储备，这样公司才能很好地发展下去。

那么大学期间该如何提高自身能力呢？首先不能光学课本知识，学好专业课并非必需的，但这也要因人而异，像林科全这样本身就对电子方面感兴趣，并且确定了今后会从事相关领域的人来说，过硬的专业知识就很必要。但如果确定了其他的方向，就要注重涉及相关领域的知识，要不断丰富自己。大学除了搞学习还要多参加相关的社会活动，这非常有助于提高自己的综合能力，无论对今后的工作还是创业都很重要。

LED 点亮世界

1987 级—应用电子—李玉刚

李玉刚，北京澄通光电股份有限公司创始人，其所创立的橙通光电股份有限公司位于北京市顺义区高丽营镇金益街 7 号。橙通光电股份有限公司成立于 2003 年 8 月，注册资金 6 080 万元人民币，到目前为止固定资产值已经达到 1.8 亿元，年产值 3 亿元，是一家专业从事高效节能半导体照明系统研发、技术和产品创意设计开发、工程化应用以及相关技术服务为一体的城市综合亮化整

体解决方案供应商，是国内专注于为客户提供节能LED显示系统、节能LED城市亮化系统和节能LED照明设计全套解决方案的专业化公司，是北京市高新技术企业、北京市科技研发机构，在高效节能LED系统创意设计研发和显示、照明、城市亮化等领域有很强的设计和技术实力，拥有较先进的LED系统创意设计手段和优秀的专业设计人员，综合实力处于国内相关行业的领先地位，具有较高的市场知名度和行业影响力。

没有伞的孩子才会奔跑

相比于如今大部分上大学的孩子来说，李玉刚所处的那个年代可以说是一个十分困难的年代，而李玉刚作为一个农村孩子更是一位彻彻底底的"草根"。

李玉刚从小生长在贫困山区，几乎与现代化隔绝。直到10岁那年被妈妈带到县城去了一次，他才第一次看见了自行车和汽车。大山给了他奋斗的动力。很小的时候，他就梦想着有一天能靠自己的能力，闯出一片属于自己的天地。1987年，李玉刚考取中国农业大学应用电子专业，为实现自己的梦想，跨出了一大步。从刚进校门的那天起，他就不打算再向家里要钱，因为以务农为生的父母，根本没有钱！当时，改革开放还不到10年，农大校园里，似乎也活跃着一丝市场的气息。学生宿舍的玻璃窗上，会有学生张贴出手写的广告"方便面"字样。李玉刚也是诸多"方便面"广告主之一。不过，他批发来的方便面常常是送给同学因为根本赚不到什么钱。他只好转行当起了"游商"，在学生宿舍的走廊里兜售自己批发来的鞋子、西装。这种微利的小买卖根本凑不够他的生活费。那时，丰富的校园活动催生校园摄影热潮，李玉刚看出了其中的商机，就联合同学在学生活动中心办起了彩色照片扩印部"好再来"，每天把同学们拍的胶卷收上来，再送到城里冲印。虽然只赚个差价，但"门店"位置好、冲印快、保质保量等优势，让"好再来"逐渐成为校内最大的彩扩部。李玉刚一个学期竟能收入一两千元，在当时，这是一笔不菲的收入。这也成为了李玉刚创业之路的开场秀。

看似简单的买卖，让“市场”二字逐渐从抽象的定义，变成了李玉刚眼中实实在在的财富。他对市场的敏感嗅觉，也正是从这时候开始，不断增强。

艰难困苦，玉汝于成

1996年，海淀区五路居附近一所民办大学内，李玉刚靠着给学校承包了半年食堂的关系，租下两间平房教室当厂房，和几个临时工一起开始了生产。因为实在不好意思听人叫自己“李总”，他让大家叫他“李哥”。小作坊里就这么几个人，“李哥”不仅要跑单，安装、生产、调试、售后也都要亲自上手。当时，小作坊的产品很单一，就是为证券公司生产营业大厅里的LED显示屏。

话说小作坊运作一年后，李玉刚深感人才匮乏，于是下决心来了一次大手笔，支付了一笔数量可观的留京费用，从母校农业大学请来了两个同门师弟。之后，李玉刚的二哥、老乡也前来帮忙，小作坊渐渐有了稳定的团队。但他发现自己面临的问题依然很严重。到2000年时，北京能够生产LED的小作坊，已经有上百家，排在李玉刚前面的，也有50家左右。更糟糕的是，股市自1999年转入低迷，股市情形不好，证券公司就会放缓开设新的营业厅，自然也就放缓购买显示屏。这对整个LED行业来说相当于灭顶之灾。因为当时LED的最大客户就是证券公司。生存压力如剑悬顶，逼着李玉刚赶紧想出路。他一方面紧盯着行业技术动向；另一方面想到了要走出去，走向全国各地，创造需求，创造市场。李玉刚以钢铁般的意志和强大的感召力，动员老员工们走出京城。2000年起，很多老员工被李玉刚“赶”出了北京，去各省区市开设办事处。由于缺少人脉，人生地不熟，大多数时候，大家只能依靠最原始的方法寻找客户。李玉刚开始亲自上阵，开拓业务。在四川办事处，他带人硬闯客户的大门，无论证券公司用的是谁家的显示屏，都先低价提供维修服务，靠技术好、服务好渐渐赢得信任，进而拿到订单。再坚强的人也是血肉之躯。奋斗到2002年时，李玉刚陷入了深深的迷惘。还要坚持下去吗？如果解散企业，把剩下的钱买房或者投资，李玉刚可以过得很舒服。可那些跟着自己干了这么多年的员工，他们怎么办？

那些抛家舍业被他派到外地去的员工，又该何去何从？

李玉刚决定咬牙挺下来。

功夫不负有心人。由于李玉刚的公司是当时行业内极少数能够派驻专员在全国各地提供售后跟踪服务的 LED 公司，这样的优势让他渐渐脱颖而出。仅以新疆办事处为例，2004 年销售收入超过 100 万元，2005 年翻倍，2006 年再翻倍……如今新疆办事处的年销售收入已超过 1 000 万元。再回头看当初同业竞争的一百多家小作坊，绝大多数已经在行业大洗牌中死掉了。

2007 年以后，橙通接连拿下北京奥运会老山体育馆、跳水馆、国庆 60 周年庆典台湾彩车，上海世博会铁路馆等重大项目，并取得了建筑施工资质、北京高新技术企业、北京市科技研发机构等资质。2009—2011 年，还连续三年获得“中国 LED 最具成长性企业”“中国 LED 优秀工程奖”“2010 年中关村优秀工程创新奖”等奖项。目前橙通已经成为国内知名 LED 系统设计制造和节能环保行业企业。李玉刚也已经成为中国北方地区 LED 行业的领军人物。创业之路，风云诡谲，艰难困苦无数而这一切也正应了那句话“艰难困苦，玉汝于成”。

随着市场的不断扩大，橙通的不懈努力以及各种十分炫酷的新产品不断研发，这位 1987 级的学长正在用 LED 点亮和装扮着这个世界。

橙通公司球形 LED 显示器产品展示：

对话篇

谈到当初为何想到自己创业？李玉刚说：这也是一个自然的事情，其实人人都想做一番事业，自己做事能够把握自己的发展，尝试自己想做的事。创业从来不是一件简单的事，一路的艰辛和困难，但这些也没有阻止李玉刚前进的脚步，他认为他的创业之路始终有一种信念，一种责任一直支撑着他。“我觉得人一辈子还是要做点事情，同时要对家人、朋友和合作伙伴负责”。李玉刚如是说到。

创业时期李玉刚最想感谢两个人就是他媳妇和他哥，“没有他们的支持，我做不下去。在很多方面，我哥哥都是无条件的支持，很信任我。我媳妇也是，很多时候以公司为主，牺牲了很多家庭的舒适条件，不拖我的后腿。困难的时候，就鼓励我。顺利的时候，又提醒我要冷静。在很艰苦的时候，我们都会互相鼓励，整个团队都是这样。这是非常重要的，不然肯定做不下去。”

而面对如潮一般的创业风，李玉刚说：“我不觉得我是一个成功者，只是按照自己的想法做了点事。大学生如果自己想创业的话，还是要坚持，不要轻易放弃。只有坚持，才能做出成绩。同时还要注意关爱周围的人，这样才会有团队精神，才会有人支持你。”

脚踏实地与仰望星空

■ 1989级—土木工程—阳军旺

脚踏实地是指务真务实，身体力行，扎扎实实，一步一个脚印地从实事做起；仰望星空是指辽阔而深邃，庄严而圣洁的星空，代表着令人奋进和向往的未来。作为大学生既要有远大的梦想又要有好好学习、努力到社会上去实践的行动。农大1989级的校友阳军旺就是这样一个不空谈只实干的创业者。

阳军旺，广西双旺建设工程有限公司董事长。广西双旺建设工程有限公司创建于2011年，是一家集市政工程、建筑工程、园林工程、城市照明工程、消防工程、土石方工程、机电安装工程、建筑装修装饰工程施工及基础设施建设和房地产行业投资为一体的综合性企业。

1993年阳军旺毕业于中国农业大学土木工程系，毕业之后进入一家路桥公司工作，工作期间踏实肯干，任劳任怨，领导比较赏识他，所以给了他很多尝试和挑战的机会。时间长了，经历的项目也多了，他越来越熟悉技术施工等相关流程。正好有机会便和朋友一起搭伙开始承接项目。出来自己做事情才发现资金不足、人脉不够、合作伙伴失信等问题。从这些经历中，阳军旺悟出了一些道理：一起合作不一定要求永久合作，但建立公平公正的合作制度非常有必要。在承包项目的过程中积累了一些人脉和资金，有一定实力后，他决定自己出来独立创业。在整个的职业生涯过程中阳军旺从来没有想过一定要成功或

者拥有多少财富，他最初的想法只是想改善一下家人的生活条件。但是他稳扎稳打踏踏实实地去实践，把每一天的工作做好，把每一个项目做好，把每一个合作方服务好，从来不会花言巧语，一心埋头做事。经过 23 年不断的积累，到现在阳军旺创办的广西双旺建设工程有限公司，已经购买了几千万的写字楼，有大批量的专业设备，拥有上百人的一流技术团队，每年近两个亿的营业额。虽然房地产行业这几年整体下滑，但是他对基础设施建设仍然充满信心。大环境不好时，他能迅速地调整自己，放低身段和一些小企业去合作，别人看不上的业务他也会非常重视，带领团队积极地做转型，稳定和安抚员工。正是一路走来踏实肯干的做事风格，才培养了他的这种稳重、不急不躁的性格。

大家都知道建筑行业垫资比较严重，受国家政策影响较大，合作伙伴的信誉问题又很难把控，而这里的任何一个风险都可以击垮一个渺小的创业者。但是阳军旺认准了就去干，不会顾忌太多，不会人云亦云，不因别人的评价而影响自己的判断。从手边力所能及的事情做起，告诉自己每天多往前迈一步，离目标就更近了一步。正是这样一种信念指引他不停止的向前，有一天一抬头他已经爬到了自己当初遥不可及的高度。

农大的学子有一个相对比较普遍的特点，沟通能力不是很强，社交能力比起其他院校稍差一些，但是我们的优势是脚踏实地、接地气。大学生普遍有对未来充满希望，充满激情，有“初生牛犊不怕虎”的精神，这些是一个创业者应该具备的素质，在大学期间学到了很多理论性的知识，农大也有一些农业领域的技术优势，如果有创业的打算平时就要留意自己身边的同学和好朋友，多去物色能够一起做事的合适人选。在这个大众创业、万众创新的时代，阳军旺经常鼓励自己团队中的项目经理去创业，也希望能有更多的农大人能够拥有自己的企业梦，但是还是不太建议农大的学子一出校门就创业，这样很容易失败。先就业再创业，首先从接触自己喜欢的行业出发，在职场上工作几年再考虑创业。不可能人人都是董事长，想法是美好的现实是很残酷的。不管是选择就业还是创业，都没有对与错，只要自己决定了，就去行动。年轻时将该学的学业全部完成也是一件好事。不管走哪条路选择了就不后悔。

阳军旺真诚的给农大的师弟师妹们一些建议：

想创业要找到自己的创业导师，要脚踏实地，同时也要在自己的创业路上懂得取舍，知道什么时候该放弃哪些东西。阳军旺用他过去的经历给到我们一些个人见解，也是他走到现在回首当初他年轻想创业时，希望有人能传授给他的一些感悟。

(1)懂得取舍，知道哪些该放弃。大学美好的时光，多少同学在谈情说爱，无数同学在拼命地考研、考博、出国深造，要清楚自己内心到底想要什么。如果真心喜欢自己做事情创业，那就要规划一下未来两年、三年、五年甚至更长远的生活和工作，要有长远眼光。如果只是跟风、赶潮流创业，因为它并不是来自于你内心的源动力，所以前期的激情四射很可能会被打击得遍体鳞伤。真心喜欢就去做，在同龄人中你可能要放弃一些，付出得更多一些。不是真正想要的，那就放一放，完成自己所有的学业走上社会之后再考虑创业也不晚。所以懂得取舍，清楚自己的舍与得后再行动也是对自己最大的负责。

(2)规矩意识。无论与什么人合作都要首先建立规矩。没有规矩不成方圆，再好的感情，再真的承诺，在现实面前在利益面前都可能会发生变化，提前约定好规则制度，遇到问题按照制度办事，既不会让自己头疼也不会伤害感情。这里的规矩不单指合作方与客户之间的约定，还包括国家制度以及你企业的纳税，这些都要重视起来，按照国家标准和要求办事是一个创业者必须遵循的规则，这些千万不能当儿戏，否则很可能会遇到麻烦。

(3)学会控制自己的情绪。大学生沉浸在校园简单的人际交往中，所以在步入社会的前期一旦受挫，情绪和思想浮动会很大，想创业就要先认清社会学会接受人的本性。冲动是年轻人的共性，作为一个创业者，要耐住性子，做事千万不能冲动。遇事多思多虑，年轻人创业本身就是有风险的事情，大学生直接创业风险更大，所以不管是创业的哪个阶段都要深思熟虑，踏踏实实地去做有把握的事情。

(4)要好学多问。专注自己领域专业知识的学习不能止步，多向身边的朋友、老师、有经验的人请教。培养自己的学习习惯和自主解决问题的能力。知识是没有尽头的，我们已有的知识在这个信息爆炸的时代，很快会被淹没或替代，所以有一个随时随地随处学习的心态，是我们创业成功的核心竞争力之一。

(5)利用各种资源和渠道。在这个互联网充斥生活每个角落的时代，很多资源不再像之前那样封闭和垄断，比如写一个商业计划书也许半天就能出来，因为网上可以给你提供各种各样的参考和建议。所以抓住这个大好时机，充分借助各种平台、资源、人脉开拓自己的业务和市场，在整个创业过程中不断完善自己的想法和思路。不要寄希望于开始之前就已经把思路和各种资源准备好，总有事情是你想不到的，所以把握时机，拓宽资源通道，在行动中学习和调整很重要。

(6)在学生这个年纪，不要孤注一掷去创业。背水一战，勇气可嘉。但是我们要考虑父母家人，创业做生意不是儿戏，商场如战场，真的会是你死我活的厮杀。因为社会经验少、资金储备不足，所以要提前想清楚创业失败之后，最坏的结果是什么，如果自己能承受那就去做，如果承受不了还是要慎重决策。

(7)要有责任意识，少许诺多兑现。做到永远比说到更难，踏踏实实的去做自己擅长的事情，比豪言壮语更有信服力。我们说创业者要有梦想，要用你的梦想去感染和影响别人，要能去跟别人讲故事。听完故事也许会有投资方会给我们投钱，但是请记住天下没有免费的晚餐，也不会因为获得了别人的信任我们的梦想可以有什么捷径可走，听完故事之后更多的是如何实现，能不能实现，是创业者必然要去兑现的承诺，也是每一位创业者需要具备的责任意识。

我们有梦想，我们敢于仰望星空，但是脚踏实地一步一个脚印地去落实，才能保障仰望星空有可能变成现实。希望农大的学子们能够做出适合自己的抉择，在以后的职业生涯之路上越走越顺，越走越宽。

创业，并非总要“另辟蹊径”

1997—计算机应用—伍军

伍军，北京长凌东方电气设备有限公司董事长。公司成立于2007年，经过几年的努力，已发展成为加工生产、销售代理、系统集成于一体的综合性专业电气专家。公司成立之初就与国际电气公司ABB、施耐德、西门子等建立战略合作关系，成为其核心经销代理商。如今立足于北京，面向全国，走向世界。作为一生产代理销售型公司，在不断丰富其代理的系列产品的同时投资建立自己的生产基地，公司现已能加工生产全系列高低压配电成套设备。

“上班，比创业的风险更大！”

作为90年代毕业的大学生，伍军面临着传统下海热潮的消退和新兴行业的萌芽。计算机毕业的他拥有信息技术领域的优势，和大部分的毕业生一样并不困难地找到了一份计算机编程的稳定工作，朝九晚五的工作时间，六七千元的固定工资，对于一个初出校门的学生而言已是相当优越。然而，和大部分创业学子一样，伍军的心里始终有一股不安分的力量在敲打着他。虽然初出校门，享受着安逸的生活和工作环境，但怀着对家庭的责任和未来的憧憬，他想要自己整出一番名堂。谈到创业的初衷，伍军淡淡地说：“为了让所有的家人不再为金钱发愁，就这么简单。”省视了大社会的环境，伍军认为，异乡学子想要在大城市扎根，没有背景和根基，打工和上班的风险实际上比创业的风险更大，与其在市场变革的风雨中如柳絮般随风摆动，倒还不如把心一横找一个项目自己扎根，在他看来，上班远不足以改变他想改变的现状，而创业最坏的风险，不过也就是重新上班。既然如此，有什么理由不呢？

对于一触而发的想法，伍军开始寻找合适的创业项目，恰逢数字音乐时代的前奏到来，他把注意力投向了新兴的 MP3 行业。大多 80 后都是有着“卡带”情结的，伴随着卡带长大，所有时代的音乐元素都寄存在小小的卡带里，成为一个时代时尚的标配。届时，MP3 刚刚开始涌入市场，凭借小巧轻便和大容量的优点，火速获得了年轻人疯狂的追捧。物以稀为贵，在其还未普及的节点，伍军感受到了一场数字音乐的变革即将到来，在深深地研究了这个新兴的小东西后，他发现了 MP3 最核心也是最能左右同款产品价格的，是内存。同款产品，样式配置都无差异，但仅仅是内存的不同便有了巨大价格差异。于是，他有心致力于 MP3 内存卡的投入和生产。可毕竟新兴技术的科技含量高，门道也不浅，为了弄明白内存卡的生产制作手段，伍军必须重新拾起专业，经常和行业内的人交流和学习，遇到无法解决的难题也只能通过自己的方法解决，在论坛交流和学习……很快，他在北京的中关村建立起了自己成型的创业项目，并且成立了自己的科技公司。其实，规避所有文艺而高尚的理由，创业最初始的目的之一大多出自对物质强烈的渴求，从这个角度而言，便不难理解伍军对创业风险定位的理解。

在新兴的数字时代回归传统行业

MP3 和 U 盘的行当进入不久，伍军发现，在短期的盈利后，这一新兴行当进入了时代发展的困境——数码产品的更新换代速度太快，以至于生产计划逐渐赶不上变化。这对于以生产求效益的公司来说是十分致命的短板。所以以生产为重心的伍军在和数码更新赛跑了一段时间后，选择了将生产线转向传统行业——电器工程。从行业上来说，伍军完成的是由新兴行业向传统行业的转变。而从创业的角度来说，这只是生产业对最优生产对象的选择。

伍军认为，就制造业而言，相较新兴产品，传统项目占有着非常大的优势。在既有的市场条件下，传统的制造业已经有了牢固的框架，在大环境中也有了短期不可更改的行业惯性，相比于新兴的高投入、高风险、高回报的行业特性，传统项目的优势立即被凸显得相当明显。伍军说，创业项目有优劣之选，但是行业却无好坏之分，只是对于自身渴望扎根又向往安定的性格而言，电器工程这一市场需求变化慢、风险可控的项目会更适合自己。他主张，创业是一种对执行者的针对性很高的活动，每个人都可以根据自己的实际情况做出合理的选择和规划，而创业的魅力也就在于每个人不同的思维、能力和掌握的资源，使得大家的成功都是独一无二不可被替代的，这也是众多创业学子前赴后继想要证明和找寻的“社会存在感”吧。

如果说一开始的科技公司是小试牛刀的实践，那么后来的传统电器工程就一定是伍军在找准自己的位置后真正与市场、与客户磨合的开始了。对于这个项目的选择，伍军说，自己身边亲近的人都有着这方面的信息和资源，在长期的沟通中自己也了解了这一方面的专业信息。那么一切准备就绪，最急需解决的问题就是客户的问题。正所谓“巧妇难为无米之炊”，空有信息和技术的伍军在项目开始之初最核心的工作就是跑市场、接工程。一脚迈入创业浪潮里的人都知道，业绩就是尊严，也是公司初期发展的奠基石。如果没有足够的顾客量支撑，无论工程再大，项目再多，也都无济于事。

一家一家客户地谈判，拒绝也已经成为家常便饭。都说，销售有一颗刀枪不入的心，接受得住利益的簇拥也承受得起恶意的拒绝。好在性格对了、行业对了，一切似乎都恰到好处的对了，市场并没有太艰难。谈到这里，伍军说自己最喜欢的企业家是华为的董事长。华为的脚踏实地也是他始终勉励自己的精神。他说，喜欢华为的忧患意识，工程项目当中发生一些不可预料的小意外太正常，但要保证一个项目尽可能好、快地完成，必须要有忧患意识，对未知却可能出现的一切风险做到有效地控制和预防，只有这样，才能将工期成本最大化。他喜欢华为自力更生、艰苦奋斗的精神，就如同自己创业之初想要扎根的决心和一直勇往直前的状态。他们在工业领域、在高科技领域都杀出了一条血路，在传统的制造业上是令人敬佩的榜样、在传统行业与高新行业的结合点上更是他学习的对象。和其所想一样，伍军无论是新兴还是传统，每一步都走得很踏实、稳健。

"生存"是最重要的素质

至今，年工程量以千万计算的伍军依然认为，做企业最重要的是"生存"。做企业的人，最重要的意识也是"生存"。

企业的生存，指的便是出入正常的运营。伍军坦言，现时眼下的市场行情不容乐观，太多的大企业在竞争中倒下，岌岌可危的企业数不胜数。所以，企业现在最重要的核心就是"生存"。只要保证了工程的质量和用户的体验，在生存稳定的前提下才可以谈发展。传说中的"商战"其实不像电视剧中那样扑朔迷离，所谓商战，其实大部分就是企业与企业之间的生存之战。在博弈的时候，只要能维持生存的一切手段，都可以考虑尝试。而执行者的"生存"则是指一种咬牙坚持的素质。在市场的大环境考验下，能坚持与能存活之间的关系是相当大的，伍军认为，创业过程当中没有无解之谜，任何问题，到最后都是可以被解决的。而失败在商场上的人，只是缺乏了顶住压力、寻找答案的素质，也就是坚持。

虽说当年的创业是头脑一热之举，但伍军谈起大学生创业，还是好好分析了一下。正如他所说的，创业是一种对创业者本身针对性极强的活动，别人的成功经验无法复制，所以，对他而言，创业失败最坏的结果是回去上班，而对大多数的大学生而言，创业失败所需要付出的代价是非常惨痛的。他还是主张，创业的大学生要具备一定的风险预估和承受能力，在物质基础和精神基础都完整且健康的状态下再去进行大动静的尝试。

伍军说，当下是一个很好的时代，它很"适合"创业，也很适合失败。时代的浪潮不停地煽动着不甘于平庸的年轻人，年轻的资本也给了大家无尽的自信。但是，创业不该是一拍脑门子就去做的冲动行为，如果那样，很有可能为我们带来不那么正面的后果和让你无法收拾的残局。

总而言之，创业是一门综合各学科的学问，希望每一个农大学子，都能在这里交出一份令自己满意的答卷。

艰难的转行创业路

1997级—金融学—荆明

谈起山西谦诚律师事务所荆明的创业路，可谓是坎坷、波折，却又多了一些欣喜和慰藉。

不愿被束缚，努力奔向梦想

因为本科学的是金融专业，所以2001年毕业后，荆明直接回到太原市农业银行工作，这一工作就是八年的时间。荆明凭借着自己的刻苦努力和天分，从地方的支行做起，一步步走入太原市行，从柜台的小职员，一步步干到了太原市行的机关。

2009年初，荆明逐渐发现，无论怎样努力，也只是在银行进行一些重复性的简单操作，这样枯燥的工作慢慢让他开始进入一个思考期和彷徨期。而一直崇尚无拘无束的他，觉得银行的管理体制较为严苛，束缚着他的身体，更束缚着他的内心。两年前就想撤出银行的工作环境的想法又一次涌上了他的心头。

当时32岁的荆明，回想起自己高中时代的梦想——成为一名有尊严有光环的律师，他不禁陷入了沉思。高中时，由于他是理科生，所以无法报考法律相关的专业。而进入大学，又因为自己的专业学习任务繁重、参加各种学校的社团，以及当国旗班的班长而无法辅修法律专业。就这样，他与自己的梦想一步步远离。

而现在毕业已经八年了，是不是还有机会实现自己的梦想？究竟是在银行里继续被“束缚”？还是自己勇敢跨出银行的大门而朝向自己的梦想迈进？这让荆明想了很久。

经过研究之后，荆明还是觉得先试着考一考司法考试，看看能不能改变一下自己的命运，更要看看自己能不能接近自己最初的那个梦想。于是，他白天继续努力工作，夜晚加班加点翻看着司法考试相关的书籍。从没有接触过司法相关的课程和内容的他，对于怎样学、怎样复习、怎样应试都是一片空白，只能通过自己不断摸索、研究和学习来应战。

当年，荆明去参加了司法考试，结果一次就通过了考试，而且还超出了 30 多分。这给他带来了莫大的欣喜和希望。拿到考试成绩单的那一刻，他激动地不知道该做什么，只是一直在默默告诉自己，终于可以成为自己梦想的律师了，终于有了这个“敲门砖”了。于是，他非常自信地回到单位，提交了辞职报告。

当时的同事都很不解，太原市农业银行不是随随便便就能进去的，而银行机关里的职位也需要一定功底才能上任的，可他怎么说辞职就辞职了呢？可他们并不知道，荆明已经朝着自己的梦想迈进了一大步。

梦想即将实现，却是“噩梦”的开始

开心地辞职后，荆明拿着成绩单领到的却是一个律师实习证。而当时一心想创业的荆明突然意识到一个问题：即使司法考试通过了，也只能拿到律师实习证，这需要一到两年的实习实践，才能换成真正的律师资格证，只有拿到律师资格证，才能独自出庭。

这就意味着，当下的荆明，往前走，只是个实习律师，不但不能自己创业，还挣不到钱；往回退，已经没有后路了，已经辞职了，再回银行工作已经不可能了。

这可怎么办？失去了农行这个庇护所，一下子让荆明陷入迷茫。他觉得，这是他人生中的一场“噩梦”。已经结婚生子的荆明，面对家庭的开支，没有收入是万万不能的。所以,他开始有点后悔了,自己的鲁莽给自己带来了"绝路",而这条路,他真的选错了,失落、失望和痛苦也一天天围绕着他。

就在他即将选择放弃的时候,他的妻子鼓励了他:"就算没有收入,咱家还有我呢,你要坚持梦想,总会有出路和成功的一天的。"

转行,就注定一切都要重头开始,没有这个行业的客户资源,更没有这个行业的实战经验,就算干点私活,都没人敢用。从此,全家的开支都由妻子一个人的收入维持着。

期间,荆明怕妻子太辛苦,就放弃了律师实习的机会,主动选择了另一家银行应聘,因为在学校的时候,他的金融英语的初级、中级、高级都过了,都拿到了对应的证书,所以,很轻松就应聘上了这个银行的国际业务部。应聘成功后,仅干了两个月的时间,他就发现,这个银行比之前的农业银行任务繁重,每天加班,而且业务还重蹈覆辙。自己苦心想实现的梦想还没实现,就又回到原来的状态,甚至还不如原来。

虽然可以帮家里增加点收入,但是这样的工作和生活真的不是荆明想要的。为此,他下定决心,再次辞职,回到先前实习的律师事务所,继续实习。

2011 年年底,经过两年多的实习期,荆明终于拿到了人生最为重要的律师资格证。终于可以独自接手案件,也终于可以为家里贡献点收入了。可刚开始将近一年的时间里,他业务不熟、人脉不广,导致客户很少,收入也很微薄。

也许是因为年龄大了,折腾不起了,三十多岁的荆明要顾家庭,更要养活家人,这是一个男人的责任,他几次选择想要放弃回到金融行业,感觉还是随着本科所学的专业去做可能会好点,律师这个行业可能真的不太适合自己,而每次与妻子交谈这一想法时,都会被妻子一次次的鼓励"驳回"。就这样,荆明继续努力着自己的梦想。

2012 年 6 月,荆明接手的一个案件,胜诉,得到了他律师生涯的第一笔"巨款"。而仅仅这一次,突然让他看到了希望,原来这样也可以挣到钱。这一次,也给了他莫大的信心,他开始更加积极去接手案件,去不断学习和提高自己的业务水平。

之后的日子里,他所接手的案件逐渐多了,收入也多了,日子好过了,最主要的是自己当初的那个梦想也在逐步实现了。

金融知识与律师行业完美结合

业务多了,名气也就上来了。而这也归结于他当初那八年的银行工作经验。原来,他之后接手的案件中,大多数是与银行、证券、期货、保险、担保等领域相关的,并提供相关的法律服务,而这恰恰是他多年工作中最为熟悉的金融业务和流程。这也是他最有优势的地方和特色。同时也确定了他律师生涯的职业领域范围。

他的同事经常开玩笑说:“荆明在律师事务所里是金融方面最棒的人,在金融圈子里又是最懂法律的人。”

的确,他所接的案件随着他的名气越来越多了。

2014 年,谦诚律师事务所接纳了他,他成为了谦诚律师事务所的合伙股东之一。

据荆明介绍,山西谦诚律师事务所是山西省司法厅直属的专业化律师事务

所，主要业务领域为企业法律风险管理、公司商事、能源产业、金融证券、国际商事及重大诉讼、仲裁等。事务所现有执业律师 60 多名，均毕业于国内知名法学院校，其中 1/3 以上的律师具有硕士研究生及以上学历。

创业中获得的一些感悟

“创业要摆正心态和正确的方向”荆明说，“创业中追求一件事物，就像爬山一样，当你看到一座山的时候，只想着如何去爬山、如何爬到山顶，其实，真正给你动力的，应该是想象一下爬到山顶之后，所能看到的风景。”

从个人角度而言，荆明并不提倡大学生一毕业就去创业。刚毕业的大学生，没有社会经验，最基本的理解和社交常识都不懂，更不知道怎么去和客户交流。所以，毕业就应该找一个比较高的平台、比较规范的公司去积累经验，这些社会经验，是大家在学校、课本中永远都学不到的。而当大家有了这些经验之后，也会多一些人脉和资金，然后再出来创业，相对会好一点。

所以，创业还是存在风险，前期也是比较痛苦的。对于想创业的师弟师妹们，荆明建议，创业前，不管是本专业，还是转行，一定要认清楚那个行业的每一个细节。否则，自己一旦踏入这个行业，想再出来比较困难，而且要付出一定的成本和代价。

“人的一生应该是发挥自己长处的一生，而不是努力克服自己短处的一生。”荆明认为，大学生出来创业，一定要选择与专业相关的创业道路。如果实在对本专业不感兴趣，也可以考虑转行，但是转行是非常辛苦、非常折磨人的。

荆明表示，如果是在本行业发展，那么你可利用的资源从学校就会积累很多，如师兄师姐们，学校的老师们等，都可以帮助你在创业的道路上继续走下去。你的创业之路相对也会容易一点。

我与机器人的不解之缘

■ 2000 级—自动化—刘国良

刘国良，北京赛佰特科技有限公司总经理，北京赛佰特科技有限公司位于北京丰台看丹桥富丰路 2 号星火科技大厦八层。主要经营：码垛机器人、智能物流机器人、自动化生产线产品。2004 年，刘国良师兄从中国农业大学毕业后，便进入自动化及物联网领域，并于 2012 年与几位“战友”共同创立北京赛佰特科技有限公司，开始了创业之旅，那年他 31 岁。虽然这是条坎坷之路，但他依然不后悔做出那个抉择。

机器人之路起步

刘国良从小就对科技方面比较感兴趣，尤其是对机器人。所以进入中国农业大学时他毅然填报了自动化专业，他想通过专业化的学习再加上自己的探索能够自己研发机器人。说到创业，刘国良深有感触。他提倡先打工后创业。他认为大学生创业应该具备三个条件。第一，经验和能力；第二，人脉资源；第三，资金。个人的经验能力是第一位的而且是最重要的，没有经验，刚有想法就去做容易失败，即使别人投钱也会赔。那大学生靠什么积累经验和提升能力呢？打工是个不错的途径，积累了经验，提升了能力，同时也认识了一些比你更强的人，增加了一些人脉关系，这可以为以后的创业打下良好的基础。

赛佰特机器人技术都由北京航空航天大学陈友东博士及其他几位教授把控。北京赛佰特科技有限公司(下文简称“赛佰特”)所进入的工业机器人行业，面临国内底子薄、起步晚及进口垄断的多重压力。赛佰特面临着从无到有，从弱到强的严峻考验，也包括对刘国良个人的历练。

他回忆，2000 年前后，国内中粮、蒙牛、伊利等大公司陆续开始自动化改造，那时国内还未有成套的解决方案，所有改造都以国外机器人为主，价格非常昂贵，直到 2010 年以后国产机器人异军突起，局面才有所改观。公司有两个事业部，一是物联网领域，另一个是机器人领域，后者由刘国良主抓。2011 年开始筹备涉足工业机器人，2012 年正式成立赛佰特。赛佰特的码垛机器人产品拥有完全自主的核心技术，产品优质，性能方面达到国际先进同类产品水平，拥有很强的市场竞争力。

机器人之路前行

尽管公司运营得不错，但还是有一些问题。技术是个难关。品质好主要在于控制器的软件系统，加减数算做的非常好，很简单的例子，人的手臂正常是直上直下的，机器人最优的其实是走弧线。公司技术团队有 20 多人，整个公司 110 人。除了控制器是自主研发的，降低了一些成本外，公司的产品如今拥有区别于国外机器人产品的三大核心优势：90 公斤码垛机器人每小时耗电 3.8 度，非常省电；整个系统免维护，标配自动润滑系统等；产品的整个界面十分“友好”，所有操作都是“傻瓜”式纯中文界面，对于中国工人来说更易熟练操作。这也是赛佰特能够占据一定市场份额的主要原因。

去年公司机器人销售额为 4 500 万元，今年预计做到 8 000 万元，营收这几年一直都在增长，利润则是从负渐渐变为正的艰辛过程。虽然盈利从负转为正只经历了一两年，但是这个过程却是十分艰难。从 2011 年起短暂又漫长的三年多时间里，赛佰特从最初十人企业到如今的百人团队；从初期 50 万元增资至2 400 万元，并获得了国家科技部、北京科委等多个项目的资金支持；从工厂小院发展成一中心两工厂的集团化雏形。赛佰特先后成为中关村高新技术企业及国家高新技术企业。在多角度构建企业资本架构的同时，赛佰特已开始了筹备上市之路。

工业机器人行业竞争目前十分激烈，刘国良个人认为国产机器人的发展，被国人青睐还需一个过程。寻找客户工作没有捷径，前50个订单都是通过参加行业会议熟悉客户，一个单子一个单子啃出来的。幸运的是，作为技术型初创企业，想开拓市场，迫切需要有个知名企业做样本时，"正大饲料"成为第一个标志企业客户。每每想起这个推动过程对他来说都是一次鼓舞。初期接触并不乐观，对于初创期的赛佰特，"正大"负责人非常审慎。通过不懈的努力，"正大"负责人出于对有理想有干劲年轻人创业的鼓励，给予刘国良一个机会。终于，第一台码垛机器人，在正大子公司有了"品质测试"的机会，这是意味着市场对赛佰特的第一次选择。一年期的考核结果竟是赛佰特的机器人"很好"，这为他们赢得了正大的长期信任。至今，赛佰特产品已服务于正大众多下属企业。所以刘国良也感慨第一步一定要走好，只有这样才能少走弯路。"

而今，赛佰特的身影频繁活跃于各行业展会、项目招标会、客户应用现场，由点到面，逐步形成覆盖全国市场的服务营销体系及遍布多省市的客户网络。赛佰特已逐步成长为国内自动化末端物流及仓储领域的翘楚。

机器人之路的十字路口

如今的国内机器人产业正处于"十字路口"，它与1990年代国内汽车、家电行业极为类似，那时国内这两种产品基本依赖进口；然而，在国家层面重点支持下，经过这些年的发展，如今家电业国产品牌林立，而与之反差很大的是，如今中国汽车行业所有高端市场都被"舶来品"占据，国内有些知名品牌也多为外国投资、合资方式，国内独立自主品牌仍未摘掉低端廉价的标签。刘国良认为，差别就在于核心技术的掌握程度。

中国工业机器人产业的整体发展依赖于政策层面的长期支持。未来应依赖于同行企业的奋发并举，依赖于关键技术的突破、创新。自从习近平主席讲话提出发展机器人产业后，这两年，投资机构纷纷进驻，各地产业园积极引入，百花齐放的同时，间接导致了国内机器人行业的竞争加剧。而且国外企业凭借拥有减速器、伺服电机、控制器等核心零部件技术垄断，对国内工业机器人企业进行零部件采购价格和成品销售价双重打压，致使国内企业采购外资全套零部件之后，生产成本接近国外直接采购机器人整机价格。这对赛佰特来说也是个挑战，他们急需研发更加高端的技术，克服价格不利的因素。

刘国良认为想彻底扭转国内工业机器人产业的双重竞争局面的关键，在于核心技术的攻克及推动集群化政策的产业引导；通过国内企业的强强联合、校企联合、政企联合，着眼于技术，立足于市场，逐步扩大民族品牌的市场占有率，做大做强，最终走出国门。但是中国缺少合作的精神，尤其是同行业的企业更加难以合作，他们担心企业的技术被泄漏，所以宁愿单打独斗。此外，他个人认为，一个产业的发展、相关技术的革新，往往开始于工业，立足于工业，而后通过相关技术转化应用于民用领域。

目前，国内众多定位于C端零售市场的机器人企业如雨后春笋般层出不穷，在较大层面上获得了政策扶持。然而，除了满足“小众人群”的需求外，对于民族产业，尤其是对工业自动化、智能化产业升级又意味着什么？在此，他想呼吁：请国家对工业机器人制造企业多一些支持，多一些关注。毕竟工业才是衡量一个国家强盛与否的重要标准。

赛佰特已经成功举办5届机器人大赛了，是被中国科学院姚建铨院士高度评价为“全国迄今为止最具规模性、最具技术含量、行业范围广泛的高权威性大赛”。本次大赛是面向全国高等院校、职业院校在读学生的一项团体性创意实践活动，涉及电子、信息、通信、计算机、控制、传感等多门学科及领域。针对优秀人才、优秀作品，丰台科技园为创业人才提供创业平台。刘国良谈到公司主要想通过比赛激发学生对机器人的热爱，发掘人才，毕竟中国机器人的发展还需要下一代人的努力。

学无止境，创业有成

2005级—植物保护—杨峥

杨峥，万物价值投资管理公司合伙人兼投资总监，专注于金融投资与创业孵化；同时，为年轻的投资者建立正确的投资理念，用通俗易懂的方式把金融知

识与漫画结合，创办万物价值新媒体工作室。杨峥师兄 2005 年毕业于中国农业大学植保专业，同年创办教育培训结构，三年后转行进入金融行业，果断报考北大的 MBA，成为同班级最年轻的工商管理硕士之一。2010 年北大工商管理硕士毕业后，先后在国内证券公司从事投资银行、互联网金融和国际证券研究等工作。在毕业季来临之际，很多大学生还在茫然于考研与工作的纠结中时，习惯提前思考与规划人生的杨峥给我们带来了正能量。

学科之间的触类旁通

主修植保专业的杨峥成功转行到金融行业，得益于学科之间的触类旁通、大学所授予的逻辑思考与分析解决问题能力，杨峥说："在学校学到的学科基本思维方法对人的影响是一生的，能够让我们更好思考与理解事物的发展。"植保基础课中的生物学与金融之间有许多相似之处，比如：有机显色滴定实验接近终点前，标准液要求一滴半滴慢慢加入，使得标准液的滴加与颜色变化一致，保证所得标准液体积的准确性，严谨细心的杨峥在小实验中能够做到 1/4 滴的精确度，这一点时刻提醒他在金融行业面对大数据时要认真细致，任何一个小数点的位置造成大数据差异天壤之别；在专业课上面对众多相似的植物需要被一一鉴别出来，首先从植物切片认出植物的科属种类，类似从宏观方面对金融市场的总体分析；从农业作物顺其自然生长中，不仅收获面对股市震荡时要保持平和的心态，而且能够更加合理地分析价值投资与时间之间的关系。大学中的专业问题常常引人讨论，但是在不能选择自己所喜欢的专业或是还不知道自己所喜欢的专业之时，也要坚持认真学习，认真也是一种习惯，从认真中思考问题就会感激曾经努力的自己。

生物学家说，一种最适应环境的生物，当环境改变时也灭亡的最快；很多大学生在大学四年中因为专业问题，兴趣使然或是环境改变了，无心向学，终日在宿舍打游戏或是刷剧中逍遥度日，适应了大学中"温水煮青蛙"的情况，在最后毕业来临时，蓦然回首，不过四年换一张纸，潸然泪下。

尽早人生规划

专业之间的触类旁通需要我们多加思考总结才能从经历中有所获得，很多大学生在大一时就开始进行人生规划自我认知，杨峥也是，这类同学往往能更清晰地明白自己想要什么，从而更早地在职业规划这条路上做出选择。从植保专业到金融行业，实现两个看似毫不相关的行业，但跨越却能做到如此成功，杨峥坦言，自己做出这种跨越选择的原因主要是两位老师对他产生了很大的影响。

第一位是学校心理素质中心的施刚老师。大一大二时，杨峥在施刚老师的帮助下创办了全校第一个心理社团，成为心理社团的骨灰级创始人，同时也是第一任社长。另外，和老师亦师亦友的关系中，他提高自己在心理素质和自我认知方面的知识。在创办社团的过程中，杨峥也逐渐发现了自己对商业产生了浓厚的兴趣。于是通过第一次创业——创办了一家教育培训机构，获得了人生中第一桶金，并为后来攻读 MBA 和进入金融行业打好基础。

第二位是陈章良校长。杨峥读书期间，时任校长的陈章良先生利用自己广阔的人际关系为农大请来许多各行各业具有影响力的人物进行演讲，如袁隆平、徐小平、白岩松等大咖，通过参加各种讲座，杨峥对世界有了全新的认识，并萌生了“坐而论道不如起而行之”的想法。大四时，正值农大百年校庆，他打算编辑一套农民看得懂的读物，即用大白话阐述农民所需要了解的贴切生活的知识，其中内容包括农业技术、农村医疗卫生和留守儿童教育等。这一想法引起了陈章良校长的高度重视，在他的支持下，大四下学期他和三十四位同学一起创办了《乡土乡亲》三农科普丛书，这套读物成为中国第一套由大学生为农民编写的科普书籍，并在学校的百年校庆中作为礼物送到党中央，得到了温家宝总理的亲笔回信。作为主编，他把专业知识简洁化，写下农民可以看得懂的书，也完成了自己“毕业前为母校做的最后一件事”的心愿。

放眼未来

金融行业不同于实业，在不确定的市场中，专业投资者需要时刻保持自己独立的判断和立场。而他选择的价值投资这一方向，是基于时间和价值的投资。播下价值的种子等待发芽，切不可急功近利。不同于大多数金融行业中人们需要建立在业务上的合作关系，杨峥说："价值投资者更关注于自己的成长，只有不断地提高自身的修为，以理性的思维和持续的学习，才能使自己在投资行业有长远的立足之地"。

有感于传统资产管理行业对金融知识过于专业枯燥，使得不少投资者并不理解正确的投资理念，在万物价值投资管理公司担任合伙人兼投资总监的同时，他还创办了万物价值新媒体工作室，尝试把市场提前打入未来的投资者，布道传播，树立新的投资理财观念。与时俱进、把握未来是杨峥自信的体现，为了让 80、90 后更好地了解掌握金融知识，他与清华美院毕业的合伙人一起把金融知识点与漫画故事结合，创作出风趣、图文并茂的漫画作品。通过微信、微博等新媒体载体发布，吸引读者关注，利用零碎时间学习金融知识、学习投资管理中合理正确的钱生钱的方法。

在互联网金融汹涌澎湃的势头中，可以利用互联网构建的平台找到合适的投资者,时间空间不被局限。但是,互联网也存在弊端,有些不法分子利用高利息回收资金非法经营,需要投资者拥有一定辨别能力,明确投资背后的基金运行。杨峥永远相信风险与收益是对等的,高收益的背后一定存在着高风险。当决定想得到怎么样的收益之后,就要想到承担什么样的风险,不要得意忘形。天下砸下来的大馅饼,有可能会把你砸死。同样,作为大学生的我们,社会经验十分有限,杨峥告诫我们千万不要轻易相信各种投资网站,不要被某些广告诱导,以免造成损失。

学习,学习再学习

学无止境,学习是一辈子的事情,通过学习再学习,运筹帷幄,在选择投资中才能应对自如。"投资就是生活,生活就是投资。"杨峥如是说。投资的根本就是修身,继而才可以齐家、治国、平天下。所以,为了更好地投资,我们需要大量阅读,不局限于专业知识的阅读,运用交叉学科的思维去思考,分析事物的本质,掌握事态发展方向。比如文史类作品的阅读,可以让我们中和古人的智慧与烂漫文学,提高自己思维思考问题与高度总结的能力。

最后,杨峥还分享了一位行业前辈的话:

> "我目前有个体会,就是大家经常说的终身学习问题。一般人,大学毕业10年后,还继续学习,不容易了。如果大家坚持学习下去,20年后,你一定鹤立鸡群。30年后,不管当年你的朋友同学有多么出色,你已经把他们甩没影了。"
>
> ——张志雄,《VALUE》杂志主编

亲爱的同学们,请大家记住:学习!学习!再学习!

抬头看世界

2009级—MBA—余柏文

北京青创伯乐投资有限公司——是依托青创系新三板服务平台，以互联网思维改造传统产业，帮助中小微企业通过股权众筹、股份制改造及新三板挂牌模式，实现企业融资及对接资本市场的综合服务机构。以北京青年商会和中国青年企业家协会为背景，全面整合全国妇联女性之星创业大赛、北大EMBA、清华职经中心等平台资源，携手绿地集团，共同打造中国新三板全产业链服务生态。

青创伯乐企业文化：企业使命——让中小企业融资不再难；企业愿景——中国新三板创投第一品牌；核心价值观——共创、共赢、共担、共享。青创伯乐战略合作伙伴：10家券商、10家银行、10家会计师事务所、10家律师事务所。

“默默耕耘，甘为人梯”是公司服务

理念，青创资本愿助全国优秀的中小微企业和企业家实现资本市场的腾飞，同时也希望有远见的投资者在青创资本的平台上充分分享中国改革和民族复兴的资本盛宴。

知识改变命运

从小学到大学，我们一直在怀疑读书到底有什么意义。为了光明的前程，为了美好的明天，不管是老师还是父母总是这样激励我们。虽然说成绩决定未来这样的说法太绝对，不过知识能改变命运却是毋庸置疑的，余柏文的经历就很好地证明了这一点。

余柏文一共有三段求学经历，专科念的外贸，本科在人大成人教育学院读的金融学，2009 年又来念了农大的 MBA 工商管理硕士。这样的专业背景以及过硬的专业知识为他之后的工作乃至创业都带去很多帮助。他干过市场营销，做过外贸，经营过期货公司……都是与金融相关的行当。这些丰富的经历也让余柏文受益匪浅，在市场营销阶段，他可以走遍千山万水，了解每个地方的商业规则和风土人情，这对人总体素质的提升很有帮助，也会对全球的市场有更深的认识，能帮助人很快掌握理论知识和社会知识，提高个人综合素质。

在念书的时候，余柏文不仅是一个学霸，他还热衷于参加各种公益活动，其中让他记忆犹新的就是参加植树活动，但是毕竟年代久远，很多细节已经记不清了。还有学校每年的年会以及迎新活动也让他很难忘，那时所有的校领导都会到场，场面盛大，对所有人来说都是美好的记忆。

余柏文很小的时候商业意识就比较强。在大学里他卖过明信片，还卖过衣服。那时候没有电商，同学们也不能网购，所以他就批发服装在校园里卖。那时学校也很鼓励，因为这为学生们提供了很大便利。那些服装都是余柏文他们精挑细选的，节省了同学们选择的时间。那时候交通也很不方便，所以在校园里就能买到衣服也为同学们节省了车旅的费用。余柏文也不把它当成是生意，不是为了赚钱，更多的是一种实践，只是为了给同学们带来便利。

认清趋势，找准方向

北京青创伯乐投资公司并不是余柏文的第一次创业尝试，在这之前他还开过矿山，搞过房产建筑，看似不同领域，其实都是在顺应社会的发展趋势。

开矿山，是因为余柏文就在武钢的矿区长大，武钢征用他们家老宅的矿藏，武钢这样的国有企业开采完后还有一些小矿产，村里的人或者乡镇企业就来开采。所以当时创富还比较容易，是扬眉吐气的时候。但经济周期一过就要另谋出路了。后来余柏文来到北京，2008年北京刚举办完奥运，他开始投身房产事业，因为在过去的十年房产一直是比较合适的行业，发展趋势很好。直到另一轮经济周期结束，实体经济领域产量过剩，寻求创新和技术进步成为当今的发展趋势，技术革新还需要投入。而且国务院大力倡导大众创业万众创新，这就需要有投资机构，作为万水之源，于是余柏文又看准了这个未来的发展趋势，开始创投公司的经营。

之前的工作和创业经历让余柏文有很多社会的社交范畴，在这个领域找到一些志同道合的人不是很难，而且关键是社会发展趋势让更多人愿意向他们这个方向转换。在创业初期团队也会出现分歧，在制定长时间5～10年的战略发展规划时会有不同意见产生，但最终大家都统一到一条战线上。像他们这样的创投机构也会存在不被人理解的情况，所以在创业之初他就做好了最坏的打算，已经投入了之前创业积累的财富，大不了就重新打工。

在从事房产建筑时，余柏文最高兴的事就是拿到中标通知书，合同就意味着利润，但更加让他开心的是对原定方案进行优化，使之更节能。减少预算，减少初期建设成本，降低运营能耗，真正帮到业主。这不但对合同当事人有好处，对整个社会的节能环保都有帮助，使他很有成就感。其实帮助别人一直是余柏文的本心，现在青创伯乐投资公司发展到了一个业务高速爆发的临界点，接下来他们要帮更多的人创业成功，顺便把他们的公司也做成功。未来3～5年，他们计划投几百个企业，帮助他们上市。

支持创新，支持社会进步，是青创伯乐投资公司的初衷。商业模式的变革和科学技术革新是促进社会进步的动力，他们围绕这两个主题，致力于帮助这类企业发展壮大，对整个社会的发展也做出了贡献。

世界很大，抬头看看

余柏文很支持大学生创新创业，因为大学生创业的唯一成本就是时间成本，对他们来说不管成功失败，成本都是最低的，只要投入就有回报，而且因为成本低未来的回报很可能超乎寻常。不过这也要因人而异，不同的人适应不同的方式。有的人可能在大学时就积累了一些社会经历，他们甚至可以没毕业就去创业。而对于埋头苦学的学生就需要有认识社会的过程，可以先去企业增长一些阅历，认识一下社会。

而且不要怕遇到困难，到处碰壁是一定的。像余柏文创业的第一单也是有很多难题，前期的工作都进行得非常顺利，但到了具体执行时却有人故意刁难。当时前景很不明朗，结果也不明确，但是余柏文抓住主线和重心，还是把所有的问题都化解了。所有的事情都不是一帆风顺，不过现在都过去了。年轻人更要敢想敢干，找到自己擅长的领域，找到志同道合的人，将梦想付诸行动。

余柏文能走到今天这步原因在于他注意积累、和他的好奇心，还有他那种打破砂锅问到底的精神。另外他很注意观察新生事物，他最大的梦想就是环游世界，这是很小的时候就有的梦想，他想了解各地的风土人情，对整个世界的运转有更深的认识。

此外，他很注重知识积累，他最大的爱好就是阅读，尤其是人文社科经济类的书籍。觉得需要用到哪方面的知识就即时补充，像他最近就在读会计财务方面的书。要让自己不断强大才能帮助更多的人。"送人间冷暖，克世态炎凉"，地球环境变化冷热交换，热的时候需要送来凉风，冷的时候需要送来一些温暖。自然状态是这样，心理层面也一样，人生也有高峰和低谷，能帮到别人是他的目标与心愿。而他最遗憾的事就是帮不了别人，"我本将心向明月，无奈明月照沟渠"。

周围的人评价他是个靠谱的人，让人觉得很有安全感，因为他经常能给周围的人带来很多帮助，并且信守诺言，守时守信。这是他最大的优点，至于他的缺点可能就是始终无法把烟戒掉吧。

对农大的后生，余柏文也表达了自己的希冀。他希望师弟师妹们做最好的自己。首先要把学习搞好，还要抬头看看这个世界发生哪些变化，积极参与到社会的变革中去，多体验新生事物。世界很大，要抬头看看，出去走走才好。

张扬人生

2010级—车辆工程—佟治琦

佟治琦，1992年生，2014年毕业于中国农业大学车辆工程专业，现创办北京欣旗科技有限公司，主要运营新媒体与广告方面的宣传与策划。虽然事业刚刚起步，佟治琦相信2～3年坚持做自己喜欢的事业，结果不管是赚钱还是赔钱，都是值得张扬我们短暂的人生。“人生该张扬时就张扬。”学长说，“大学就该充分利用学校的资源，多出去见识见识，即使遇到弯路也有意义，经历多了，明白自己想要什么，才能做自己喜欢做的事情！”

“弯路”也有意义

2013年年末，来自呼伦贝尔大草原的大四学长佟治琦深感北京的雾霾严重，中国的空气质量堪忧。有对清新空气的需求就有市场，于是与另外两位合伙人找准这个市场需求的切入点，着手做起了空气净化器的项目。三位年轻人亲自去广州出差，跟厂商谈合作，视察工厂，最终签下五百台机器的销售合同并且几乎全部售出。半年之后，因电器行业复杂，要求过硬的专业知识，张扬的他放弃了这个项目。究其原因，佟治琦认为：“没有任何经验和社会背景的年轻人，想靠自己的力量在一个陌生的行业长期发展并且取得成功是一件比较艰难的事情。更何况没

有资金和技术支持的话，在这个行业内创建一个品牌有些不太切合实际。"所以，深思熟虑之后，他果断放弃了这一项目。有舍才有得，人生总是要不断的选择，才知道适合自己的是什么，这成为他创业路上第一次较大的摸索与尝试。

2014 年年末，佟治琦开始了第二次尝试——在中关村创办了"本来沙拉"，这次的合伙人是一位食品安全专业的学姐。选择创办本来沙拉是因为随着食品安全问题的暴露，亚健康问题的产生，人们越来越重视养生食材，现在人均消费水平提高，大家对饮食健康方面有很大的需求。加上沙拉是一种美味又健康而且可以控制体内脂肪含量的食品，特别符合健身瘦身以及爱美人士的需求。"本来沙拉"生产的是中高端类产品，每天有将近百十来单的订单量，在中央厨房的帮助下线上配送。但由于后来拉到的投资与预期值不相符，加上餐饮业是一个非常庞大的行业，在本来沙拉运营了半年左右之后，佟治琦选择了结束这次创业。事实证明，他的选择是正确的。

这两段创业经历可以说是创业路上的弯路，也是一次又一次勇敢的尝试，使他清楚地认识到自己的路是要一步一个坑走出来的，在自己熟悉的路上跑得快一些。“刚开始没有社会背景与行业人脉的前提下，要面对实际情况，目光放在现在，更应该把第一步朝钱看”，学长说。

转型之路

2015年，佟治琦创办了现在的公司，北京欣旗科技有限公司，实现车辆工程专业到新媒体行业大的跨越，迄今为止已经有一年时间。公司主要涉及传媒和广告，经营范围是从新媒体角度出发，进行网络影视剧的宣传、艺人的包装及推广、互联网公司需要的线上活动推广等内容；还利用微博微信等网络平台上一些有影响力的红人号进行资源整合。通俗一点讲，就是分析网络影响力较大的人的粉丝来源及类型，将需要宣传的影视剧资源、明星资源等分门别类，将分好的资源交给不同的红人号进行网络宣传——在各大门户网站或者其首页上进行宣传。

虽然公司成立时间不长，但已经做出了很好的成绩，为许多网络影视剧制定了方案。例如，尚未播出的大型魔幻题材网剧《九州海上牧云记》宣传方案的制定，这部剧由黄轩、窦骁等主演，片花一经播出便好评如潮。这个尚在发展中的公司到今天为止，已经达到上千万元的流水，由此可见佟治琦的独到眼光和聪明的商业头脑。

不跟风，只做自己

佟治琦说：“做事情的时候，一定要跟外部多接触，一旦拿到投资，就要用资本的力量推动自己往前跑而不是说非要把创业项目做成了生意。”他认为，创业分为三个层次，最高层次是做事业，是指做起来以后，能够在行业内部掀起一定波澜的，把它称为做事业，这种创业做得很大。第二个层次是做生意，是指流水比较好，不管是用拉到的投资来做还是用自己的投资来做，能够盈利并且生意能够养活自己甚至养活得很好，让自己的员工更殷实。虽然无法做到动辄上千万元投资的程度，但每个月的盈余也有百十来万，这样的话也是比较好的生意。

对所在的行业可能没有什么影响，但是在资本的原始累计阶段，做生意是比较好的选择。第三个层次是做买卖，是指小金额流通之类的买卖，比如在校门口开一家小店。

相对而言，做成买卖的创业是不太理想的。佟治琦认为自己现在的状态是创业的第二个层次，也就是做生意。靠公司自己运营的流水养活着公司和整个团队，当然也有盈利。“我也想朝做事业的方向去靠，但是现在我的资历和资本都不太够。”他坦言。

在佟治琦看来中，传统的“做事业”已经成为一种追求融资的行为，这已经跟商业的本质相差太远，是不能够长久的。为什么这样说，做事业的话肯定会跟资本挂钩，一旦跟资本挂钩，就会来钱很快，但是赚的钱比较“虚”。从另一个方面来讲创业分为两个方面：一是卖公司卖股份；二是卖产品，做一单生意挣一单钱。如果做第一个方面，那么一个重要的成功标志就是将公司做到上市，通过卖公司股份变现，如果一个创业公司朝着这个方向做，但很多公司是坚持不到最后的。创业这条路非常漫长，而佟治琦清楚地明白自己想要什么，他和大多数人不同，他不想背离商业的本质，更不想利用融资的噱头去赚不实的财富。所以，他没有选择传统意义上的“做事业”，在大家都在融资、玩资本的时候，他脚踏实地，把创业定位到第二个层次——做生意，并且在此基础上寻找一种新的商业模式去拉投资，这样的话既能保证日常的流水、又能跟资本结合。他不跟风不盲从，勇于做自己。

走出去，引进来

佟治琦对读书时代的看法是：上学的时候不要把自己局限于教室、自习室、寝室，更多的生活应该在操场、球场、舞房以及职场。早点去开拓眼界，以免面对困难的时候太慌张。也就是说，要让自己尽可能“走出去”，才能把更多的有意义的事物“引进来”。确实，他的校园经历说明了这一点。他曾参加过华硕硕市生、IDK 舞蹈社、参与设计与宣传 2014 年的毕业戒指、在奔驰公司的质量部作为质量管理工程师实习、参加 500 强企业之一礼来公司的面试甄选并通过自己掌握的“情景化模拟面试”，在处于专业劣势下，把面试官的话题引入自己熟悉的营销领域中，最终顺利拿到实习；临近毕业之前也拿过好几家500强企业的offer，最后也选择在三星电子中国总部工作过一段时间。任何一段经历都是他张扬个性的体现，也是他人生中浓墨重彩的一笔，为今后的创业做好了心理铺垫及能力准备。

在《爸爸去哪儿》节目上与林志颖的合照

在创业中，团队的力量也很重要，帅气的学长在舞蹈社，认识了许多真心相交的优秀朋友，他们一起参加比赛、在高校的舞台上表演，一起参加了湖南卫视的《奇舞飞扬》节目（与《爸爸去哪儿》节目相关，最后也被央视转播）；在华硕硕市生，他结交了一帮志同道合的朋友（包括做本来沙拉的学姐），在大学期间一起做项目、一起在创业的道路上摸索前进；在奔驰实习期间，他结识了一位可以谈心的领导，向领导表示了自己有创业的念头之后得到了领导的鼓励与支持……他通过走出大学的圈子，认识了许多能给人启发的朋友，走向更大的世界，做到真正的“大学”，最终发现了自己的兴趣所在，走向了创业的道路。

心怀梦想，砥砺前行

2013 级—MBA—周哲

周哲，1980 年生于湖北黄石，是一位有着丰富经历并集“70 后”与“80 后”特点于一身的年轻帅气老板。2003 年毕业于华中师范大学，本科毕业后在北京广播学院（现中国传媒大学）进修，之后进入中央电视台工作；2006 年留学英

国，学习金融学，2008 年回国后一头扎进金融领域，2013 年考取中国农业大学 MBA。2015 年，周哲成立了北京福企通企业管理有限公司，现任总经理一职。

北京福企通企业管理有限公司（Beijing Fortune Tower Business Management Co. ,Ltd）是中国领先的独立投资银行类金融服务机构，致力于为基于发展创新商业模式的中国顶尖“新常态、新经济”创业家提供财务顾问服务。公司业务包括企业投融资、定增、并购、财务管理咨询以及各行业研究，主要关注的行业包括影视文化传媒、（移动）互联网、TMT、教育、医疗和消费品等新兴经济领域。

北京福企通企业管理有限公司拥有多位业内资深专业人士，并与国内外多家著名金融机构形成了稳定的业务合作模式。自成立以来，北京福企通企业管理有限公司秉承“服务优先、研究创造价值”的企业理念，致力于成为中国财务顾问领域领先的以创造力著称的专业服务金融机构。北京福企通企业管理有限公司已帮助多家客户成功完成包括国内外股权交易市场挂牌上市、定增、并购、可转债发行和股权类、债券类融资等多项交易，并以及实效性、应用型、高层次的财务顾问服务，获得了广大客户的一致好评。

夯实基础，珍惜时光

1999 年，周哲以优异的高考成绩考入华中师范大学的管理学专业。回想起自己的大学生活，周哲脸上洋溢着满意的微笑。“一寸光阴一寸金，寸金难买寸光阴”，大学的时光非常美好，同时也非常的短暂，在美好的青春年华，夯实基础对未来的帮助非常的大。在谈起给农大的学弟学妹创业者的建议时，他首先想到的就是“夯实基础，珍惜时光”。虽然大学的专业与现在从事的金融没有直接的关联，但是踏实勤奋的学习锻炼了他理性和严谨的逻辑思维能力，大学的社团活动培养了他良好的人际交往“情商”基础。

古人云：“不积跬步，无以至千里；不积小流，无以成江海。”在中国传媒大学广播电视编导的进修学习，2006—2008 年在英国威尔士金融方面的深造和工作经历，以及在中国农业大学 MBA 课程的学习，都为他形成了丰富的知识储备。

"大众创业、万众创新"是李克强总理在政府工作报告中提出的号召，在谈及此话题时，周哲说到国家的出发点是非常好的，要在 960 万平方公里土地上掀起"大众创业""草根创业"的新浪潮，形成"万众创新""人人创新"的新势态。在论及创业创新文化时，他强调"让人们在创造财富的过程中，更好地实现精神追求和自身价值"。然而，创业是把"双刃剑"，有利也有弊，周哲建议创业者，尤其是年轻创业者，应该根据自己的情况谨慎处理，当然最重要的是做好各方面准备，打好坚实的基础。

开阔眼界，丰富履历

为什么来北京？周哲说，2003 年大学毕业时，尽管能顺利在当地找到一份满意的工作，但是最终还是放弃了武汉的安稳工作，来到北京。在与他的交谈过程中，不免感受到一个"小小北京梦"，亦或是他想到一个更大更宽的平台去发展的梦想。

机缘巧合，到北京后，经朋友介绍，周哲有机会到中央电视台工作。为了"面子"，有着小小虚荣心的他，还到北京广播学院（现中国传媒大学），进修学习广播电视编导专业一年左右的时间。之后，顺利进入中央电视台"青少频道"，接触了当时比较火的"三星智力快车"等节目，也参与了"六一晚会"等大型文艺活动。进入中央电视台工作，是无数人的梦想，周哲回忆到，CCTV 的平台很大，自己接触了很多的项目，交往了不同的朋友，开阔了眼界，丰富了履历，总之一句话：受益匪浅！

周哲说，人生有太多偶然的东西。他发现中国当时金融比较有潜力，也是未来一个大的发展方向，于是他顺应市场行情，诞生了一个金融梦。2006 年，他去英国威尔士留学，主修金融学，并完成学业后，在英国工作一年。在英国，他踏实学习，努力工作，参与了不少金融的项目和社会实践，大开眼界，也看到了国际大金融的走势。2008 年底回国，他便一头扎进了金融圈。

2013 年，为了丰富自己的知识，他考取了中国农业大学的 MBA，进入了"期货班"。周哲回忆到，在农大的学习让他更上一层楼，他不仅汲取了丰富的知识营养，还收获了良师益友和浓浓的同学情，这也为他以后的创业奠定了夯实的基础。周哲坦言，对于农大的MBA课程，自己学得非常扎实，尤其是微、宏观经济学和计量经济学等几门课程，以及农大MBA课程老师严谨的教学和发散的思维都为自己的创业路上的项目技术方案和解决实际问题提供了巨大的帮助。

心中有梦，砥砺前行

为了自己的金融梦，周哲开始有条不紊地前进。周哲说，“有梦想固然重要，但是要一步一步来，找准方向，徐徐前进”。在农大读MBA期间，周哲就开始筹划自己的创业，2015年正式成立自己的公司（北京福企通企业管理有限公司）。

在被问及创业灵感来自哪儿时，周哲坦言“创业”并不是自己原来的梦想，甚至大学时候还没有类似的想法，当时只是想找份稳定的工作或是考取公务员或是进入不错的事业单位。而在一路“前行”的过程中，自己的梦想也发生着改变。谈及自己的创业时机时，他说一方面自己已积累了一定的社会资源和项目渠道，另一方面跟自己的性格有关，自己想折腾一下，奋斗一下。他的创业不是心血来潮，是“砌砖”，一层一层打好基础后，才能盖起高楼。

创业有风险，周哲认为干好一个企业必须把握三个方面。首先，需要“喝茶”，“喝茶”是运行公司的第一要务。这是他形象的比喻，大体意思就是要经常地思考，把握企业的战略发展方向，经常地自省，找出企业存在的问题和未来更好的发展路径。其次，就是用人。21世纪最重要的是人才，也是企业发展的核心，一个企业如何更快更大的发展，就是要看如何引进人才，留住人才，管理人才。第三，企业的发展需要融资，也就是“找钱”。尤其是金融行业，没有资金，企业无法生存，更谈不上有好的“天使投资”。在融资方面，周哲有着自己独到的见解，“人无远虑，必有近忧”，企业一定要在发展高峰的时候去融资，一是为自己更大的发展提供空间；二是为自己留有余地，不要等到企业“没钱”的时候再想办法，否则寸步难行。

“孤独”路上，无限光明

周哲说，创业其实是一条“孤独的路”。他说，这是自己根据自己的过往经验得出的一个理性的结论，“你需要承受多方面的压力，需要静静地思考，把握好行业，看准方向，砥砺前行。”

周哲的性格比较容易与人接触，在被采访的过程中，他侃侃而谈，言谈话语中体现了知识渊博和风趣幽默。他也自我剖析到，自己有一定的优点，比如理性思维和逻辑能力比较强、沟通力强、有不错的情商；缺点就是由于考虑问题比较全面，因此在做决策时稍显犹豫和瞻前顾后。然而，在风起云涌的金融浪潮中，有时候“犹豫一下”，多加思考也未必是件坏事。

在朋友眼中，周哲是一个内外比较一致的人，用一句比较流行的话说，本来可以靠脸吃饭，他偏偏靠才华。“有才、实在、仗义、细心”都是朋友对他的评价。除此，周哲还是一个感恩的人，深深感谢一路上有父母和妻子的支持，有农大老师和同学的支持，社会上朋友的支持。

周哲说，谋事在人成事在天，虽然注定“孤独”，但是前途光明。2015 年 7 月份，他挣到了创业路上的第一桶金。周哲说，他看好这个行业，也看好自己的公司，他一定会为了自己的梦想奋勇前行。

创业路上快人一步

2012 级—园艺专业—黄炎

黄炎就读于农大园艺学院，他的创业路上充满了“速度”，从有创业想法到实践、从构思到拿到投资，他永远快人一步。

（图为黄炎在上海公司的办公室）

从念头闪过到创业实践只花了 4 个月

“我从有创业这个想法到公司成立，只花了 4 个月。”黄炎，园艺学院应届毕业生，2015 年 11 月 24 日在上海创办了公司。除了效率惊人，他的创业跨度也惊人，在此之前，他的专业是园林景观，而实习则是与设计有关的内容。

2015 年 7 月之前的黄炎，并没有想过自己会毕业后就成为老板，“曾经有过创业的想法，但是没有具体考虑过”，那时的他，因为成绩好，已经具备了保研资格，如果没有创业，毕业季对于他来说最大的困扰应该是读哪所学校的研。

但是到了 2015 年 11 月 24 日，黄炎成立了上海睿迹网络科技有限公司，注册资金 2 000 万元。

湖南出生、山东长大、北京读大学的黄炎，比对了北京与上海的特点后，最终将公司选址于上海，“一是投资人在上海，那边资源丰富；二是自己喜欢上海；三是公司注册在自贸区，将会有政策扶持。”

谈起为何会创业，黄炎说在 2015 年 5 月，彼时大三的自己与刚从美国留学回来的好友相聚，顺便规划未来的时候，两个人聊起了房地产。二人凭借着对房地产行业的了解，原本提出的“互联网改变房地产”，随着聊天的深入，二人发现，如今在走下坡路的房地产已经不适合创业了。

“但是，这个话题深入下去，我们就发现了另外的商机——物业。”正是发现了这个契机，偶然的机会他与某大型地产集团公司的总经理取得了联系，原本只是将自己的分析讲给对方听，没成想二人一拍即合，老板说：“干脆我出资，你来操作吧。”

“这也是运气好”，于是 7 月刚产生“要不创业吧？”想法的黄炎，在 10 月就拿到了投资，11 月就正式注册了公司，“如今产品的雏形已经出来，8 月就可以面众了。”

物业创造土地价值

“物业创造土地价值。”这是黄炎一再强调的。

根据他的分析，中国房地产的成本有超过40%集中在土地成本上，一般开发商购买的土地使用期限是70年，但是在开发中，前三到四年开发商就会收回成本，那么剩下的66年呢？

黄炎想到了物业，一般楼盘的物业都是开发商成立的，黄炎想："通过发展物业，开发商是否能继续赚钱呢？"

根据他的调查，从1999年，物业开始进入大众的视线，到现在，物业费整体上涨了50%，但是人力成本上涨的速度却很快，很多物业公司利润是逐年递减的，不少人投诉物业太差，他想到："如果我们用互联网的思维来做物业会怎么样？"

黄炎认为的互联网思维是"用户思维"，即用户需要什么，就提供什么。"其实物业是占优先天优势的，物业公司本身就圈定了业主，需要的是将用户流量导出。"黄炎说自己创业的方向就是"帮助物业公司转型"。

黄炎拿干洗行业举例。虽然如今已经有线上的洗衣业务，但是还是存在网点不够多，二三线城市市场空缺的问题，如果把干洗衣物交给物业来做呢？假如居民附近没有干洗店，那么洗衣成本中将增加运输成本。"原本干洗一次要十元的，加上运输费用可能十四块了。"黄炎计算道，"如果物业能找到长期合作的洗衣店，拿到六折的价格，那就是六块钱，再用八块的价格与客户结算，是不是三方都有好处呢？"洗衣店增加了客源，用户省事且价格优惠，物业也能拓展新业务，在他看来这是一个三赢的事业。"我们提出物业创造土地价值。"黄炎解释，通过物业行业的转型，逐渐将用户的需求，如喝水、宠物美容美发等生活中的需求纳入物业的服务范围内，将在提升物业发展空间的同时，充分开发土地的价值。

虽然拿到了投资，但是不敢乱用

公司的注册资本为2 000万元，听起来很大一笔的财富，但是黄炎在用起来的时候才发现钱并不是那么好花。

对于初创公司来说，三个方面决定了公司的发展：想法、资金与团队成员。

“想法我们有了，资金也到位了，但是人却成了我遇到的最大困难”，黄炎说，在去年公司刚成立不到一个月的时候，他最着急的就是团队成员的招聘，其中技术总监和产品总监的招聘又是他最头疼的。“我刚毕业，又没人格魅力吸引人才；公司又是初创，开不起高价格。”黄炎说这是所有初创公司都会面临的尴尬局面，“虽然拿到了投资，但是不敢乱用，毕竟要对投资者负责啊。”在这样的情况下，12 月，他平均每天要面试 3～4 个意向合伙人。“虽然面试了很多人，但是合适的却很少。”黄炎坦言自己不懂技术，所以对于技术总监格外看中，功夫不负有心人，在 12 月底，他终于招到了一个拥有 10 年工作经验的技术总监，但是在产品总监的招募上就没那么幸运了。原本招募的产品总监在经过交谈后，发现其理念并不适合公司的产品，“从 12 月到 3 月我们是没有产品总监的。”黄炎坦言，在这样的情况下公司一走了不少弯路，但幸运的是，在 3 月份的时候，他招募到了一名同样拥有多年工作经验的产品总监。谈及在两名总监工作经验比自己丰富的情况下，是否担心自己在公司的管理上会丧失话语权。黄炎笑着说，自己在招募时恰好看中了对方工作经验丰富，“毕竟我刚毕业，还有许多是不懂的，恰好他们可以填补我的短板。”

“我做了最坏的打算。”组建起团队的黄炎如今很是看好自己的公司，但他坦言自己做的最坏的打算是，做出的产品一文不值，辜负了员工，也辜负了投资商，“但是，毕竟我们还年轻，失败有什么值得害怕的呢？”

为公司创造多少价值，拿多少工资

现在大学生有一个普遍的问题：很浮躁。比如不少学生总在抱怨，为什么自己工作时间比老员工久，加班比他们多，但是工资比他们少？

这是为什么？黄炎说，在大学的时候自己曾去实习，实习的时候也曾不理解为什么老板这么“抠”，为什么要加班，为什新人做了这么多事却拿不到高工资等。甚至在他大学实习期间，他会花上很长一段时间去做一份设计，但是做出的设计会被否定。但是当他成为了老板以后，心态有了转变，“企业的目的是盈利”，黄炎说，在制定薪水的时候，公司具有独立性，员工的工资反应了其能力，因此老板给的工资是与职工的能力挂钩的。黄炎解释，学生在大学里学到的知识十分有限，与岗位的需求差得很远，“实习生累，但并没有创造价值；相反，他们是生手，做出的东西可能完全没用”。“我们公司也招了实习生，他们需要一段时间去学习。”如今的黄炎，给学弟学妹的建议是，大学毕业的第一份工作，不要太计较工资高低，相反，应该抱着学习的心态，用这一段时间去学习，他说：“从中学到了什么比赚了多少更重要。”

不要随便创业

在采访接近尾声的时候，黄炎送给学弟学妹一句忠告，“不要随便创业。”

现在的黄炎虽然并不后悔创业，“毕竟这样难得的机会，并不是随时都有的”，但是有时候他也会想，自己是否有些轻易地就创了业，“当时有些高估了自己”当时的他认为当老板并不难，“很多老板没什么文化，只是遇见了好的时机”，但是当他真正地成为了老板后，发现事实并不是这样。

他说，创业并不比就业轻松，在瞬息万变的市场面前，还有很多要学习，“现在的我就像一块海绵，随时随地逼迫自己学习。”虽然他今年就要大学毕业，但是学习于他而言仍然是生活中重要的环节，税务知识、管理知识，财务知识等等，都要从头学。

他鼓励学弟学妹在大学的时候多去参与实践活动，有机会多去实习，“这些积累的都是社会经验”，黄炎一直记得自己一位老师说过的一句话“大学一定要努力学，但是也不能光学习，拿出 50% 的力气去学就可以了”，正是通过实践，黄炎对自己有了比较清晰的认识。

“如果认为现在自己有想法有魄力，不创业会后悔，并且已经做好了吃苦的准备的时候，那么可以尝试创业，”黄炎说，创业是一项艰巨的事业，并没有必要一毕业就创业，相反可以工作一段时间，将创业的时间后推，“沉淀一段时间后，会更懂得如何创业。”

为兴趣而生

■ 2012级—园艺专业—高翔

1994年出生的高翔，就读于园艺学院的园艺专业，今年应届生毕业的他，将要告别学生的身份，他将迎来三重身份：农学院团委老师、北京初创公司千禧科技的创办者，以及面粉乐队的主唱。谈及他的一些事情，可以用一句话概括：为兴趣而生。

高翔生活照

担任面粉乐队主唱的高翔

创业就是在一念之间

高翔在读书期间，有过创业的想法，但是真正开始思考创业的时候，是2015年的7月。当时的他，为了准备雅思考试，在各大培训机构中穿梭，“但是交了钱不一定能上课”，让高翔很头疼。

高翔举例说，很多培训机构都惯用凑学员开班的办法来上课，比如一门课是8人班，与培训机构达成了下周五开课协议，但是等到了下周五，发现只有4个学员时，这门课就会取消，“对于培训机构来说，人越多成本越低，要是达不到开课标准，大不了不办。”高翔说：“正是因为这样的情况，不少学生的时间都因等待开课给耽误了。”

“创业就是在一念之间”，高翔说，2015年的7月，他和另外两个想创业的朋友吃饭的时候，谈到选培训机构不容易，是否可以整合一下这个市场呢？三个人一拍即合，于是决定填补这块市场的空白，做一款方便学生的挑选补习班的教育类手机软件。

公司取名的时候，三个人想破了脑袋，“我们都还年轻，怕现在取的名字，以后不喜欢了。”说起取名，高翔颇有感叹，最后考虑到三个人都是90后，出生在千禧年之前，于是就把公司取名为“千禧”。

2015年9月，北京千禧科技有限公司成立，同年11月，手机应用软件“桔灯”登陆安卓市场。

最困难的时候，一次抽了三盒烟

从公司成立到软件应用只花了3个月，高翔说，在开发软件时候，遇到了许多的困难，最大的困难就是“没钱”。

“软件测试版一就花了我们18万。”高翔说，公司的启动资金是三个人一起投资的，总共30万元，他坦言刚开始并没想到软件开发会如此耗钱。“软件的开发中前端并花不了多少钱，但是后端开发贵”高翔解释，以至于后来的开发，都是技术团队在没拿工资的条件下进行的。

而在他们创业之前，对于公司的管理等方面都是空白的，甚至还有来自教育机构的刁难。“刚开始，教育机构给我们的价格居然比他的校园代理还低。”那时候的高翔怎么也想不明白，自己做的这个软件平台明明是对双方都有利的事，为什么商家不支持。正是在这样的情况下，高翔的公司举步维艰。

高翔回忆，那个时候恰好是公司最困难的时候，与教育机构的对接、公司的管理、学生市场的开发，都让他焦头烂额，公司时常开会开到凌晨。

“那天，我们四个人不断抽烟，一起抽了三盒。”高翔说，那天的会议从前一天的晚上七点，一直开到了第二天的凌晨四点，大家累了就抽烟提提神，一夜下来发现竟然抽了三包烟，以至于说不出话来。

但是目前，“桔灯”已经更新四次，虽然只有苹果版的，但是下载量可观，公司也已经进入了盈利的状态。

想做一个有担当的公司

北京千禧科技公司严格上来说，算高翔的第一次创业，但不是他的第一次尝试。早在他高中毕业的时候，他就涉猎过教育培训机构的业务。

那时候的他，创办了一个补习班，拉了一伙朋友就开始招生开业了，主要教授学生音乐等特长课程。在他办班最鼎盛的时期，同时有 100 多个学生和近 20 名老师上课。当时的课外班办了不到一个半月，“除去其他的支出后，每个人分了快 7000 元。”高翔说这是自己第一次当老板，但是那笔钱很快地就被他花了。

而如今的高翔，在盈利之后有了更为详尽的规划，他与另外的创办人想着公司要是稳步发展，能够在五年后拿到 A 轮融资，十年后上市的话，他就立马把自己想的公益项目付诸实践。

“我们国家现在有 592 个贫困县，还有许多地方的孩子没有能够接受很好的教育。”高翔解释，如果可以，以后“桔灯”将考虑把一些课程接入软件平台，贫困地区的孩子将免费享受这些课程；而城市的孩子每在“桔灯”上一次课，“桔灯”就会捐一定数额的钱到公益基金中，当数额积攒到一定程度的时候，将会把这笔钱拿来帮助贫困地区的孩子。

“我们想带他们出来，看看社会，体验一下大学生活，包括现在政策已经有很多对贫困子女读书的扶持了，我们想让他们好好地感受一下学习的魅力，坚持读书、走出大山。”高翔说他想办一个有担当的公司，他甚至也考虑了以后在母校设立一个“桔灯”奖学金。

但是高翔也想过创业失败，“毕竟年轻，要是失败了，就当做花钱买课上。”他说，在创业的道路上，他学到了很多，包括如何管理公司、如何与商家打交道等，这些经历都是超过他投资的回报。

而他在评价自己的软件的时候，用了一句话：一个为兴趣而生的软件。

多重角色的转换

高翔除了是创业者的身份，在大学的时候还担任了学生会主席；而他在今年毕业后，他也将留校去农学院担任团委老师；而他还有另外一重身份，是农大面粉乐队的主唱。

在如此多的身份中切换，高翔最极端的时候，一周只睡了四个小时，“那时候又是学生会主席，又要参与乐队的事情，同时保研、创业都要进行。”那段日子里，家人和身边的朋友时常联系不到他。

但是在这么多角色之间转换的时候，高翔也会有冲突。

作为一个学习了十五六年艺术的人来说，高翔深爱着音乐，但是对于他这只是一个爱好，在他的朋友圈里充满了演出的照片，甚至在演出的时候他与其他状态下的高翔是不一样的。但是对于音乐，他并没有把它当做一个谋生手段来考虑，“爱好当做了事业，将会很痛苦。”

谈到给学弟学妹们的建议时，高翔说如果作为一个老师，将劝导学生仔细考虑，“毕竟能考上农大的，都是经过了高考的洗礼的，都很优秀。”他坦言，创业路上有太多的艰辛，并不是创业就是好的，他更希望自己的学生能够获得一份轻松体面的生活。

但是作为创业者的高翔，每当有人向他咨询创业的问题时，他总是鼓励人家去创业,“毕竟年轻想干就干”,在他眼里,创业就只有两个结果,挣钱或者不挣钱,而如今的商界大佬马云他们,年轻的时候也并不知道自己是否会成功,因此有了创业冲劲的时候,就应该去试试。

最后,他谈到了,农大对自己创业的帮助是一贯踏实务实的风气。“在兄弟学校,可能大家都进入了疯狂的创业阶段,只要听到有项目,大家都一窝蜂地冲了上去,相反的,在农大,大家更务实,农大让我不急于求成。”也正是这样,高翔才熬过了一个个困难,最终完成了从毕业到创业的转变。

迟早要创业，那就趁早去

2015级—MBA—龙乙平

奇妙的政治经济学

对农大有着浓厚感情的龙乙平回忆道。农大踏实、低调、务实的这种精神对创业来说有着重要的帮助，从思想和精神上有很好的支持。对大学课程——经济学有着深刻感触的龙乙平认为，在国家的这种体制下政治经济学对创业者来说是非常重要的。创业项目的选择、创业的方向，项目是否符合国家政治经济的发展、是否得到国家的支持，这样确立的项目是否会有一定的上升空间与发展的潜质，这些都是国内资产必须要考虑的。

经济运行方式即经济体制，如市场经济体制、宏观调控体制、社会保障体制等。经济体制的设计变革，既要反映经济制度的本质要求，还需要反映经济运行的效率和质量的要求。由于经济运行的质量和效率不完全取决于经济制度，很大程度上是经济运行方式的问题。但对于一个创业者来说，政治经济可能就是创业中的一个机遇，从大的方面来说，它可以牵连着整个社会的大发展。从小的方面来说，它可能影响着你创业的选择。

创业最佳时

龙乙平回忆，自己的创业并非在自己的计划当中，只是机会来了，时机对了，一场美丽的邂逅就此开始了。在创业前期，自己也是公司里的一名员工，但充足的工作经历是他创业的一个不可或缺的重要因素。正因为这么多的经历让自己发现了好的方向和好的创业前景。在创业初期，龙乙平并不是孤军奋战，周边的朋友、公司、客户等都给予了他大力的支持，在大家的支持下将创业这条道路越走越宽广，直到取得今天的成就。

对于合伙人的选择，龙乙平说道。合作伙伴是在长期的接触与了解中产生的。在工作的过程当中会有很多客户、朋友、同事，如果他认同你的创业理念与创业项目，并愿意加入到你的创业队伍当中时，这样就可以考虑一起去承担创业这个过程的艰辛。创业伙伴最主要的还是能够相互得到认同，能力上优势互补，这样对于一个刚成立的公司来说无疑是做到了全面发展，并且稳中求进。

龙乙平说道，创业需要合适的时间、合适的机遇，创业不是任何时候想创业就创业，它必须是在一个合适的体制之下，有相应的资源能够充实你的创业。很多人在初次创业的时候，资源都是十分欠缺的。资源不足，使企业创业成功的概率降低，但要有完全充分的资源也是不可能的。在资源具备上，一般来说，要符合两种条件：一是要有进入一个行业的起码的资源，另一方面是具备差异性资源。如果两种条件均不具备，创业成功的可能性很小。在工作过程当中你发现个人的工作能力及个人的资源可以支持你去创业，这时才是创业的最佳时机。对于创业的人来说，在他的性子里面、梦想里面会有不安于平静、不安于现状的梦想，从而会选择放弃稳定的工作，走向创业的道路。

创业路上

此次创业应该是第二次。龙乙平说道，创业是一个持续渐进的一个过程，在不同的阶段会有不同的创业心态，创业并不是说创业 5 年就是成功，如果有新的目标，建立一个新的理念，这样就可能产生新的创业。第三次的创业同样是在前两次创业的基础上进行，它们属于同一条路，并不偏移主要的业务。

三次创业在公司的成长过程当中提出了不同的任务、不同的方向、不同的目标。在创业过程当中龙乙平是制定的5年一个目标，从争取、发展、高速发展这几个阶段，在这样的一个过程当中每一个五年制对于公司来说都是一个全新的开始，并提出更高的创业年目标，包括需要开拓新的方向领域，这形成不同的创业阶段。

在创业初期面对的最大的困难一是资金方面的问题，二是产品质量的问题。

创业需要资金，这个条件限制了很多投资者渴望致富的梦想。于是越来越多的人选择白手起家。白手起家不是完全没有可能，白手创业，可以被称为是一种奇迹，而在今天，越来越多的人都渴望能够用少的投入获得最多的产出，只是并非所有人都那般的幸运，那么，白手起家到底应该具备哪些条件呢？(1)技术。不管你从事什么行业，都需要对行业有一个熟悉的全面的了解，这是在市场中站住脚的一个关键因素，但是如果你没有资金作为支撑的话，就不可能高薪聘到有资质的人，所以自己具备一定的技术还是很关键的。(2)资金。即便是白手起家，也是需要有一定的资金作为支撑的，所以如果你一分钱都没有，这并不是很大的问题，问题是你一定要有方法让自己找到钱，这才是最主要的。

对于产品质量问题，会出现客户大批量的退货现象，并且停止与公司的合作，从而使公司处于一个资金崩溃的状态。创业初期公司的回收款没有及时收回，对货款的拖欠不能及时支付，可能会出现债主的上门讨债的情况，这种情况对于创业初期的龙乙平来说难以突破，同时还出现了公司人员的流失等问题。克服所有的困难最有效的方法就是全程地面对，积极地沟通。

现在龙乙平的创业也达到一种比较理想的境界。公司已成为国内产品最丰富、规格最齐全的专业工业显示设备生产厂商。维冠生产的专业显示终端系列产品功能先进、操作便捷、升级灵活，应用范围不断拓展，涵盖领域日益延伸，已广泛应用于各级政府平安城市建设项目、公检法监控指挥中心、部队军事指挥中心、行政系统、教育系统、金融中心及大型企业内部监控及调度指挥中心等工程项目，同时已先后为国内外60多家知名企业或知名品牌提供了OEM、ODM产品合作与服务，得到了国内外广大安防客户的普遍赞誉和喜爱，产品畅销全国各地，并远销欧美及东南亚等海外市场。

创业要趁早

现在是最适合有梦想的年轻人创业的时代，希望学弟学妹们大胆地投入到创业当中去，抓住每一次机会，迟早要创业，那就趁早去创业。同时面对创业要拥有坚持、学识、认真、坚持不懈的优点，这也是整个团队需要具备的优点。沟通上的不足、知识上的不足，也是需要通过团队的相互支持去克服的，创业中最重要的还是坚持到底的决心。

最后，祝母校越来越好，人才辈出。

深圳市维冠视界科技股份有限公司（简称维冠视界，股票代码：835002）创立于2003年，是一家集安防产品研发、生产、销售、安防工程设计施工、安防系统解决方案为一体的大型专业化公司。公司具有多年从事安防行业经验，拥有一批资深的安防行业专业人才。依托强大的研发团队、高科技高品质的产品、

系统的解决方案、高效的分销网络、周到及时的客户服务以及“诚信天下”的经营理念，公司不断发展，已成为当前国内中国安防行业的一线一流知名企业。十年来，公司已先后在北京、沈阳、西安、兰州、成都、武汉、长沙、南京、上海、济南、南宁、厦门、贵州成立了分公司或办事处，在北京中关村、深圳华强北、上海徐汇区设立了品牌专营展销部；同时，通过合作与培训，维冠视界已在全国的260个地级市建成了售后维修加盟店网络，成为国内唯一具有拼接大屏幕产品售后能力的客服网络的专业厂家。

创业路上的“大器晚成”

1992级—原设备工程与管理—刘正

从公务员到创业老板

刘正，中国农业大学96届原设备工程与管理专业学生，1996年自中国农大毕业后进入江苏省审计机关做公务员。而如今已过不惑之年的刘正，则是女装谜菲商品的创办人。

从吃着许多人羡慕的“铁饭碗”的公务员，到如今的创业者，刘正花了14年。而刘正也用这14年的经历，不断地刷新着身边人对他的认识。

1996年的时候，刘正刚从农大毕业，进入了江苏省审计机关，“当时做局长秘书”，他回忆道，自己在当了6年公务员之后，经过备考，在2002年考入了南京大学的研究生,攻读 MBA。也正是进入了南京大学之后,刘正见证了身边许多创业的故事,在这种氛围的熏陶下,刘正开始思考自己的职业规划。

“当时全国 MBA 都很少。”刘正说当时的录取比例仅为 10∶1,而进入南京大学后,在南大鼓励创业的氛围下,他有些心动了。

同年,经过再三思考,谋求更广阔发展的刘正,放弃了在体制内稳定的工作,“感觉自己闲不住,想去闯一闯”,抱着这样的想法,他进入南京金鹰国际集团,做人力资源这一块。当时进南京金鹰国际集团的时候,他只是负责人力资源这一块的工作,在不少人看来,“这是丢了西瓜捡芝麻”,面对一些质疑,他没有后退,在此后不到三年的时间里,他成为了金鹰国际集团的人力资源总监。

随后,刘正跳槽到美国 500 强的 Lear(李尔)在华公司,同样是从做人力资源开始,这次他仅用两年,就做到了这家外资公司中华人能做到的上限。

“当时想着再挑战一下自己”,刘正说,正是在想着不断挑战自己的情况下,他开始创业了。而他创业的第一桶金来自于男装代理。

2008 年,刘正做了一家男装的代理,“当时该男装品牌在全国有七八百家分店”,但是当年,他就将自己的代理销售量做到了全国前 5。

“后来想着做下游利润有限”,加上对市场的了解,刘正决定调整方向,改做女装。在对市场进行了充分的考察之后,刘正开始了创业,到 2012 年,刘正注册了自己的商品品牌——谜菲尚品。

刘正选择了将品牌注册在香港,随后引进国内。“我们品牌的女装定价不贵,加上速度更新快,市场还是不错的。”他对自己的品牌充满了信心。

苦熬多年公司走上正轨

刘正说自己创业是水到渠成的过程,并不像许多人头脑发热就开始创业,“当在企业呆到了职位上升尽头”,加之他对行政工作不太感兴趣,喜欢挑战性的工作,刘正就辞职出来创业了。

刘正的目标是,“5 年内拿到融资”。如今他创办的谜菲尚品已有实体店 9 家,月销售额近百万元,同时已经拿到投资,随后将在线上线下进行大规模的推广，他说，“路都是一步步走出来的。”

但是创业的道路从来都不是一帆风顺的，在创业初期，他也遇到过许多困难。从没有合伙人、一个人创业办公司起，到现在线下9家实体店，刘正吃了不少苦。

“但是那些都过去了。”如今的刘正回忆起公司以前经历过的困难，很是淡定，“那时候都是朋友、校友帮忙，才走出了困境。”刘正说，创业的过程很艰苦，资金压力、团队不稳定、销售额下降等问题都时常让他睡不着觉。在2010年的时候，曾经出现资金回笼慢的问题，当时资金难以收回，大概有将近60万元的资金还在外面，他当时一度觉得公司快挺不过去了，“那些困难都是经历。”

比起现在很多大学生在打算创业，遭遇父母反对的情况；刘正坦言自己并没有受到来自家人的阻拦，“毕竟做事都是经过深思熟虑的”。

“当时MBA的含金量很高”，在考虑了收入和前途后，从体制内跳出来的刘正在企业中职位有了很大的提高，同时拿到的薪水也比公务员时期高，当时家人就理解了。

而在随后的创业过程中，家人也表示了支持，“在企业中有了历练，家人看到了前景，自然就支持了。”而刘正，也一步步脚踏实地，在壮大着自己的公司。

创业不在于早

相比于如今初次创业的毕业生，刘正在年龄上并不占优势，他开始创业的时候已经35岁了。但是正因为在创业之前有十多年的工作经验，刘正对自己的公司发展规划十分明确。

谈到如今大学生的就业问题，做过HR的刘正则表示，大学毕业的第一份工作一定要选择好自己的行业，“一定要踏实”，这是他给所有大学生的建议，他回忆自己在做HR的时期，每当看见那些一年跳槽多次的简历，都会抱有几分怀疑，他认为大学生一定要在自己所在的行业里多做几年才有收获，“心不定的人，是做不好事业的。”

“在开始工作的三、四年里面少跳槽。”这是他反复强调的，而且他还申明了毕业生一定要在工作中沉住气。“要好好的从基层做起，好好的熟悉一个行业，这样才能有规划。”

而说到北京如今的创业热，不少学生一进校门就想着创业，刘正的看法则是，“大学四年尽量不要创业。”他认为年轻人创业不能把握好市场，虽说现在不少人有很好的点子，但是光靠好点子就能拿到投资并不现实。

“最终企业要成功，还是要依靠对行业的认识和把握。”刘正解释，在创业的过程中，需要大笔的资金，而对于大多数学生来说，投入大笔的资金是不可能的，同时，一个公司的成功并非靠一时的点子，最终还是要经过市场的检验。

给大学生的建议

“大学的时候，要多参加活动。”在农大求学期间，他曾任工学院学生会主席，当时的他活跃在学院的一线活动中，“这些活动为我以后拓展人脉、增加见识打下了基础。同时，刘正还鼓励大学生们走出校园，并不断的寻求机会锻炼自己。

“那时候农大的创业风并不浓。”他回忆说道，当时的他活跃在社团、学生会等一切能够锻炼自己、结交朋友的活动一线，而那时结交的不少朋友现在已经成为挚友，在自己的创业过程中给予自己帮助。

“要不断保持学习的状态。”刘正说自己在外资企业工作的时候，经常参加公司举办的培训，对于他来说，培训是学习的最好办法，“要多去学习一些商业课程”，他解释，在中国创业需要保持热情，在中国做大事，更要保持激情，但是最重要的是保持理智。而不断的学习，则可以促使自己保持热情、激情和理智。

而谈到不少人在创业和平衡家庭中难以抉择，刘正告诉所有的创业者，“在创业的时候要全力以赴。”刘正解释在创业的条件下，家庭和事业是难以平衡的，“创业需要投入大量的精力和时间，因此能分配给家庭的时间十分有限，但是家庭需要物质基础。”他说，创业是为了家庭生活的更好，因此在创业中格外需要家人的理解。

而正是在创业的艰难时期，有了家人的理解与支持，如今的谜菲尚品已经走入正轨，而刘正也有更多的时间来陪伴家人。

不想创业的人永远没有事业

2006级—经济管理—张向前

张向前:董事长,男,1976年出生,中国籍,无境外永久居留权,硕士学位。1996年7月至1998年3月,担任北京市地质调查所测量技术员;1998年3月至2004年3月,担任北京威远图公司技术部经理;2004年6月至2014年4月担任北京帝测科技发展有限公司总经理、执行董事;2014年4月至今担任北京

帝测科技股份有限公司董事长。现任北京帝测科技股份有限公司董事长。直接持有公司86.39%的股份，为股份公司实际控制人。在秦皇岛中科数景信息技术有限公司中持股20.00%，北京嘉鸿万兴房地产经纪有限公司中持股39.00%。所持股份不存在质押或权属争议。近亲属未持有公司股份，不存在对外投资与公司存在利益冲突的情况。

创业很难吗？

提起创业，不少人会觉得很难。特别是那些按部就班工作的打工族，让自己重新开始，这样的改变让很多人都不敢去尝试。

创业很难吗？说难也难，说不简单也不简单，关键在于你是否有了成熟的想法和创业的"冲动"，并付诸行动，狠下心坚持下去。作为全国第940家、同行业第二家成功挂牌新三板的帝测科技董事长张向前用他的创业经历很好地为我们诠释了这一点。

对于第一次创业的张向前来说，干自己的老本行无疑是一件幸福之事。起初进入一家国有事业单位，随之而来的安逸却让他感到前景迷茫，生活并不是自己想要的那样。在家人的支持下，张向前决定开始自己创业。在做这个选择的时候，张向前只知道创业可能会给予他更大的发展空间与更多的机会，带给他一个展示自我的舞台。然而，创业并非想象中的那么简单。在创业过程当中，有很多的友谊圈需要去构建，还有很多其他的诱惑去干扰自己的选择，面对这一个个亟待解决的问题，张向前坚定自己的信念，向着自己起初的目标出发，从未离开轨道。

对于团队的创建，张向前和大家分享了他的团队建设。团队并非一开始创业就有的，随着创业时间的延续，创业伙伴在此期间不断地加入，慢慢地一个合拍的、优秀的工作团队就在不知不觉间产生了。张向前说，整个团队的组成与发展是需要经过时间沉淀的，并不是跳槽选出来的。他一直坚信一个团队的努力总会有收获，俗话说"一分耕耘，一分收获。"

每一步都是成长

“想要成功”与“一定要成功”是有着本质的区别的，它带给人的结果也是有天壤之别的。张向前回忆道，最起初自己只是一个小小的测量技术员。他告诉自己要继续努力，前方的康庄大道还在等待着他。几年之后不负众望，张向前担任了北京威远图公司技术部经理。后来他又激励自己，也许自己还有更大的目标与潜力，成功往往是留给有准备的人。永不止步的张向前又一次打破了自己的局限，在2014年努力的他担任了北京帝测科技发展有限公司总经理、执行董事。张向前回忆道，人生就像一个阶梯，只要你够努力，够勇敢，你就会高人一等。在人的身上，有着一种神奇的力量，它使我们坚定不移地向目标努力，它不允许我们有丝毫懈怠，它让我们永不满足，它召唤我们不断向更高的境界攀登，只要狠得下心，就一定能有所成就。

好的方向需要把握，好的目标需要坚持。张向前的梦想是，公司能成为全球的知名企业，未来把团队顺利地推到正常的发展轨道。对于公司的近期目标，张向前希望公司，立足于北京测绘与GIS系统工程，站稳脚跟，逐步走向全国市场；对于管理目标，让帝测科技成为一个学习型组织，一个人性化的大家庭，形成基础项目的企业管理模式。张向前对公司的发展目标和规划：①聚焦客户、简化管理，用优质产品服务代替传统营销；②借用互联网提升市场营销效果；③处理好传统业务和新业务的关系，精炼公司特色；④拓宽思路，不断给帝测人搭建平台；⑤调整心态，迎接变化。本着向目标前进的信念，让他的公司不断地壮大。

张向前表示，北京帝测科技股份有限公司成立以来，得到社会各界广泛支持与厚爱，得以迅速的成长与发展，2016年是帝测科技公司迎来迅速崛起走上并新征程的一年，要继续巩固和沉淀帝测科技公司诚信敬业、精益求精的工匠精神；继续以客户为中心，抓住客户的核心需要，挖掘客户的“隐性需求”，超出客户的满意；充分发挥股权清晰、新三板挂牌早的优势，融资并购，借助资本力量完善产业链，提高竞争力。帝测科技多年来坚持学习，每天进步一点点，每年上一个新台阶，还有恰当的方法和措施，用信心和智慧开启2016年新征程。

迟早会来

谈及如何鼓励大学生创业这一问题。张向前认为，大学生应该在学好自己专业课程之余，更应该学以致用。创业是一个学习的过程，从学习到工作，从量变到质变，这需要一个升华的过程。大学生也需要知识、工作及经验的积累沉淀，不要去刻意地为了创业而创业。创业最重要的是持之以恒的去坚持，人脉的积累有着不可忽视的重要性。因此，不管是现实生活中你从事的是什么职业，无论你有什么技能，你都应该争取在这一领域做到最出色的那个。因为这能够让每一位努力成就自我的人，在未来的大路上开创出自己的天地。

当被问及你最想感谢的人时，张向前的回答却出乎意料大家的意料。张向前不假思索的回答道，"我最感谢的是中国共产党"。张向前说"世界变化之快，无外乎是技术和信息化、经济模式变革很快，我党的为人民服务的宗旨没有变，广大人民群众对美好生活的追求不变。作为党员保证党性不变的前提下要敢于创新和突破，广泛联系群众就是要充分了解自己、了解广大人民群众深层需求；近100年来世界上最瞩目的成就就是中国共产党建立并领导新中国走向复兴强大，我党辉煌历程的背后更多的是艰辛，我们认真学习党史，可以增强我们克服困难的信念，增加我们的组织和斗争经验，从忠诚的追随者蜕变成敢做敢为、勇于创新的我党理论与实践的践行者、开拓者"。

交谈虽然短暂，但我想我们已经感受到了张向前的人格魅力和坚持不懈的人生态度。从他身上我们可以看到一个成功的创业者用坚持储蓄的大能量，分享传递给更多人幸福。张向前还告诫同学们，办法总比困难多，只要你有坚定的信念、正确的方法、持之以恒的坚持，成功迟早会到来。没有创业，就不可能有事业。当然，创业的路不会是一马平川，没有坚定的信念，没有"不抛弃，不放弃"的狠精神，是不可能成为一名优秀的创业者的。

公司简介

北京帝测科技股份有限公司成立于 2004 年 6 月，是具有独立法人资格的国家高新技术企业，公司综合应用卫星遥感、航空摄影、地表精密测绘、地下地质勘探及物联网信息高新技术，致力于房产、地产、地球地表附属物等不动产以及文化遗产和地质矿产的整个生命周期的空间信息采集、管理、权属测绘、动态运营监测及软硬件系统集成、测绘技术服务咨询和不动产测绘监理服务，提供无人飞机和 3D 打印机科研、生产、销售及系统培训服务。

爱好需要追求，方向需要选择

■ 计算机专业—荏家栋

这样的苦恼你遇到过吗？

荏家栋毕业于中国农业大学计算机专业。他认为，在大学期间作为大学生，自己并不是一个很好的孩子。虽然自己选择的专业是计算机，但当时对这方面并不是非常的了解。选择这个专业的原因是，在那个时期大家都说计算机好，以后有发展的前途，自己也抱着好奇心选择了这个专业。但到后来才发现，个人的爱好也并非这方面。在学校期间，做过很多的学生工作，参加过很多的社团，平时是一个玩闹型的大男孩，最大的爱好就是打篮球，甚至一周七天会有四到五天的每个半天都会驰骋在篮球场。就算是这样一个活泼好动的大男孩，荏家栋自我感觉大学还是比较失败的。第一选择的专业并不是自己的爱好；第二没有找到对爱好的一个诠释，在大学的殿堂里没有在知识的海洋里遨游。

这样的苦恼你遇到过吗？荏家栋用自己的经验告诉大家，在有限的大学生活里做好规划，能够思考一下自己未来发展的方向，这个方向可能不会很成熟。学什么专业不重要，大学培养的是你的综合素质，想要向战略性人才这方面发展的话，那么对于专业的选择会非常重要，要做怎样的人要提前想好，方向是需要选择的。荏家栋说道，不仅仅是刚毕业的年轻人会遇到这样的苦恼，即便是一些工作多年的职场人士，也难免会不知道自己该往哪个方向努力，在现实中迷失自己。生活中，每个人都不相同，有的人聪明，有的人平庸；有的人强壮，有的人羸弱。而且大家的性格、能力、经验也各不相同。但最主要的还是要做自己喜欢的事情，兴趣可能会激发一个人无限的潜能。

我的创业路这样走

毕业后荏家栋选了一家相对比较知名的 IT 公司，第一天的工作任务是做软件代码，在办公室里整整呆了一天，对平时在外活动习惯的荏家栋来说这无疑是一种煎熬。第二天就告诉老板不干了，因为坐不住，并且自己的兴趣爱好也不在这方面。

最早创业是在 2008 年，但是第一次的创业以失败而告终。这次创业是在 2013 年开始，刚开始自己也没做什么具体的准备，就是与朋友一起商量说干就干，也不像现在的孩子们能够在互联网上获得更多的信息，当时信息也不是很发达。经历了痛苦，也拥有过欢笑，痛苦时公司几个人身上只剩下几块钱，创业资金的来源也是由几个小伙伴相互凑一凑，当中也有原来工作攒下来的一些钱，在这种状态下已有两个月都没有给员工发放工资，那个时候很狼狈，没有吃、没有穿，人生像坠入谷底一般。

风雨之后，彩虹依旧。值得高兴的是在 2015 年拿到人生中的第一个大客户，直到现在还一直合作得很好，这不仅缓解了自己的创业压力，更是给予自己以后公司的发展的一个动力。荏家栋说道，拿下这个客户的最大原因，主要是给客户创造价值，把我们的做到最好，给予客户最大的价值受益。这样做到让客户满意，让自己受益。

对于创业伙伴的选择。最重要的是志趣相投，再一个是把很多涉及经济、权限的东西放到桌面上，伙伴之间该说清楚的就要说清楚，大家同意以后排除任何干扰，包括股权的分配、利益的分配、责任的分配，这些东西是选择伙伴最为重要的。

创业路虽然很艰难，但自己的太太给予了无限的支持。在创业初期，在那么穷困潦倒的状况下，妻子还一直给予最大的帮助并且给予他最大的发展空间。那时正赶上太太怀孕，也需要更多的照顾，但当时更多是太太对荏家栋的照顾，这份情感与支持已成为荏家栋人生中最宝贵的财富。荏家栋分享给大家。成功前，总有一段寂寞孤独的路途。当走过黑暗与苦难的长长隧道之后，你或许会惊讶地发现，平凡如砂粒的你，不知不觉中已成为一颗璀璨耀眼的珍珠。

重要的 25%

荏家栋说道，创业是需要那种坚持不懈的冲劲与执着，但这种执着不可以一条道走到黑。如果创业是一百分，那种执着他给 75 分，剩下的 25 分就是对创业项目的了解、革新并且自身是适合创业的。

国家鼓励大学生创业，个人认为这是要一分为二的。从现在市场来看，很多的商业机会、服务产品它都有了一个很完善的机构，大学生的社会经验还不够，虽然他有了 75%的那种坚持与执着，但是那 25%对产品的选择、项目的选择是相对比较重要的。对于大学生来说对于产品的了解可能会是一片空白，没有过深入的去接触相关的创业产品。现在这个创业的形式并不像十几年前那样机会很多，个人认为大学生刚毕业应该找一家相对比较正规的公司，无论是私企、外企还是国企，经历一段时间养成专业人的一种看法。

大学生的职场是完全不一样的，无论是创业还是将来在单位更好的发展。

说到这里在家栋表示非常感激自己的第二份工作，第二份工作干了3年，工作单位是一家500强的外企，即使到今天在公司学到的东西与经历至今对自己也是非常受益的。很多创业人在最开始的时候相对会好高骛远，我要做另外一个的马云等等，这种口号喊出来的太多了，在这个时候要脚踏实地，要了解你的资源是什么，你站在一个怎样的平台上起跳。每个人在一生中都会有成功的机会，但大多数人不会成功。他们不是没有能力，不是没有理想，也不是不愿为之付出代价，而恰恰是缺乏成功的至关重要的因素——抓住机遇的能力。善于抓住机遇的人，凭借这个转折点开创了自己的辉煌人生；而更多的人却没有能够抓住机会，只能碌碌无为地度过一生。

公司介绍

北京辛普互动科技有限公司：

互联网广告的代理商和服务商。包括：百度、360、搜狗、神马等搜索引擎的直签和高返点拼框架；广点通、智慧推等腾讯系广告；以及今日头条、小米、vivo和移动端站群等手机流量。公司打破了传统的授权代理制的局限性，挖掘出行业中各媒体的高折扣、高返点资源来源，并将广告主的利益最大化。

北京一商动力文化有限公司：

国际教育的服务提供商。为致力于出国留学的学生提供集留学归国、院校申请、签证办理、行前指导、升学转学、就业移民咨询服务为一体的一站式服务。公司聚集多名行业资深专家，同时具有非常好的政府项目资源，是外专局公派留学项目合作服务机构。

创业永远在路上

2008 级—食品生物技术—何荣荣

何荣荣，农大食品 2008 级博士毕业生，北京大德众力科技发展有限公司创始人，这是一家致力于促进科技成果转化的科技服务公司，搭建高校、企业及技术转移经理人之间的平台。在今年 3 月项目入选中关村留学创业园孵化，5 月和中关村留学创业园进行第一期委托合作，并和其他园区、开发区、产业办等合作，征集地区企业需求，通过校企合作，切实解决企业技术问题，从而达到科技成果转化的目的；同时也向园区提供可落地项目。

提到“科技成果转化”，对于很多人来说可能是个陌生的词，但是何荣荣说，这是她最热爱的领域，她可以全身心地投入进来，心无旁骛地把公司越做越好。

“我的兴趣爱好？工作啊！”

何荣荣是个声音温柔，性格爽朗的北

京姑娘。在采访之初，问及兴趣爱好，她果断回答——工作。其实她在业余时间也是个兴趣广泛的女孩，跑步、弹钢琴，样样全能。但在她看来，这些兴趣皆是为更努力工作做铺垫的。弹钢琴时她可以在音符的世界中，找到工作的灵感，跑步可以缓解工作的疲惫，从而继续以最佳的精神状态投入其中。

这种感觉被她形容为，不想浪费时间，每一分每一秒都想用来工作——因为工作上的成就才能带来最大的幸福感。

她这种"工作狂"的状态从学生时代一直持续到现在，对工作的热情从未减退。本科在农大读的是生物工程专业，后考入本校研究生的食品生物技术专业，经过选拔以公派形式赴美国农业排名第一的加州大学戴维斯分校联合培养一年，回国完成后续研究并在2013年冬天博士毕业。在加州大学学习期间，导师介绍她做中国各类学术访问团的双语随行翻译，参观加州的产学研链条。

何荣荣非常感激他的恩师卢江教授。卢江教授是长江学者，"千人计划"引进的佛罗里达农工大学教授。教授给了何荣荣宝贵的机会去美国深造，帮她找同声传译兼职，正是这些机会，让她看到了国外产学研的优势，她就下定决心，借鉴国外的模式并引进到国内，去助力国内产学研发展。

这便为日后她选择创业之路做好了铺垫。

这一战没有尽头，创业永远在路上

科技成果转化，是指为提高生产力水平而对科学研究与技术开发所产生的具有实用价值的科技成果所进行的后续试验、开发、应用、推广直至形成新产品、新工艺、新材料，发展新产业等活动。何荣荣的创业公司，就是做这类服务的。2014年6月，在何荣荣参加工作半年后，有几个从日本回国的朋友提到了创业的想法，一番规划后他们发现想法都相当契合，于是几个人一拍即合，开始着手投入"战斗"。头一次创业空有一腔热血而缺少实战经验，没有真正做成转化，于是创业计划暂时搁浅了。何荣荣反思是因为自身的问题导致项目终止，于是她努力学习其他创业团队的经验，并深入一线，分别在高校和技术研发性企业学习技术评估和引进、技术输出。从转化经验和市场营销两个方面积累经验，为后续创业打下基础。

经过一年多的学习积淀，在 2016 年 1 月份，何荣荣重新踏上了创业之路。也许是生来就有股冲劲，骨子里就融着创业的血液，也许是果敢的性格在体内叫嚣着，她不敢懈怠，更加勤勤恳恳地工作、研究。

人人都知创业之初的艰难，所以很多人望而却步或半途而废，但那些坚持下来的勇者，将获得成功。回忆创业之初的情景，她形容为“每一步都是摸黑前进，每一天都可能遇到新的问题。”这一战永远没有结束，创业永远在路上。

问及创业成功后最想做的事情是什么，何荣荣很理智地说：“永远没有成功，永远会遇到更大的难题，五年十年规划永远不会停止。”也许正是每天高度集中的工作状态使得何荣荣不敢有一丝一毫的松懈，反而永远保持热血，不断提高自己。

现在公司有线上平台和线下对接中的项目，何荣荣把公司上上下下打理得井井有条。对于如今的这点“小成就”，她表示最感激人应该是自己的合作伙伴们，创业就像冲锋陷阵的打仗，每一次决策都会导致公司的变化，日夜奋斗的伙伴培养出了战场上的兄弟情，这种同生共死的感情是其他无法比拟的，这应该算是创业以来最大的收获吧！

回望创业的日子，何荣荣说印象最深的是几个企业家的话语。有一次工作时，创业公司老板问她创业最重要的是什么，她回答说是机遇，天时地利人和便能促成一个项目，一次合作。但是那位老板摇摇头说，不是机遇，应该是坚持。这句话给了何荣荣很大的触动，在日后遇到困难时，有人临阵逃脱，有人一蹶不振，而何荣荣则立即着手来招兵买马，坚持挺过这个坎儿。

企业家对于行业的责任感，让她敬佩之极。在她创业的路上，有幸遇到了几个企业家，他们皆是人中龙凤，在创业的道路上一往直前，努力改善行业现状，带动行业改革，做出表率。

我就是一个普通的女博士

何荣荣自谦自己就是个很普通的女博士，而且是个“不务正业”的女博士。可是这个普通的女博士，害怕因为自己的格局造成公司发展受阻而不断的学习，现在每周末都在紧张地进行商学院课程学习，金融、管理、产业等各方面知识，以弥补自己现有知识体系的不足。这个女博士，每天都会认真地反省自己，看看今天的工作有没有投入百分之百的精力在做，有哪些地方做得不够，哪些地方需要改进。这个女博士说，她最大的优点是乐观，最大的缺点也是乐观，以至于有时看不到自己不足的一面。因此她时常思考哪方面需要再充实，然后投入到新的战斗中。这个“普通”的女博士，心里藏着一个并不普通的梦想，她希望她所做的事情能切实给大家带来帮助，她能真正做些实事儿。

提到大学本科，何荣荣强调一定要好好把握大学时光。好多人以为考上大学就不用再奋斗了，但何荣荣说大学的录取通知书不是一张保护牌，而是意味着将要开始一场新的战争，本科的专业课程对将来工作极其有用，因此大学时光不要荒废，多泡图书馆，多看书，多丰富自己。有句话怎么说来着？你的气质里藏着你看过的风景，读过的书，背过的诗，这些已经生长进你的骨子里了。同时也不要挑剔自己的专业不尽如人意，其实每个专业都各有所长，好多专业组合在一起，稍加装饰便是一个创业公司了！

现在国家鼓励大学生创业，何荣荣对此表示很赞同，她说现在中国已经进入了全民创新时代。美国经济领先中国50年左右，也就是说30年后的中国和美国20年前一样，中国早年的技术以模仿为主，进行基础加工，自主研发意识少，而现在已经到了各行各业独立创新意识爆发的转折点上。创业的大学生越来越多，社会前景一片大好，这是属于中国的创新时代。只要你有勇气，创业并没有想象中的那么难。

最后，何荣荣有一句话想分享给农大的学弟学妹们，那就是：勇敢接触这个社会，勇敢试错，人生只有一次，做自己喜欢的事情。

“口袋洗衣”创业路上的深刻感悟

2003级—生物工程专业—钟晟

钟晟，男，出生于1983年，广西南宁人。2003年考入中国农业大学，生物工程专业。2007年，他本科毕业后，进入上海一家贸易公司工作，一干就是五年。之后又去一家外企工作两年。2014年7月，钟晟与另外两个合伙人开始寻觅创业材料，并于2014年9月创立北京微创启盟有限公司，进行“口袋洗衣”相关方面的服务工作。

做足准备，坚持不懈

谈起自己创业的灵感来源时，钟晟说道，自己是个喜欢思考的人，也是个善于把握机会的人，2014年当时发现了“商机”。社会上都有不少的干洗店，面对那些相对富裕但懒惰的大学生们，为何自己就不能组建团队去进行“登门服务”收集衣服，然后也进行干洗服务呢，尤其是面对如此巨大市场需求的大学生们?!

为了创业，他和他的伙伴们收集了多方面的创业资料，并形成了自己的品牌“口袋洗衣”。“口袋洗衣”，顾名思义就是将要洗的衣服放在口袋里，直到装满为止，然后有专人去现场收走，并有偿地将其清洗干净，再送回消费者那里。钟晟说，创业不是一件容易事，需要做好各方面准备。但是，创业前期遇到了很大的问题，他回忆到。他说，可能是由于他的“固执”(坚持将创业方面数据收集完全，再去找天使投资)，浪费了不少的时间成本和机会成本，最终都没找到合适的天使投资人。无奈之下，只能三个股东自己出资进行创业，当然，股东们出资数量毕竟有限，这也为以后的创业失败埋下了种子。

钟晟和他的团队坚定了自己的创业方向后，就开始有条不紊地进行。项目运行初期，他发现了逐渐增长的现金流，心满意足的他感受到了前所未有的“成就感”。然而，天有不测风云，看到了此市场商机的“大资金”们，开始投入大量金钱进行自己品牌的宣传和策划，这对没有找到天使投资的钟晟可谓是不小的打击。但是他仍有一股子韧劲儿，坚持不懈往前冲，即使赔钱，也还跟其他公司一样，进行策划、宣传和大活动的组织。他坚信，只要他坚持，项目一定会慢慢好起来的。

失败是成功之母

随着创业项目的进行，钟晟发现，再这样“打肿脸充胖子”没有多大的意义，毕竟每搞一次活动都要耗费 2 万多块钱，一年统计下来类似的活动不少于 10 次。渐渐地，他认识到“执拗的坚持”只能导致创业项目更多资金损失，最终创业失败。从另一个角度讲，钟晟说这其实不算是失败，现在只是将项目暂停，并且还收获了创业路上的点点滴滴和人生感悟。

积极和乐观的他也相信那句话:“失败是成功之母”。失败是挫折，是痛苦，但它又可以转为成功。认识总是从实践开始的，总是从感性认识到理性认识。正如牛顿所说:“如果你问一个善于溜冰的人怎么样获得成功时，他会告诉你:

‘跌倒了，爬起来！这就是成功。’”有谁见过没跌倒过一次就成为溜冰能手的呢？“那些自信而不介意于暂时失败的人！”这是世间的普遍真理。

钟晟说，以平和的心态去对待失败。爱迪生发明电灯丝失败过一千次。爱迪生说：“失败也是我所需要的，它和成功对我一样有价值。只有在知道一切做不好的方法以后，我才知道做好一件的方法是什么。”这里，爱迪生给我们指出了一条对待失败的科学的道路：即要在失败中总结经验和教训，要在失败的过程中一次比一次更接近成功，而不是在失败的脚印上原地踏步。在失败的脚印上踏步是永远也到不了成功的终点的。要“把失败接起来，焊上去，作登山用的尼龙绳子和金属梯子”，才能抵达目的地。

“人要学会走路，也要学会摔跤。而且只有经过摔跤，才能学会走路”（马克思）。有谁在学走路时没有摔过跤呢？只有不断地走路，不时地摔跤，最后才终于不摔跤而疾走飞奔了。走路是如此，创业是如此，国家的建设也是如此。我们的国家不正是在各种失败的基础上而屹立起来的吗？

失败是成功之母，告诫人们不要害怕失败，不要在失败面前灰心丧气、停止前进，一定要迎着困难上，敢于斗争、敢于胜利。道路是曲折的，前途是光明的。只要我们不畏劳苦，不怕失败，坚持攀登，就一定能到达光辉的顶点。

博学多才的钟晟还分享了一个关于爱因斯坦的故事。有一天，老师让每个同学做一张小板凳。当老师看到爱因斯坦交上来的那个小板凳的时候，便问他：“这个世界上还有比这个更差的小板凳吗？”爱因斯坦老老实实地回答：“有。”说着把他做的前两个板凳拿出来。最后，爱因斯坦成了世界上很伟大的物理学家。这也说明失败是成功的垫脚石，它可以为成功积累经验，激励我们勇往向前！失败其实并不可怕。

理性对待创业

钟晟说，细节决定成败，性格决定命运。创业失败的时候，他稍微有点伤感，但是很快转为向前的动力。他坦言，其实创业失败跟自己的性格有很大的关系，他有点“二”，是他的“执拗”和“瞻前顾后”害了他。虽然他创业失败，但仍有很多宝贵的经验分享给大家。

对于那些准备创业的学弟学妹来说，要理性对待创业，切不可“头脑一热”。首先，要寻觅到很大的商机，没有项目而且没有市场的话，很难进行下去；其次，需要一定的积累，包括物质积累和人脉积累，盲目跟风的行为只会导致创业者“深陷泥潭”。第三，要开阔自己的思维，抓住机遇；最后，创业需要自信，自信源于成功的积累，又是未来成功的基础，因此人需要一点自信，然而自信却未必就是理性的状态，自信失之理性也就变成了狂妄。行为与结果之间不只是简单的必然性，许多不可把握的同步性掺杂其中，对结果的成败可能造成重要的影响，成败不会被生命的主动完全把握，因此才有“不以成败论英雄”之说。

钟晟的生活照

未来我还要闯

“春有百花秋有月，夏有凉风冬有雪。”大家在羡慕别人收获的时候，一定要警醒自己也要努力地奋斗。钟晟说，成功一定属于那些勇于奋斗、不怕吃苦的人。虽然他已经暂停“口袋洗衣”创业项目，但是钟晟说等时机成熟时肯定会重整旗鼓，冲出“江湖”，直至创业成功。

在被问到如何算是成功时，他给出了一个感性的答案：成功就是想干嘛就干嘛。

他坚信：细节决定成败，一切皆有可能。他一定会朝着自己成功的方向前进。